LE DIVORCE ET LA SÉPARATION DE CORPS EN DROIT CONGOLAIS

Hygin Didace Amboulou

LE DIVORCE ET LA SÉPARATION DE CORPS EN DROIT CONGOLAIS

L'Harmattan

5-7, rue de l'Ecole-Polytechnique, 75005 Paris

http://www.librairieharmattan.com
diffusion.harmattan@wanadoo.fr
harmattan1@wanadoo.fr

ISBN : 978-2-296-13640-3
EAN : 9782296136403

Si le droit est l'éthique des personnes sobres,
deux choses, cependant, nous pervertissent :
le complexe et l'orgueil.

Hygin Didace Amboulou

Ce livre est un hommage à deux hommes :

-Le regretté président de la Cour suprême, Charles Assemekang qui, dans le souci de l'amélioration et de la vulgarisation du droit national, publiait l'un de ses premiers ouvrages : « Le droit des personnes et de la famille ». C'était au lendemain de la promulgation de la loi n° 073/84 du 17 octobre 1984, portant Code de la famille. Une loi qu'il s'était proposé de commenter. Le réalisme de ses analyses, la teneur de ses propositions ainsi que la pertinence des questions qu'il pose et leurs réponses que dicte l'assimilation d'une nouvelle culture juridique confrontée à des coutumes rigoureuses et profondément enracinées, font de cet illustre juriste un véritable précurseur.

-Mon ami et collègue, Fidèle Ikama, magistrat, arraché prématurément à la vie le 28 novembre 2007, alors qu'il exerçait les fonctions de Directeur de Cabinet du Garde des sceaux, Ministre de la justice et des droits humains, Aimé Emmanuel Yoka.

Nous remercions pour leurs précieux conseils : Didier Narcisse Iwandza, président du Tribunal de Commerce de Pointe-Noire, Henri Faustin Abia, magistrat au 2e cabinet d'instruction au tribunal de Grande Instance de Pointe-Noire, Constant Ongoundou, président du tribunal d'instance de Tié-Tié. Roger Oko, avocat au barreau de Pointe-Noire, Aristide Okassa, auditeur de justice, Mathias Pourou, greffier en chef au TGI de Pointe-Noire, Brislaine Koutou, notaire à pointe-Noire, Joseph Lolo, greffier en chef au T I de Tchinouka de Pointe- Noire.

Avant-propos

Pourquoi, un livre sur le divorce et la séparation de corps ?

Les liens amoureux entre un homme et une femme prennent des formes sociales diverses. Certaines sont éphémères. D'autres, plus stables, peuvent aboutir à la création d'un couple. Mais la notion recouvre aujourd'hui deux réalités : le couple marié, c'est-à-dire adhérant à un statut légal, et le couple vivant en concubinage. Mais, seule nous préoccupe, ici, la première réalité. En effet, le mariage est au cœur de la famille. C'est l'acte fondamental qui crée la cellule familiale et assure, dans les meilleures conditions, la perpétuation de l'espèce, même si celle-ci peut être aussi réalisée en dehors de lui. Tout le droit de la famille est ordonné autour du mariage.

Cependant, très vite, la mésentente conjugale peut conduire les époux à chercher un remède dans la séparation. Celle-ci peut revêtir deux formes. D'un côté, les époux ou l'un d'eux peuvent choisir de vivre séparément sans y être autorisés par décision de justice. Il y a alors séparation de fait, c'est-à-dire non organisée juridiquement. D'un autre côté, un juge peut intervenir à la demande d'un époux pour ordonner la dissolution ou le relâchement du lien conjugal : il prononce alors le divorce ou la séparation de corps.

Ce livre aborde en profondeur ces questions et propose au lecteur, même le moins professionnel, des explications rigoureuses fondées sur la loi congolaise.

Emboli, le 21 février 2010.

Titre I
Le divorce

1. Le divorce peut être défini comme la dissolution du mariage, prononcée par un juge du vivant des époux pour certaines causes établies par la loi. Il se distingue, d'une part, de l'annulation du mariage, qui sanctionne un vice de formation du lien conjugal et fait disparaître celui-ci en principe rétroactivement[1]. Il se rapproche, d'autre part, de la séparation de corps, prononcée pour des causes identiques, mais qui relâche seulement, sans le rompre, le lien du mariage[2].

Le divorce est au cœur d'un débat séculaire dont il importe de retracer les grandes lignes (chapitre préliminaire) avant de procéder à l'étude de l'institution en droit positif. Celui-ci résulte essentiellement du Code de la famille au chapitre II, du Titre VI « Du divorce » qui traite successivement « Des causes du divorce » (Section I), de la procédure de divorce (Section II) et des effets du divorce (Section III). C'est le plan même qui sera suivi. Avant le code de la famille de 1984, le divorce ne pouvait être prononcé au Congo qu'à titre de sanction de faute commise par l'un des époux en application des dépositions des coutumes, elles-mêmes disparates du Nord au Sud. Depuis, elles ont toutes été abrogées[3].

---

[1]Art.156 et s. C- fam.
[2]Art.196 et s. C- fam.
[3]Cf. art. 808 C. fam.

Chapitre préliminaire
La notion de divorce

2. Le divorce est l'une des institutions civiles les plus discutées. Sans doute parce qu'il n'existe aucun remède parfait aux dissensions conjugales. D'où la pluralité des conceptions possibles (Chapitre I) que le droit congolais a, peu ou prou, mises en œuvre à des heures différentes de son histoire (Chapitre II) et qui appelle une réflexion sur les dimensions du phénomène (Chapitre III).

Chapitre I
Les différentes conceptions du divorce

3. Les conceptions qu'ont les Congolais du divorce traduisent l'objectivité des appréciations qu'ils se font d'une institution toujours empreinte de susceptibilités. Aucune décision n'a semblé, en la matière parfaite, alors même qu'elle a été rendue aux torts réciproques des époux, une décision fondée sur la foi de leurs propres prétentions. Etait-ce encore important d'y consacrer des dispositions particulières ?

Dans son préambule, la loi n° 073/84 du 17 octobre 1984 portant code de la famille, en ses points 9 et 10 dispose : « le mariage légal ne peut être contracté que devant les organes compétents de l'État ». Il résulte de ces considérations que le divorce n'est jamais un but poursuivi par les époux, du moins, dès l'instant qu'ils s'engagent dans le lien du mariage, c'est-à-dire, au commencement de leur aventure. Il est ainsi un accident de parcours de sorte que, s'il était admis dans certaines circonstances, le divorce devrait être prononcé exceptionnellement pour des motifs qu'on rechercherait en dehors de l'intention et de la responsabilité des époux eux-mêmes, c'est-à-dire, des causes qui rendraient les époux impuissants et irrésistibles pour ne pouvoir ni les prévenir, ni les éviter, encore moins les empêcher. Ce qui donnerait à soumettre le juge dans une inconditionnalité rationnelle. Malheureusement, tel n'est pas le cas. La permissibilité de certaines analyses, et dans certaines hypothèses, leur fragilité font que la réglementation du divorce ne cessera de susciter des interrogations, des discussions et d'alimenter les débats. La conserver ? Et jusqu'à quand ? L'amender ? Et pour quelles raisons ? De quelle manière et sous quels aspects ? Telles sont les questions que les Congolais se posent souvent dans leur quotidien. Mais on ne s'interroge plus, aujourd'hui, sur l'opportunité de revenir au mariage indissoluble en droit positif : tant en raison de l'évolution des esprits vers un individualisme croissant, que du fait des transformations radicales de la société contemporaine (urbanisation, familles éclatées, émancipation des femmes...)[4]. De même, il n'existe plus d'États prohibant le divorce. De sorte que le débat est désormais de savoir quelle est, parmi toutes les formes qu'est susceptible de revêtir le divorce, celle qu'il convient de consacrer en législation moderne. Il s'agit donc de s'imprégner profondément du phénomène et de balayer, du coup, tout discours fragmenté.

---

[4] Ekondi Akala, *Le Congo-Brazzaville, essai d'analyse et d'explication sociologique selon la méthode pluraliste*. Publications Universitaires, éd. Peter Lang. P. 77 et s.

4. La comparaison des droits étatiques[5] fait apparaître plusieurs types caractérisés de divorces, dont l'admission révèle la plus ou moins grande facilité avec laquelle peut être prononcée la rupture du lien matrimonial. Et les Congolais par expérience, justifient plusieurs cas de divorce dont les analyses se résument principalement en trois :

5. Le divorce sanction : la dissolution du mariage est destinée avant tout à réprimer les fautes conjugales commises par un époux contre son conjoint, en violation des devoirs du mariage (adultère, injures, abandon du foyer conjugal...). Cette conception a prévalu au Congo avant le code de la famille, étant même la seule forme reconnue de divorce, elle subsiste toujours aujourd'hui sous l'appellation de « divorce pour faute » ou de « divorce pour rupture de la vie commune », à la suite d'une infidélité puis d'excès, sévices, injures imputables à l'un ou l'autre des époux[6].

- La coutume congolaise reconnaissait comme cause de divorce la désobéissance de la femme à son mari, les injures faites à la femme par le mari qui se déshabille en public ou se livre à l'ébriété, le fait pour la femme d'aller apporter à manger ou faire la cuisine chez un étranger au clan, le fait pour le mari de ne pas offrir de cadeaux à son épouse. La coutume reconnaît aussi comme cause de rupture l'adultère de la femme, le délaissement de l'une des épouses par son mari, l'abandon du domicile conjugal, la stérilité ou l'impuissance, le non-paiement de la dot et la pratique de la sorcellerie[7].

6. Le divorce-faillite : la rupture du lien matrimonial repose alors sur le constat d'un échec du mariage, attesté par des faits objectifs comme la séparation durable des époux ou l'altération définitive du lieu conjugal qui rendent impossible la vie commune[8].

7. Le divorce-convention : la dissolution du lien conjugal est l'effet de la volonté concordante des époux. Instituée par les tribunaux, cette forme de divorce n'est pas expressément introduite dans le code de la famille. Sous l'appellation de « divorce par consentement mutuel », elle est considérée avec faveur du fait de l'apaisement qu'elle révèle et encourage. Nous rapportons dans ce livre des décisions d'une particulière portée. C'est ce que nous appelons « le divorce jurisprudentiel »[9].

---

[5] F. Mounguengué, *Cours de droit international privé*- ENAM- 2005.

[6] C. fam. Art. 180.

[7] C. Assemekang, *Le droit des personnes et de la famille*

[8] J. G. Mondjo, *Le mariage chez les MBochis*, Brazzaville, Liaison, 170 35, mai 1953.PP. 31-32.

[9] A. Iloki, *Le droit du divorce au Congo*, L'Harmattan n° 55.

Chapitre II
L'histoire du droit du divorce

8. Une bonne compréhension des dispositions du code de la famille suppose que l'on analyse d'abord le contexte et le parcours du droit du divorce au Congo (A), puis son contenu (B) et enfin son application (C).

I. Le contexte et le parcours

9. Jusqu'ici, les bouleversements de la législation issue de l'époque précoloniale pouvaient s'expliquer par des raisons d'ordre politique. La loi française de 1975, au contraire, puise sa source aussi bien dans les imperfections du système établi par le code civil que dans les métamorphoses de la société française imposée comme loi de l'État dans les colonies françaises d'Afrique[10].

II. La pratique judiciaire

10. La conception du divorce-sanction, seule admise par la coutume, s'est révélée dans la pratique judiciaire par une double faiblesse. D'un côté, elle conduisait à envenimer les rapports qu'entretenaient les époux, puisque le gain du procès en divorce présentait des avantages indéniables : bénéfice d'une pension alimentaire, l'octroi de dommages-intérêts, maintien des donations et avantages matrimoniaux, attribution de la garde des enfants mineurs. Ainsi, les époux se livraient à une bataille acharnée au cours du procès.

D'un autre côté, les époux qui souhaitaient divorcer d'un commun accord simulaient un procès en divorce pour faute en s'adressant des lettres d'injures rédigées pour les raisons de la cause, les juges se prêtant, bon gré mal gré, à cette comédie judiciaire qui ne pouvait que ternir l'image de la magistrature et affaiblir l'autorité de la loi.

Le code de la famille est aussi le résultat de l'évolution des données sociales. Un changement considérable des comportements et des mentalités s'est fait jour dans les années soixante : une grande permissivité des mœurs est tolérée, le bonheur individuel devient la valeur suprême. Dans ce contexte, le mariage peut apparaître comme un frein à la liberté personnelle et un obstacle à l'épanouissement de chacun. Parallèlement, le mouvement d'émancipation des femmes a conduit celles-ci, poussées aussi par la société

---

[10] Ekondi Akala, *Le Congo-Brazzaville. Essai d'analyse et d'explication sociologique selon la méthode pluralise,* Publications Universitaires, éd. Peter Lang. P. 77 et s.

de consommation, à exercer une activité professionnelle hors du foyer. La conception traditionnelle de la famille est ébranlée. Dans ces conditions, la coutume a semblé dépassée et l'inadaptation du droit à la réalité sociologique a justifié la réforme.

C'est ce qu'a révélé, notamment, une importante enquête d'opinion réalisée en 1970. D'accord pour admettre le principe du divorce, la grande majorité des personnes interrogées s'est prononcée en faveur d'une réforme à trois dimensions : libéralisation des causes de divorce, dédramatisation de la procédure, apaisement de l'après-divorce. Mais l'attachement au divorce pour faute restait profond. Les résultats de ces enquêtes, toujours contrariés par les coutumes, étaient dissimulés çà et là dans les rapports trouvés dans les tiroirs de l'administration coloniale.

11. Dès 1982, un avant-projet de loi fut rédigé par une commission composée notamment de : Charles Assemekang, Placide Lenga, Dieudonné Kimbembé (Garde des Sceaux), Aimé Emmanuel Yoka, Gaston Mambouana, Zacharie Samba, Jean Mongo Antchouin, Jean Ganga Zanzou, Agath Pembelo, Samuel Ngatabantou, Innocent Odiki, François Tchibinda Kouangou, Denis Ibara, Pierre Ngaka, Mathieu Ombandza, Yvonne Kimbembé, Martin Mbemba, Jacques Okoko, Marcel Roger Gomez, Jean Baptiste Bouboutou, Alphonse Nzoungou, Jean Marie Olandzobo, André Mouelé, à la demande du ministre de la justice. Le texte s'inspirait des résultats de l'enquête d'opinion ainsi que des progrès réalisés au cours des années précédentes dans plusieurs régions du Congo, et qui tendaient à faciliter le divorce. Des consultations des praticiens du droit (magistrats, avocats, notaires, professeurs de droit) confirmèrent le bien fondé des orientations fixées. La Cour suprême et le gouvernement approuvèrent le projet qui allait être soumis au Parlement pour devenir la loi du 17 octobre 1984, dont le contenu restait proche pour l'essentiel de l'avant-projet.

La même commission travaillait une année bien avant pour le projet ayant abouti à la loi n° 51-83 du 21 avril 1983 portant Code de procédure civile, commerciale, financière et administrative, la loi n° 10/83 du 27 janvier 1983 portant modification de certains articles de la loi n° 01/63 du 13 janvier 1963 portant Code de procédure pénale, et la loi n°004/86 du 25 janvier 1986 instituant le code de la sécurité sociale en République populaire du Congo.

Les débats parlementaires furent très animés, notamment quand fut discutée la qualification en droit positif d'une forme de divorce-faillite appelée, « divorce pour rupture de la vie commune ». Toutefois[11] le texte finalement voté traduit assez fidèlement les principes arrêtés dans l'avant-projet. Promulguée le 17 octobre 1984, la loi n° 073/84 portant Code de la

[11] Cf, Rapport de présentation du projet du code de la famille d'Avril 1983.

famille n'a jamais arrêté de susciter des discussions qui sans doute déboucheront sur des amendements certains.

1. Domaine d'application

12. Cette loi est entrée en vigueur le 1er janvier 1985. Elle s'applique à toutes les instances introduites par des requêtes en divorce ou en séparation de corps présentées à compter de ce jour. C'est ce que prévoit le principe des dispositions transitoires de toute loi nouvelle. Et de ce fait, toutes les fois que la requête initiale a été présentée avant l'entrée en vigueur de la loi elle produit les effets prévus par la loi ancienne[12].

Lorsque les époux sont de nationalités différentes ou sont domiciliés à l'étranger, la loi congolaise est applicable au divorce ou à la séparation de corps[13] .

- lorsque l'un et l'autre époux sont de nationalité congolaise;
- lorsque les époux ont, l'un et l'autre, leur domicile sur le territoire congolais ;

Lorsqu'aucune loi étrangère ne se reconnaît compétente, alors que les tribunaux congolais sont compétents pour connaître du divorce ou de la séparation de corps. Cette détermination unilatérale du champ d'application de la loi congolaise dans l'espace est destinée à soumettre à la loi congolaise tous les époux étrangers domiciliés au Congo, quelles que soient les dispositions, éventuellement restrictives, de leur loi nationale[14].

2. Principes

13. Les principes directeurs de la loi s'articulent autour de trois thèmes qu'avait fait apparaître l'enquête d'opinion publique.

La multiplication des causes de divorce est sans doute l'idée essentielle qui émerge de la rigueur des coutumes. Elle se traduit, d'un côté, par le maintien du divorce pour faute, à titre de sanction des fautes conjugales, auquel une partie de l'opinion reste incontestablement attachée. D'un autre côté, est institué un divorce pour rupture de la vie commune, en cas de séparation de fait prolongée. Enfin n'est pas réintroduit dans le Code de la famille le divorce par consentement mutuel. En somme, le pluralisme des causes de divorce constitue une réponse à la diversité des situations de crise conjugale, telles qu'elles sont vécues par les Congolais.

---

[12] Cf. Chapitre 1er du titre 15 du Code de la famille relatif à l'application du code et conflit de loi dans le temps.
[13] Art. 822 C. fam.
[14] Art. 822 C. fam.

Le deuxième axe de la loi du 17 octobre 1984 est la volonté de dédramatiser la procédure, qui se traduit en particulier par l'institution, au sein du tribunal de grande instance, d'un juge du divorce. Il concentre, à l'origine, une part importante du contentieux : il est seul compétent pour prononcer le divorce en tant que juge conciliateur au cours de la première phase de la procédure. Il connaît la plupart des litiges survenant après le prononcé du divorce. C'est un magistrat que l'on veut proche des justiciables et qui le plus souvent statue sans formalisme[15].

Le succès de cette loi, joint à des préoccupations diverses (dont certaines d'ordre financier...), les pouvoirs de ce juge unique ont été accrus : désormais, toute la procédure de divorce se déroule devant lui, notamment la seconde phase à l'issue de laquelle le divorce est prononcé, le tribunal n'intervenant plus qu'à la demande expresse des époux.

Toujours pour favoriser l'apaisement de la procédure, le juge autorise les accords amiables. Dans tous les divorces, les époux sont incités à conclure des accords en vue de régler la situation des enfants, de prévoir le sort du nom de la femme après la dissolution du mariage ou de liquider la communauté de biens ayant existé entre les époux. Ainsi les solutions retenues d'un commun accord auront plus de chances d'être adaptées à chaque situation et mieux respectées que des solutions imposées par le juge. Cette participation active à la décision contribue efficacement à la pacification.

14. La loi s'efforce, enfin, de concentrer au moment du prononcé du divorce le règlement complet des conséquences, afin d'éviter autant qu'il est possible le contentieux de l'après –divorce. Aussi les règlements pécuniaires doivent-ils être effectués, en principe, une fois pour toute, sous la forme du versement d'un capital plutôt que du paiement échelonné d'une pension. Lorsque le patrimoine des époux ne permet pas ce règlement concerté des effets du divorce, la loi impose le caractère forfaitaire, c'est-à-dire non sujet à révision, d'une pension alimentaire entre époux divorcés.

Mais les conséquences humainement insupportables auxquelles a conduit ce caractère forfaitaire nécessitent une réforme ponctuelle. Telles sont les grandes lignes de la loi du17 octobre 1984 en ses articles 179 à 195, sur le divorce. Il reste à dresser le bilan de son application depuis vingt-six ans, ce qui conduira à s'interroger sur les objectifs de la révision aujourd'hui sollicitée.

3. Bilan

15. Les données statistiques révèlent, à elles seules, que certains objectifs fixés par la loi de 1984 ont été atteints et d'autres pas[16]. Ainsi, la proposition

---

[15] Art. 181 et s. C. fam.

[16] A- Iloki, *Le droit du divorce au Congo*, L'Hamattan, p-151-166.

des dispositions de la loi pouvant organiser le divorce par consentement mutuel correspond au souci de dédramatisation de la procédure de divorce et de responsabilisation des époux. Il est permis de penser aussi que la libéralisation du divorce, que l'on constate aujourd'hui, correspond à une adaptation souhaitable de la législation qui n'est plus en accord avec l'évolution de la société. De ce point de vue, une intervention législative est indispensable et l'application de la loi, finalement peu déformante, par les tribunaux répondrait à un besoin social (en ce qui concerne le divorce par consentement mutuel).

Au sujet des enfants mineurs, il convient de relever que le Code de la famille a apporté des modifications substantielles au texte français de 1975 et a ajouté au terme de « garde » des enfants mineurs, l'expression « exercice de l'autorité parentale » et admis que cet exercice pouvait être exercé en commun par les époux divorcés. Enfin, la loi ayant consacré l'autorité parentale a supprimé du même coup la distinction entre enfant légitime et enfant naturel, ainsi que toutes les mesures spécifiques concernant l'autorité parentale après divorce et séparation de corps, au profit des dispositions du droit commun.

16. La pratique judiciaire a néanmoins révélé certaines faiblesses de la loi de 1984. D'abord, comme le montrent bien les statistiques[17], la procédure de divorce pour faute est restée très utilisée (plus de 38% des cas de divorce en 2008). Or, cette procédure est souvent choisie par un époux lorsque son conjoint refuse le divorce et que les conditions du divorce pour rupture de la vie commune (2 ans de séparation préalable) ne sont pas réunies. D'un autre côté, si le demandeur en un divorce pour faute a beaucoup plus de revenus que son conjoint, il va chercher à obtenir un divorce prononcé aux torts exclusifs de celui-ci afin de ne pas avoir à lui verser de pension alimentaire, et pour éviter de se voir appliquer des règles relatives au sort des donations entre époux et avantages matrimoniaux. Il y a là de véritables détournements de procédure, qui ont pour conséquence d'aiguiser les conflits par la recherche et la justification de faits fautifs qui impliquent l'entourage du couple, et qui lient le sort des effets pécuniaires du divorce à l'attribution des torts sans prendre en compte les conséquences excessives ou néfastes pour un époux qui peuvent en résulter.

Les époux, au demeurant, n'avaient pas recours, suffisamment, au divorce demandé par un époux et accepté par l'autre, en raison d'un formalisme excessif, et de l'incertitude qui dominait cette procédure. En effet, le défendeur devait accepter le principe du divorce sans en connaître les effets, tandis que le demandeur pouvait craindre la rétractation par son conjoint de son acceptation du divorce, ce qui obligeait à recommencer toute

[17] A. Iloki, *Le droit du divorce au Congo*, L'Harmattan.

la procédure. Ce cas de divorce est aujourd'hui connu des juridictions congolaises.

Quant au divorce pour rupture de la vie commune, il est demeuré très marginal (à peine plus de 13% des cas en 2001), moins des conditions requises qu'en raison des conséquences qu'il entraînait pour le demandeur : maintien du devoir de secours (se matérialisant par une pension alimentaire révisable à la hausse jusqu'au décès de l'ex-conjoint), intégralité de la charge financière de la procédure, impossibilité de percevoir une prestation pécuniaire, révocation des donations et avantages matrimoniaux.

17. – Par ailleurs en matière de divorce jurisprudentiel, la durée des procédures est restée excessive : la durée moyenne d'un divorce sur demande conjointe est supérieure à 9 mois, tandis qu'un divorce pour faute dure deux fois plus longtemps. Sans doute la loi française de 1975 avait-elle prévu des possibilités de passage d'une procédure à une autre. Mais la passerelle contentieuse à une procédure sur requête conjointe n'est possible aujourd'hui qu'au stade de la conciliation, et il n'existe pas de passage prévu entre les procédures contentieuses.

La pratique a révélé, aussi, que la liquidation du régime matrimonial était trop tardive, et qu'elle produisait des conséquences redoutables. En effet, le juge statuait sur la prestation pécuniaire avant même que la liquidation soit intervenue. Pourtant celle-ci peut modifier substantiellement la situation apparente des époux au moment de la séparation, en raison principalement de l'effet rétroactif de la dissolution du régime matrimonial. De surcroît, dans les régimes communautaires, des récompenses peuvent être réclamées par un époux, et elles peuvent avoir une incidence considérable sur les droits de chacun et sur la valeur de la communauté[18].

Enfin, ont été dissipées rapidement les illusions relatives à la concentration au moment de son prononcé le versement de la prestation sous forme de capital, érigé en principe par la loi, ce principe est resté exceptionnel. De plus, la Cour suprême n'a nullement veillé au respect du principe. En outre, si le caractère forfaitaire de la prestation est en harmonie avec le versement d'un capital, le cas de la pension alimentaire, notamment, il n'est guère adapté au paiement d'une rente. D'autant que la révision a été, malgré tout, admise à titre exceptionnel. De sorte qu'aux difficultés habituelles de recouvrement des pensions alimentaires (le trésor public n'intervenant pas, en fait) s'ajoute le caractère aléatoire des demandes de révision, les décisions étant peu prévisibles et mal acceptées. La persistance d'un abondant contentieux après-divorce témoigne d'un certain échec de la loi. Et la loi du 17 octobre 1984, autorisant la révision des pensions alimentaires, n'a fait qu'accroître encore l'importance de ce contentieux.

---

[18] Art 193 C. fam. sur les effets patrimoniaux du divorce.

Il est vrai que les décisions relatives au sort des enfants ne peuvent pas être irrévocables. C'est pourquoi les demandes de modification de l'exercice de l'autorité parentale, d'ajustement de la part contributive à l'entretien des enfants, d'aménagement des droits de visite et d'hébergement sont toujours recevables[19]. Mais seul ce contentieux inévitable aurait dû, en principe, subsister. À moins que ne se développent les modes alternatifs de résolution des conflits familiaux comme la médiation par témoins de mariage (bien sûr qu'elle n'est pas une obligation imposée par la loi).

18. La loi n° 073/84 du 17 octobre 1984 a voulu répondre aux vives critiques formulées à l'encontre du caractère forfaitaire de la pension alimentaire, et de sa transmission aux héritiers du débiteur. Elle a rappelé, en premier lieu, le principe de versement de la pension sous forme de capital. Lorsque celle-ci, exceptionnellement, est fixée sous forme de rente viagère, la loi a considérablement assoupli les possibilités de révision de cette prestation, dès lors que s'est produit un changement important dans les ressources ou les besoins de l'une des parties. Cette loi a atténué aussi les effets de la transmissibilité passive de la pension alimentaire en prévoyant la déduction automatique des pensions de réversion versées au conjoint divorcé non remarié au décès de son ex-époux, afin d'éviter que le décès du débiteur ne soit une source d'enrichissement pour le créancier.

Mais, précisément, cette loi a provoqué en retour les critiques des créanciers. D'un côté, elle durcit les conditions d'attribution de la rente viagère, qui suppose une décision spécialement motivée en raison de l'âge ou de l'état de santé du créancier qui ne lui permet pas de subvenir à ses besoins. D'un autre côté, les créanciers ont reproché à la loi d'avoir permis au débiteur et à ses héritiers, à tout moment, de pouvoir saisir le juge d'une demande de substitution à la rente viagère d'un capital. Or, cette substitution peut présenter certains risques pour des femmes âgées, dont les droits à la retraite sont très faibles, qui ne disposent pas d'autres ressources, et qui auront du mal à vivre des dividendes du capital placé.

Et puis, la loi congolaise a supprimé la possibilité d'attribuer une prestation mixte, capital et rente, alors qu'elle était très fréquente. Ces prestations compensatoires mixtes permettaient, en fait, d'assurer le gîte et le couvert à l'époux, puisqu'il pouvait se voir attribuer l'usufruit sur le logement qu'il occupait en plus de sa rente mensuelle. La formule paraissait donc, en pratique, bien adaptée à certaines situations.

Telles sont les critiques, justifiant pour l'avenir, des amendements de la législation du divorce, sur lesquelles doit s'appuyer la commission d'amendement du code de la famille.

---

[19] Art.194 et 195 C- fam.

III. La commission d'amendement du Code de la famille.

19. Au moment où nous terminons la rédaction de ce livre, une commission tout aussi moins fonctionnelle a été mise en place depuis 2005 par le Parlement en vue de procéder à la révision du Code de la famille. La commission ayant été mise en place, le gouvernement devait profiter du changement de législature pour établir une politique réformant l'ensemble de la législation, articulée autour de trois axes. D'une part, il était proposé de maintenir le pluralisme des causes de divorce qui caractérise la législation congolaise, qui permet une réelle adaptation des procédures à la diversité des situations familiales. D'autre part, le projet cherchera à rendre des procédures plus efficaces et moins conflictuelles, en apaisant les relations conjugales pendant le cours de la procédure et en favorisant le règlement complet de toutes les conséquences du divorce au moment de son prononcé. Enfin, le projet cherchera à responsabiliser l'époux défaillant, à protéger le conjoint victime et à aménager le dispositif relatif à la prestation compensatoire.

20. Si le législateur n'a pas voulu rompre avec les dépositions des coutumes du code de la famille, mais seulement développer les potentialités de celles-ci, les traits marquants révèlent que c'est bien une rupture qui a été réalisée. D'un côté, en effet, la loi consacre un véritable droit au divorce. Ainsi, le divorce pourra être désormais prononcé pour altération définitive du lien conjugal, résultant de la cessation de la communauté de vie durant les deux années précédant l'assignation[20]. La clause de dureté, qui permettait au juge de rejeter la demande en divorce pour rupture de la vie commune si celle-ci devait avoir pour le conjoint des conséquences matérielles ou morales d'une exceptionnelle dureté, est supprimée.

D'un autre côté, la loi du 17 octobre 1984 dissocie les conséquences financières de l'attribution des torts. Désormais, il n'est plus interdit à l'époux aux torts exclusifs duquel le divorce pour faute est prononcé d'obtenir une pension alimentaire[21]. De même, cet époux pourra demander le report de la date des effets du divorce au jour où les époux ont cessé de cohabiter et de collaborer. Enfin, les torts n'auront plus d'incidence sur le régime des donations et avantages matrimoniaux. Si le divorce pour faute est maintenu par la loi, celle-ci réduit considérablement son intérêt, l'objectif étant d'en faire un cas marginal de prononcé du divorce.

Par ailleurs, la loi institue un tronc commun de la procédure pour tous les divorces contentieux. La requête initiale sera introduite, elle n'indiquera pas les motifs de la demande à venir, le choix de la procédure ne se faisant qu'après l'échec de la tentative de conciliation, dans l'assignation. De plus,

---

[20] Art.180.C. fam.
[21] Art. 193 C. fam.

les passerelles sont multipliées entre les procédures, et elles pourront intervenir à tout moment de l'instance[22].

Enfin, le régime de la pension alimentaire est encore une fois renforcé par les tribunaux. En premier lieu parce que les époux sont incités, dans les divorces contentieux, à recourir à des conventions pour fixer la pension alimentaire. Il sera alors possible d'attribuer des rentes temporaires et de prévoir que le versement de la prestation cessera à compter de la réalisation d'un événement déterminé. Les prestations mixtes sont à nouveau possibles, et les différentes formes de capital pourront être panachées. Si le principe de transmissibilité de la pension alimentaire à la succession du débiteur est maintenu, le paiement sera prélevé sur la succession et dans la limite de l'actif successoral. En cas d'insuffisance de cet actif, les héritiers ne seront donc plus tenus sur leurs biens personnels, contrairement au droit commun des successions. Au décès du débiteur, les pensions versées sous forme de rente seront automatiquement transformées en un capital immédiatement exigible, dont le montant prendra en compte les sommes déjà versées. La substitution s'effectuera selon des modalités fixées par décret. Il est permis d'espérer que ces simplifications auront un effet bénéfique sur la compréhension du dispositif. Toutefois, les possibilités de révision ne pourront faire disparaître le contentieux de l'après-divorce. Mais l'objectif poursuivi est plutôt la responsabilisation et la faveur aux pactes amiables. Par cet aspect de la législation, est aussi accentuée la contractualisation du divorce.

21. La loi du 17 octobre 1984, entrée en vigueur le 1re janvier 1985, s'applique aux procédures introduites avant son entrée en vigueur. Toutefois, un certain nombre d'exceptions, classiques en la matière sont admissibles et pratiques. En cas de consentement mutuel, (divorce jurisprudentiel) l'action en divorce ou en séparation de corps est poursuivie et jugée conformément à la loi ancienne, lorsque la convention temporaire a été homologuée. Pour les séparations de corps et divorces contentieux, la loi ancienne s'applique lorsque l'assignation a été délivrée avant le 1er janvier 1985. Mais des passerelles sont prévues avec les procédures par consentement mutuel ou pour altération définitive du lien conjugal, lorsque les conditions prévues par le Code de la famille sont remplies.

L'appel et le pourvoi en cassation sont régis par les règles applicables lors du prononcé de la décision de première instance.

Des dispositions transitoires particulières ont été édictées pour l'application des dispositions nouvelles aux pensions en cours. De ce dispositif très technique, on retiendra la possibilité de révision des rentes viagères fixées avant l'entrée en vigueur de la loi, lorsque leur maintien en

---

[22] Art. 186 – 187 C. fam.

l'état procurerait au créancier un avantage manifestement excessif. Il faut rappeler que la loi prévoit que la révision de ces rentes peut être demandée en cas de changement important dans les ressources ou les besoins des parties. Leur révision ne peut conduire à proroger leur durée initiale, ni à porter la rente à un montant supérieur à la loi et des rentes temporaires antérieures au 1re janvier 1985 sont applicables aux instances en cours qui n'ont pas donné lieu à une décision passée en force de chose jugée. Quant à la transmissibilité passive des pensions, les dispositions nouvelles sont applicables aux prestations allouées avant l'entrée en vigueur de la loi. Sauf lorsque la succession du débiteur a donné lieu à un partage définitif à cette date. C'est dire que les débiteurs ne seront plus tenus au paiement de la prestation que sur la succession, et qu'il est substitué à la rente un capital immédiatement exigible dont le montant prend en compte les sommes déjà versées et dont les héritiers peuvent demander la révision.

Chapitre III
Réflexion sur la dimension du phénomène

22. – Le corps social, qui s'est exprimé notamment par la voie d'enquêtes d'opinion, considère aujourd'hui le divorce comme l'un des moyens de remédier aux crises conjugales. Aussi convient-il, désormais, de se demander si la réglementation du divorce est adaptée aux besoins de la société congolaise. Or, même ainsi délimitée, la question ne peut être facilement résolue, tant la réponse dépend plus des considérations religieuses, morales et sociales que d'une analyse strictement juridique et politique[23].

Du moins le plus grand nombre considèrent le divorce comme un mal nécessaire. Et de ce point de vue, l'approche sociologique retenue par le législateur en 1984 reste adaptée à la société contemporaine et politique.

A. Le divorce : mal nécessaire

23. Une donnée fondamentale oblige, sans doute, à relativiser toute appréciation d'une réforme du divorce. Car si personne ne propose plus vraiment d'interdire au Congo le divorce, chacun s'accorde à reconnaître qu'il n'est qu'un mal nécessaire, et non un bien. La dissolution d'un mariage c'est la disparition d'un foyer : celle-ci a toujours des répercussions sensibles, tant individuelles que collectives. Les premiers à en souffrir sont les enfants, qui deviennent au surplus un enjeu dans nombre de procédures. Naturellement, la loi est impuissante à empêcher les désordres affectifs. Alors il ne faut pas attendre d'une loi du divorce ce qu'elle ne peut apporter : le bonheur[24]. Mais dans la mesure où le prononcé du divorce est considéré par la société comme devant figurer parmi les remèdes des crises conjugales, le législateur doit prendre parti sur la conception qu'il entend promouvoir de ce mode de dissolution du mariage. Avant 1984, le divorce a été considéré comme la sanction des fautes commises par un époux, justifiant la condamnation de celui-ci au paiement d'une pension alimentaire et au versement de dommages-intérêts, entraînant pour lui la perte des donations, avantages matrimoniaux et droits sociaux du chef du conjoint, privant même cet époux coupable de l'attribution de la garde des enfants. Mais il est

---

[23]B. Mambeké-*Boucher. Pour la réhabilitation de la dot-Brazzaville*, Liaison, N° 49-50-1955, p.11.1.

[24] Jacques. Malonga, *La famille chez les Makoua*, Brazzaville, liaison N° 45, 1955. P.P.23, voir aussi J-Pouabou, *Le peuple villi ou Loango*, liaison N° 58, 1957-P-59.

apparu entre cette philosophie répressive et la mentalité collective un fossé qui s'est agrandi progressivement au point qu'une série d 'amendements est devenue indispensable. Elle devra être caractérisée par la souplesse et destinée à répondre le mieux possible aux besoins sociaux.

B. Approche sociologique

24. Les coutumes congolaises étaient marquées par la diversité. Le code de la famille a encore renforcé ce caractère. Il n'a pas, notamment, abandonné tout à fait cette conception du divorce-sanction au profit d'un autre type, unique, et caractérisé du divorce. Le législateur a considéré que dans une République laïque respectant tous les courants de pensée, sans qu'aucune confession ne doive être érigée en religion d'État et dans la mesure où toutes les coutumes sont abolies, il convenait d'élaborer une loi dont le principe directeur serait le pluralisme, (Il sied de rappeler que le pluralisme politique n'a rebondi au Congo, après les années 58 qu'avec la Constitution du 15 mars 1992) mieux à même de répondre à la diversité des opinions et des situations que le choix d'une conception unique. D'où le maintien du divorce pour faute parmi d'autres causes.

En effet, ne plus faire de la violation des devoirs et obligations du mariage une cause de divorce aurait eu nécessairement des répercussions sur le sens de l'engagement matrimonial. De surcroît, il est apparu particulièrement injuste aux victimes de violences conjugales de les priver du droit de dénoncer et de voir sanctionner des comportements aussi intolérables. En outre, on a pu craindre que les époux, privés de la possibilité de plaider les torts et griefs, ne fassent de la liquidation de leurs intérêts patrimoniaux ou, plus grave encore, de l'organisation de la garde des enfants, le nouvel exutoire à leur conflit conjugal[25]. Mais cette multiplication des voies d'accès au divorce n'est que la manifestation d'un phénomène plus profond. Le Code de la famille, dans ses dispositions relatives au divorce apparaît, à cet égard, comme le vecteur d'une appréhension différente, sociologique, du droit de la famille, où le législateur s'efface, à la fois, derrière les mœurs et le pouvoir du juge[26].

25. De fait, cette philosophie véhiculée par le quotidien depuis les années 80 s'inscrit dans un vaste mouvement de désengagement du droit civil. À la base, se trouve l'hypothèse que les relations de famille sont conditionnées par les mœurs collectives et la morale individuelle, et qu'elles ne doivent pas l'être par la loi. Celle-ci doit donc s'effacer. Le législateur renvoie à d'autres systèmes normatifs, les mœurs, la morale et la religion, le soin d'interdire

---

[25] L. de Sousbergbe, *Enfance hors lignage et solidarité clanique dans les sociétés congolaises*. In Africa-Tervaren, XIII, 1967, p-10-14.

[26] B.C Leckacka, *Les Bakouelé, Habitats, Mœurs et coutumes*, Brazzaville, Liaison, n° 34, avril 1953. p.39-49.

certains comportements. C'est le domaine du non-droit, où chacun se trouve placé sous sa propre responsabilité. Le droit renonce, en d'autres termes, à imposer un modèle : la loi devient sociologique, en ce sens qu'elle s'adapte aux mœurs. Le droit doit être dans cette conception conforme aux faits. Ainsi, à partir de la loi de 1984, le mariage pourra être rompu facilement. Mais ce sont d'autres contraintes que la loi qui limiteront le recours au divorce : les règles morales et religieuses, les pressions familiales et sociales[27]. À cette fin, la loi aménage cinq voies d'accès au divorce, chaque couple devrait ainsi pouvoir trouver le mode de divorce qui lui convient. Les conventions entre époux ne sont pas prévues, (divorce consensuel, divorce demandé par l'un et accepté par l'autre) parce que le législateur estime que les époux sont mieux placés que le juge pour apporter une réponse appropriée à leur situation de crise. Toutefois, il était prévu que la règle de droit peut être écartée par le juge si son application devait avoir, dans une espèce donnée, des conséquences d'une exceptionnelle gravité. Le recours au pouvoir modérateur du juge, qui s'ajoute au pouvoir traditionnel d'apprécier souverainement les faits, est donc maintenu[28].

26. Mission importante pour le juge, puisqu'il doit toujours intervenir pour prononcer le divorce et la séparation de corps, qui ont, en ce sens, un caractère nécessairement judiciaire. Toute autre autorité (notaire, consul...) est dépourvue du pouvoir de statuer et les époux ne peuvent divorcer à l'amiable, sans avoir recours au juge, malgré certaines propositions en ce sens. Cette intervention obligatoire d'un juge est justifiée par la gravité de la décision : la dissolution d'une famille. Celle-ci n'a pas seulement des conséquences pour les époux et leurs enfants, mais aussi pour l'ensemble du corps social. Admettre un divorce sans juge, c'est transformer le mariage en un simple contrat dont le sort serait laissé à la seule appréciation des époux. Et comment empêcher les pressions d'un époux sur son conjoint ? Le juge devra, par conséquent, trancher les conflits et veiller à la protection des intérêts de chacun.

Il vérifiera, plus précisément, que la demande en divorce est fondée sur l'une des causes énumérées par la loi. À cette fin, il va procéder suivant des règles qui diffèrent notamment du droit commun de la procédure civile. Si la demande est admise, le lien matrimonial va se trouver rompu (divorce) ou relâché (séparation de corps) : le juge devra en tirer les conséquences. Cette

---

[27] S. A. Douta, *Vili et Loango, deux groupements ethniques différents*, Brazzaville, Liaison n°48-p. 21.

[28] Art.184 et s- C. fam.

Académia, *Les chefs coutumiers disparaîtront-ils ?* Brazzaville, Liaison N° 52. 1956- p. 15-18.

chronologie, qui est suivie fidèlement par le Code de la famille, constituera le plan des développements qui suivent.

Section I : Les causes du divorce

27. L'un des traits dominants des objectifs réalisés par la loi du 17 octobre 1984 portant Code de la famille est la multiplication des voies d'accès au divorce[29]. Ce pluralisme, qui caractérise la législation congolaise permet de répondre à la diversité des situations conjugales. Il traduit aussi le changement dans la conception même du divorce, qui devient l'affaire des époux, que la loi reconnaît comme étant les premiers concernés si l'intervention du juge reste nécessaire. Dans cette perspective, on oppose au divorce demandé par un époux sans l'accord de l'autre, en cas de séparation de fait, ou en raison des fautes commises par le conjoint, un autre cas de divorce que législateur de 1984 n'a pas privilégié, celui du divorce sur demande conjointe, fondé sur le consentement mutuel. Dans le même esprit, car supposant l'accord des époux sur le principe du divorce mais non sur ses conséquences, il n'a pas été retenu le divorce demandé par un époux et accepté par l'autre, devenu une création du juge pour acceptation du principe de la rupture du mariage. Cette institution s'entend aussi des mesures de protection judiciaire. En somme, on étudiera successivement les causes du divorce (section 1), la procédure du divorce (section 2), le régime de sauvegarde de justice et le divorce conventionnel (section 3), les effets du divorce (section4).

28. Il paraît aller de soi que la demande en divorce n'est recevable que si le lien matrimonial existe. Cette condition d'existence du mariage peut soulever deux ordres de difficultés :

D'un côté, puisque le décès d'un époux dissout le mariage[30]. Tant qu'une décision définitive n'a pas prononcé le divorce de deux époux, la mort de l'un d'eux éteint l'action en divorce : donc est caduque la décision déjà intervenue, comme est irrecevable la demande en divorce formée postérieurement au décès.

D'un autre côté, la demande en divorce est pareillement irrecevable lorsque le divorce a déjà été prononcé par une décision définitive. La question a été posée très souvent au cours des dernières années dans les situations internationales où l'un des époux soulève l'irrecevabilité d'une demande en divorce formée au Congo au motif que le divorce a déjà été prononcé définitivement par une juridiction étrangère. Le code de la famille a considéré que la décision étrangère devait répondre aux conditions de

---

[29] Art. 180. C. fam.

[30] Art. 179 C- fam.

régularité des jugements étrangers pour pouvoir produire cet effet au Congo[31].

Sous-section 1. Le divorce faillite

29. Le divorce pour rupture de la vie commune prévu par le code de la famille[32] est alimenté d'une vive controverse puisque certains se sont demandé s'il ne s'agissait pas d'une forme de répudiation déguisée. Le débat est aujourd'hui retombé.

30. Acquiescement, manque de cohabitation, séparation de fait, absence de l'épouse

« ... Par requête en date à Pointe-Noire, du 25 Juin 2005, M..., ayant pour conseil Maître N..., avocat à la Cour, a introduit devant la première chambre civile du tribunal de Grande Instance de Pointe-Noire une demande en divorce aux torts exclusifs de son épouse M... ;

A l'appui de sa requête, il expose qu'en date à Pointe-Noire, du 06 décembre 2003, il a contracté mariage avec demoiselle M... par devant le maire central de ladite ville ;

Ayant opté pour le régime monogamique avec communauté de biens, le requérant qui vit en France depuis son enfance, a vainement tenté le regroupement familial et pour cause ;

M... endurcie par sa famille, n'a daigné se conformer aux formalités requises par les autorités consulaires pour son départ en France ;

Le requérant a même tenté de convaincre sa femme de le rejoindre pour les vacances d'été de l'année 2004 ;

Curieusement, son épouse restée au Congo n'entreprend aucune démarche pour aboutir à la consommation du mariage ;

Depuis la célébration dudit mariage le couple n'a jamais vécu ensemble rendant ainsi impossible toute chance de procréation.

Cette séparation de fait qui dure depuis bientôt deux (2) ans est due à l'inconduite de M... ;

En considération de ce qui précède, le Tribunal n'aura aucune difficulté à prononcer le divorce entre les époux M... aux torts exclusifs de l'épouse.

Il le fera en application des dispositions de l'article 180 alinéa 3 du Code de la famille qui stipule :

Le divorce peut être prononcé à la demande de l'un des époux. En cas d'absence déclarée de l'un des époux ou de séparation de fait prolongée depuis deux (2) ans ;

---

[31] Art. 832-C- fam.

[32] Art. 180. C. fam.

Dire et juger que les dispositions du jugement à intervenir seront mentionnées en marge de l'acte de mariage n° 118 établi en date du 06 Décembre 2003.

Ordonner la liquidation de la communauté existant entre les époux.

Ordonner l'exécution provisoire du jugement à intervenir nonobstant toutes voies de recours.

Condamner M...aux dépens.

À l'audience de conciliation en date du 07 Février 2006, seul l'époux demandeur a comparu, l'épouse n'a ni comparu, ni fourni à cette audience de conciliation un mémoire.

Ainsi, le juge conciliateur a constaté la non-conciliation des parties.

Advenue l'audience de fond, M... n'a ni comparu, ni produit un mémoire en défense de sorte que le présent jugement sera réputé contradictoire à son encontre.

Sur quoi le tribunal

Attendu qu'en application de l'article 180 alinéa 3 du Code de la famille, le divorce peut être déclaré à la demande de l'un des époux en cas d'absence prolongée de l'un des époux;

Que l'époux habite en France et l'épouse habite au Congo ;

Que toutes les démarches entreprises par l'époux pour que sa femme vive avec lui en France n'ont jamais abouti ;

Que cette situation dure depuis la célébration du mariage en 2003 ;

Attendu que M... sollicite le divorce aux torts exclusifs de la femme pour séparation de fait prolongée ;

Attendu que dame M... n'a daigné comparaître, ni verser aux débats des écrits pour sa défense et elle a préféré garder le mutisme le plus absolu ;

Attendu qu'au regard des pièces du dossier et de l'attitude de M..., il échet de faire droit à la sollicitation du requérant pour ce qui est du divorce ;

Qu'en conséquence, il echet de prononcer le divorce entre les époux M... aux torts exclusifs de la femme, en application de l'article 180 alinéa 3 du Code de la famille ;

Sur la liquidation de la communauté existant entre les époux ;

Attendu que M... a demandé la liquidation de la communauté ayant existé entre les parties ;

Attendu que ladite demande est recevable et fondée ;

Qu'il echet d'y faire droit à la mesure sollicitée ;

Sur l'exécution provisoire :

Attendu que M... a sollicité l'exécution provisoire du présent jugement nonobstant toutes voies de recours ;

Attendu que conformément aux dispositions de l'article 5 du Code de procédure civile, commerciale, administrative et financière, dit n'y avoir lieu à exécution provisoire ;

Attendu que M... a succombé, il convient de la condamner aux dépens ;
Par ces motifs :
Statuant publiquement, par jugement réputé contradictoire, en matière civile et en premier ressort ;
Vu le procès-verbal de non-conciliation en date du 07 février 2006 ;
Prononce le divorce d'entre les époux M... et M... aux torts exclusifs de la femme ;
Dit n'y avoir lieu à exécution provisoire ;
Dit que le dispositif du présent jugement sera mentionné en marge de l'acte de mariage n°118 dressé le 06 décembre 2003 à la mairie centrale de Pointe-Noire, ainsi que les actes de naissance desdits époux nés respectivement le mari, le 20 octobre 1975 à Brazzaville, la femme le 26 mars 1981 à Loubomo ;
Condamner M...aux dépens... » [33]

Paragraphe I : Divorce pour maladie

31. Lors de la discussion du projet de loi du 17octobre 1984, les adversaires les plus hostiles au divorce pour rupture de la vie commune ont reproché au législateur de vouloir introduire en droit congolais la répudiation unilatérale. Mais il a été justement objecté que la répudiation telle qu'elle est pratiquée dans certains départements et coutumes (aujourd'hui les coutumes sont abolies) est discrétionnaire et à effet immédiat. Or, les précautions nombreuses adoptées par la loi du 17 octobre 1984 éloignaient cette forme de divorce d'une véritable répudiation : le contrôle du juge, notamment, et les conditions strictes pour rompre le mariage. Au demeurant, le nombre très élevé (plus de 60% des divorces prononcés annuellement au Congo) témoigne de l'intérêt de ce type de divorce. Le divorce pour maladie reste dans l'opinion une cause immorale quelles que soient les considérations philosophiques ou religieuses.

En créant cette forme particulière de divorce, l'objectif du juge, a été de permettre à un époux d'obtenir la dissolution du mariage lorsque, par suite d'une maladie, le mariage n'est plus qu'une structure dépourvue de consistance.

Paragraphe II- Notion de maladie

32. La maladie est une altération, une dégradation de la santé, et dans l'équilibre des êtres vivants (animaux, végétaux) pouvant se manifester par une souffrance. Ainsi, les céphalées, les migraines, l'épilepsie, l'obésité, la paralysie, le zona, le mal d'estomac sont des maladies. Le malade est donc

[33] T.G.I de Pointe-Noire R-C n° 1072- Année 2005- Rép n° 246 du 20- 03-2006. inédit.

une personne qui est en mauvais état, qui vit dans un état général de malaise et dont la santé est altérée. La notion de maladie s'oppose donc à celle de santé qui est définie, selon l'Organisation mondiale de la santé (OMS), comme étant un état complet du bien être physique, moral et social. La maladie s'entend donc des invalidités physiques, et corporelles, des déformations provoquées par des agressions microbiennes et virales, de la stérilité, de la drépanocytose, de la cécité, de l'impuissance secondaire de l'époux dont le membre viril n'est plus érectile à la suite de l'échec d'une intervention chirurgicale pour hernie. Elle s'entend aussi de l'altération des facultés mentales pouvant dégénérer à des troubles affectifs et comportementaux. Enfin, la maladie s'entend de l'amputation d'une jambe droite de la femme survenue à la suite d'un accident ferroviaire, lorsque, contre la volonté de son époux, l'épouse résolut de voyager sans l'en avoir avisé, en compagnie de l'une des ses copines avec laquelle le mari s'était plus d' une fois querellé. Lorsque cette invalidité condamne l'épouse dans un état physique inapte à assumer quotidiennement les obligations du ménage[34] . Et le législateur congolais de 1984 ne pouvait retenir comme cause du divorce la maladie. Il résulte donc que le divorce prononcé pour maladie sexuellement transmissible, incompatibilité sanguine, demeure un divorce jurisprudentiel.

33. Maladie-SIDA – Insoumission.

« ... *Attendu que par requête en date à Pointe-Noire du 24 juin 2009, monsieur T..., Congolais, marié, père de cinq enfants, domicilié au quartier la Joie du Congo à Tié-Tié Pointe-Noire, a introduit devant le Tribunal d'Instance de Tié-Tié une demande en divorce aux torts exclusifs de son épouse née B...;*

Attendu qu'à l'appui de sa requête, monsieur T... expose qu'il est marié avec mademoiselle B... depuis le 11 avril 1998 devant l'officier de l'état civil du quatrième arrondissement Loandjili à Pointe-Noire et cinq enfants sont issus de cette union ;

Que tout allait bien jusqu'à la naissance du quatrième enfant et après la naissance du cinquième, tout a basculé avec la santé qui devenait fragile pour son épouse ;

Qu'après des examens cliniques, son épouse a été déclarée séropositive et lui séronégatif ;

Que depuis lors, s'est installé une mésintelligence au sein du couple puisque l'épouse s'opposait à l'idée du mari de connaître l'origine de cette maladie et elle commençait à afficher une attitude révoltante marquée par des sorties abusives et parfois à des heures tardives sans raisons valables ;

---

[34] cf. TGI de Pointe-Noire, Année 1996, inédit.

Que, pire encore, elle brille par une insoumission aux obligations dues au mariage et son infidélité a conduit l'union à une incompatibilité d'humeurs ;

Qu'il sollicite dans ces circonstances le divorce aux torts exclusifs de l'épouse qui reconnaît dans ses conclusions des 16 et 29 août 2009 qu'elle avait pour sa maladie, été soumise à des examens cliniques (test de sang) dont les résultats n'étaient pas bons ;

Qu'elle souffrait d'une maladie de la peau appelée'' Mouanza ou Zona'' qui lui avait infecté non seulement le sang, mais aussi lui faisait tomber les cheveux et provoquer des plaies ;

Que pour la traiter, il a fallu d'abord lui raser les cheveux de la tête et son époux a insinué une séropositivité voulant se débarrasser d'elle puisqu'elle a été renvoyée chez sa mère au quartier Mpaka et aussi, depuis belle lurette, son époux a commencé à afficher une attitude révoltante au sein du foyer ;

Qu'elle est toujours restée soumise à son époux et ne sort ni abusivement ni tardivement ne rentre ;

Qu'elle a été au contraire choqué, c'est l'époux qui la suspectait d'être l'amante d'un pasteur de leur église sans avoir rapporté la preuve ;

Qu'elle a été humiliée par son époux devant les enfants parce que traitée de sorcière ;

Que malgré tout, elle s'oppose au divorce et si d'aventure, son mari veut qu'elle s'accordât avec lui, il doit lui acheter une parcelle de terrain, construire une maison bien équipée en matériaux durables, acheter pour elle une voiture à usage taxi et lui remettre la somme de 10.000.000 francs CFA pour le temps perdu à ses côtés et pour le reste, elle est séronégative et non séropositive ;

Qu'elle pense aussi que tout le mobilier de la maison doit lui revenir étant épouse légitime ;

Sur quoi le tribunal :

Attendu que le mariage entre les époux a été célébré suivant le régime de la séparation des biens avec monogamie acceptée comme option ;

Attendu qu'il résulte des pièces du dossier et des débats que l'état de santé médiocre de la femme est à l'origine de cette séparation puisque le mari a produit au dossier les résultats de son examen sérologique ;

Que la peur habite le mari devant l'intransigeance de la femme à ne pas reconnaître sa maladie ;

Qu'une incompatibilité d'humeurs s'est installée dans le foyer devant la pression du mari à vouloir exposer sa femme devant la place publique avec sa maladie ;

Que dans tous les cas, il y a une violation particulièrement grave et d'ailleurs renouvelée des devoirs et obligations résultant du mariage qui rend conformément à l'article 180 du Code de la famille, intolérable le maintien du lien conjugal ;

Qu'il échet en conséquence de prononcer le divorce aux torts réciproques ;

Par ces motifs :

Statuant publiquement, contradictoirement, en matière civile, en premier ressort, après débats en chambre de conseil ;

Vu l'ordonnance de non-conciliation en date du 05 août 2009 ;

Prononce le divorce d'entre les époux T... aux torts réciproques ;

Dit que le présent dispositif du jugement sera mentionné en marge de l'acte de mariage dressé le 11 avril 1998 au siège de l'arrondissement n°4 à Pointe-Noire, ainsi que des actes de naissance desdits époux nés respectivement le mari, le 13 mars 1957 à Pointe-Noire, la femme le 16 avril 1966 à Pointe-Noire ;

Confie la garde des enfants T...à Pointe-Noire au père avec le droit de visite le plus large à la mère ;

Fait défense à la femme de porter à l'avenir le nom de son mari ;

Déboute les époux de leurs demandes respectives en dommages-intérêts ;

Prononce la dissolution du régime matrimonial ayant existé entre les époux... »[35]

Paragraphe III : Justification

34. En fait, il s'agissait d'autoriser le demandeur à refaire sa vie, en le libérant d'un conjoint malade qui ne veut pas divorcer. Mais, en contrepartie, le demandeur devait assumer toutes les charges du divorce. Précisément, cette forme de divorce n'a pas rencontré de succès en raison des lourdes conséquences qu'il entraîne pour le demandeur : maintien du devoir de secours sous forme de pension alimentaire révisable à la hausse, intégralité du coût de la procédure, impossibilité de percevoir une prestation compensatoire, révocation des donations et avantages matrimoniaux dont il était le bénéficiaire et refus de révoquer ceux qu'il avait consentis, interdiction de demander le report de la date des effets du divorce... Tandis que de son côté le conjoint défendeur peut s'opposer à la demande, dans des cas exceptionnels il est vrai.

La loi congolaise n'a pas réglementé ce type de divorce. Elle a seulement procédé à une véritable transformation, en introduisant un véritable droit commun au divorce lorsque le lien conjugal est définitivement altéré. De fait, la durée exigée de séparation est réduite de six à deux ans, le cas particulier de l'altération des facultés mentales disparaît et la clause de

[35] T-I de Tié-Tié Pointe-Noire R-C n° 283. Année 2009- Rép n° 808 du 29-09-2009. Inédit. Sur l'incompatibilité sanguine, voir- A. Iloki, *Le droit du divorce au Congo*, p. 62 et 63.

dureté. C'est donc un nouveau divorce qui est instauré, tant par sa cause (I) que par ses effets (II).

I. Le divorce pour altération définitive du lien conjugal

35. Le plus souvent, la rupture de la vie commune résulte soit de la séparation de fait des époux soit de l'altération des facultés mentales du conjoint ou toute autre maladie. Seule la première cause subsiste[36] tout en étant profondément transformée, (la seconde étant qualifiée d'immorale).

Aux termes de l'article 180 du Code de la famille : Le divorce peut être demandé par l'un des époux lorsque le lien conjugal est définitivement altéré. La cause du divorce est donc plus objective, puisqu'en filigrane on fait référence à la rupture de la vie commune, et qu'il n'est pas exigé que cette altération du lien conjugal rende intolérable le maintien de la vie commune. Ainsi, la loi établit comme cause de divorce une situation de fait dont elle n'a pas précisé les contours (A), mais dont elle a fixé en revanche la durée minimum : deux ans (B), sauf exception en cas de demande reconventionnelle (C).

A. Notion

36. Les tribunaux ont jugé que deux éléments devaient être réunis pour qu'il y ait séparation de fait : un élément matériel et un élément intentionnel[37]. Matériellement, des époux sont séparés de fait quand ils n'habitent plus sous le même toit. Mais comme le mari et la femme peuvent toujours avoir un domicile distinct, la séparation de fait s'entend comme une séparation des résidences : chacun vit de son côté.

37. Divorce pour vie de prière abusive - Défaut de preuve de rapports sexuels mystiques - Infidélité - Abandon de foyer - Interdiction du port du nom - Liquidation de la communauté

« ... *Attendu que par requête en date à Pointe-Noire du 15 décembre 1994, M..., a saisi le tribunal civil de céans, d'une requête d'assignation en divorce contre son épouse ;*

Qu'il expose au soutien de sa demande, avoir contracté mariage avec dame F... par devant l'officier de l'État civil de Pointe-Noire le 25 août 1971 ;

Que de cette union sont issus neuf enfants ;

Que tel allait pour le mieux au foyer jusqu'au 28 décembre 1993, date à laquelle dame M... son épouse abandonnait le domicile conjugal pour élire domicile chez son père ;

---

[36] Art. 180 c. fam.

[37] F. Mouguengué, *Cours de droit de la famille*, ENAM 2005.

Qu'elle est restée jusqu'à nos jours ;

Qu'elle sort quand elle veut et rentre le lendemain sous prétexte d'aller à la prière ;

Que ces sorties et la vie de prière sont devenues pour elle les occasions d'aller ailleurs ;

Que suite à ce comportement, il a été interdit à l'épouse de continuer de prier à l'église « Pentecôte » ;

Que malgré cette interdiction, elle continue d'y aller et est toujours entêtée par le pasteur K... qui est devenu son amant ;

Qu'à juste titre, prononcer le divorce d'entre les époux M... aux torts exclusifs de l'épouse et la condamner à payer au mari la somme de 1500.000 francs à titre de dommages-intérêts ;

Attendu en réplique que l'épouse proteste contre toutes les accusations.

Qu'elle a abandonné le domicile à la suite du mauvais traitement dont elle était victime au foyer ;

Que son mari lui faisait l'amour mystiquement et cela lui provoquait des maladies et des troubles psychiques ;

Que c'est en raison de ce comportement mystique de son époux qu'elle s'est engagée dans la voie de la prière ;

Que c'est justement parce que son époux ne peut plus l'atteindre mystiquement qu'il l'oblige à ne plus fréquenter l'église pentecôte ;

Qu'elle veut bien rejoindre son mari, mais elle ne renoncera pas à la prière ;

Que cependant si le divorce est prononcé aux torts de l'époux, elle ne sollicite pas de dommages-intérêts ;

Attendu que les époux M... ont contracté le mariage devant l'Officier de l'état civil de Pointe-Noire le 25 Août 1971 sous le n° 183 ;

Que neuf enfants sont issus de cette union ;

Que les rapports conjugaux étaient normaux jusqu'en décembre 1993 lorsque dame M... a commencé à sortir abusivement en prétendant aller à la prière ;

Attendu que, la prière qui fait partie de la liberté de conscience de l'épouse ne peut nullement empiéter les obligations matrimoniales de celle-ci ;

Qu'en l'espèce, la femme ne rapporte aucune preuve des agissements mystiques de l'époux ;

Qu'elle était en conséquence tenue de s'acquitter convenablement de ses obligations matrimoniales ;

Que ne le faisant, elle a commis une faute justifiant le divorce ;

Qu'aucune preuve de cette infidélité n'est rapportée ;

Que s'agissant de l'abandon moral et matériel, l'absence prolongée de l'épouse du domicile conjugal constitue à suffisance l'abandon ou tout au moins le délaissement du conjoint et des enfants ;

Que dès lors, l'épouse qui reconnaît avoir quitté le domicile conjugal pour privilégier sa vie de prière, doit endosser la responsabilité du divorce ;

Qu'il sied ainsi de prononcer le divorce contre les époux M... aux torts de la femme ;

Attendu que le mari s'est constitué et sollicite en réparation du préjudice que le divorce lui fait subir la somme 1.500.000F CFA ;

Attendu que cette demande est régulière en la forme et juste au fond ;

Qu'elle paraît cependant exagérée quant à son quantum ;

Qu'il convient de la ramener à des justes proportions ;

Attendu que sur la garde des enfants, il convient de confirmer les mesures prises dans l'ordonnance de non-conciliation ;

Par ces motifs

Statuant publiquement, contradictoirement en matière civile et en premier ressort, après débats en chambre de conseil ;

Vu l'ordonnance de non-conciliation en date du 30 Janvier 1995 ;

Prononce le divorce d'entre les époux M... aux torts exclusifs de l'épouse ;

Ordonne que le dispositif du présent jugement sera transcrit en marge de l'acte de mariage des époux dressé à Pointe-Noire le 25 Août 1971 sous le numéro 183 ; ainsi que sur les actes de naissance de chacun des époux nés respectivement le mari vers 1938 à Kingoyes (Mouyondzi) et la femme le 18 Octobre 1953 à Mfila (Mouyondzi)

Fait défense à la femme de porter à l'avenir le nom du mari à moins d'en être expressément autorisée ;

Condamne dame M... à payer au mari la somme de 400.000 FCFA à titre de dommage-intérêts ;

Déboute M... du surplus de sa demande ;

Condamne dame M... aux dépens ;

Prononce la dissolution du régime matrimonial ayant existé entre les époux ;

Commet le Greffier en chef du Tribunal de céans aux fins de partage ;

Le tout en application des articles 180, 184, 185, 193 du Code congolais de la famille, 57 du Code de procédure civile commerciale, administrative et financière... »[38]

Paragraphe I : Notions d'incompatibilité culturelle et d'humeur

38. La culture est l'ensemble des structures sociales et des manifestations artistiques, religieuses et intellectuelles qui définissent un groupe, une société par rapport à une autre. Elle est ainsi proche de la civilisation qui est

[38] T-I de Pointe-Noire. R-C n°340, Année 1994 – Rép n° 509 du 29-06-1995, inédit.

un ensemble des caractères propres à la vie culturelle et matérielle, cet ensemble porté à un degré extrême d'évolution. Un homme, cultivé est un homme qui a beaucoup de connaissances. L'humeur quant à elle est un tempérament passager, lié aux circonstances, gaieté, entrain.

La culture et l'humeur sont liées. La culture est une notion épaisse, multidimensionnelle, voire imprécise, donc prête à perdre de son vrai contenu lorsqu'elle est appliquée aux situations conjugales. Des cultures antagonistes dans une union ne peuvent qu'engendrer des scandales qui se traduisent par une mauvaise humeur. Tous les divorces contentieux dans lesquels la vie commune était devenue intolérable résultent souvent de l'appréhension des conditions de vie, d'éducation, du niveau intellectuel et culturel de chaque personne qui, d'ailleurs, exerce une influence sur sa vision personnelle des choses, sur sa perception de l'existence. C'est aussi et parfois une question de civilisation. C'est aussi et parfois une question de bonnes ou de mauvaises mœurs, disons, de mœurs tout court. C'est aussi et souvent une question d'éthique et d'honneur qui sont attachées à la personnalité de chacun de nous. Il est évidemment des comportements qui heurtent l'éthique et l'honneur de l'un des conjoints dans le mariage en raison de l'écart, du fossé et de la distance qui séparent leur niveau culturel et qui se manifestent par le changement d'humeur et la dégradation de leurs relations conjugales. Ainsi, par exemple, une culture animiste s'oppose à une culture chrétienne ; une opposition qui, à un certain stade se manifeste entre des personnes qui s'attachent à l'occultisme, et celles qui ont une culture scientifique, qui sont rationnelles ou tout simplement qui recherchent des constructions scientifiques pour apporter des solutions aux problèmes qui se posent à elles.

39. C'est la raison pour laquelle les femmes d'un certain niveau intellectuel et culturel ont du mal à construire un foyer avec des hommes de bas niveau, le risque de fluctuation de l'humeur étant très élevé. Ce qui n'est que logique, on peut dire mérite. Parce que ces femmes ont atteint un niveau d'appréhension des choses qui doit nécessairement réduire leur capacité à supporter un époux complexé, vaniteux, peu modeste, moins intelligent, grossier, vulgaire, attardé, impoli. Le niveau culturel et intellectuel prend de la structure, de l'assise et de la valeur dans l'union conjugale. Il faut qu'il soit probant. Autrement l'union est sans lendemain, car l'argumentation de l'époux intellectuellement moins averti peut effrayer, surprendre, ou s'effondre chaque fois qu'un débat s'élève dans le foyer. C'est pourquoi, au Congo, dans 84% de mariages, le niveau intellectuel des hommes est supérieur à celui de leurs épouses. La culture est proprement cela. Elle est une logique, une sorte d'explication limpide qui tend vers des choses évidentes quelle que soit la considération dans laquelle on se situerait pour apprécier le comportement fautif.

L'incompatibilité culturelle est bien ce qui provoque le choc dans la tête de l'autre époux et qui bouleverse son entendement, l'ordre des choses et des idées qui se sont inscrites comme principes. Un homme dont le niveau intellectuel est évalué au 1/3 de celui dont dispose sa femme ne peut prétendre être longtemps de bonne humeur, car sa capacité d'adaptabilité à l'évolution culturelle et de la gestion du ménage s'affaisse progressivement.

La culture comprend aussi l'allure et les ambitions négatives des uns et des autres, qui, suivant des situations, sont frustratoires. Et personne n'accepte d'être frustré tout le temps dans sa vie conjugale. La culture s'entend encore des manifestations de complexe, d'envie, de cupidité, d'égoïsme, d'obsession. Et ce sont souvent ces comportements qui provoquent l'incompatibilité d'humeurs, cause de séparation.

L'incompatibilité culturelle est aussi ce qui paraît bizarre dans tous les cas (réactions, gestes, hygiène corporelle, habitudes et style de vie). C'est aussi la perte de certaines valeurs humaines (justice, équité, honneur, bravoure, sagesse, responsabilité, courage, honnêteté, sympathie). L'incompatibilité culturelle s'entend aussi et surtout de l'ensemble des comportements vulnérables (brutalité, agressivité, méfiance, fourberie, fumisterie, menaces, méfiance, médisance). L'incompatibilité culturelle c'est aussi la violation de l'obligation due au respect de la sphère d'intimité et la divulgation par l'époux, auprès de ses amis et parents, des défauts de sa femme, lorsque cette femme devient l'objet de raillerie et de moquerie et vice versa.

Si communément, l'on reconnaît que « ce qui s'assemble se ressemble », les personnes humaines se distinguent moins par leur sentiment d'amour et d'affection que par le sens qu'elles entendent donner à leur vie. C'est donc une question de devoir en tant que responsabilité. Ainsi, l'éducation familiale de base, l'école, l'environnement social ou le milieu dans lequel on vit, façonnement l'individu qui les incorpore dans son mode de vie et en devient le reflet, la représentation, c'est-à-dire le phénotype même qui caractérise ces choix tous azimuts subis.

40. Or le domaine de l'éducation est l'un des plus complexes que l'on puisse connaître dans l'étude de l'être humain. La tendance est que chacun a l'habitude de vanter son éducation. Serait-elle la meilleure ? La pire ? La moins mauvaise ? Nul ne sait. Pourtant « les mœurs et les valeurs fondent l'âme d'une nation dont la structure verticale est érigée par la cellule de base qu'est la famille, donc le mariage. Et une société dont les femmes se marient moins court le risque de connaître la flambée de certains phénomènes déviants comme la prostitution »[39]. Et le divorce contribuerait à augmenter le nombre de femmes sans mari, si l'on tient compte du pourcentage moins

[39] H. D. Amboulou, *Nostalgite*, Roman, L'Harmattan-Congo, 2010.

élevé du nombre de remariages. Ce qui rapproche indubitablement la société congolaise de ce facteur à risque. Le divorce mal nécessaire est en réalité un mal, un vrai mal, mais qu'on est obligé d'accepter en face de l'irrésistibilité des circonstances. L'incompatibilité culturelle c'est un peu de tout cela. Elle est aussi une question de connaissance ou d'ignorance, et lorsque celle-ci perdure et pèse tout le temps du côté d'un seul conjoint, elle devient dans cette persistance un obstacle à l'épanouissement de l'autre conjoint dont l'humeur est définitivement irritée et sa vie est tirée vers le bas, y compris celle des enfants. Or ceux-ci sont la fierté de la société de demain. Cette ignorance devient un danger social. Voilà comment l'on peut présenter la question de l'incompatibilité d'humeurs et culturelle comme cause de divorce dans sa petite chaîne de conséquences. Et si jamais il était démontré qu'il existe moins de divorces prononcés entre 1930 et 1958, soit 35 ans avant l'entrée en vigueur du Code de la famille, cela revient à poser le problème de la liberté de choix de l'époux revendiquée et obtenue par les femmes telle que prévue par le Code de la famille en ses articles 129 et s.

41. Or, il existe des circonstances de vie séparée qui peuvent ne pas avoir la signification d'une rupture entre les époux. Ainsi, l'emprisonnement d'un époux, son hospitalisation ou son expatriation manifeste la séparation des époux sans que l'on puisse en déduire que ceux-ci ont rompu la vie commune. C'est du moins ainsi que la jurisprudence avait interprété la loi. Pour que la séparation puisse être analysée en rupture, les tribunaux considèrent que la communauté de vie aussi bien matérielle qu'affective doit avoir cessé entre les conjoints. L'intention de se séparer est donc nécessaire de la part d'un époux au moins quelles que soient les circonstances ayant accompagné la séparation. En somme, la rupture de la vie commune devait être voulue, mais pas nécessairement dès le début de la séparation.

42. Divorce pour faute - Intolérabilité de la vie conjugale – Abandon du foyer - Garde de l'enfant - Droit de visite

« ... Attendu que par requête en date à Pointe-Noire du 18 mars 2005 monsieur M... de nationalité congolaise domicilié à Paris (République française) a par le biais de son conseil, maître P, avocat à la Cour, saisi la première chambre du tribunal de Grande Instance de céans aux fins de s'entendre :

Prononcer le divorce d'entre lui et son épouse aux torts réciproques des époux ;

Dire juger que le dispositif du présent jugement à intervenir sera mentionné en marge de l'acte de mariage ;

Commettre maître N, notaire à Pointe-Noire, pour procéder à la liquidation des droits respectifs des parties, et tel juge qu'il plaira au tribunal pour faire rapport en cas de difficultés ;

Condamner Madame M... aux entiers dépens ;

Qu'il expose à l'appui de sa requête que le 27 janvier 1990, il a épousé en premières noces mademoiselle L..., par devant l'Officier d'état civil à Brazzaville ;

Que ce mariage intervient après cinq (5) ans de vie ;

Que de cette union est issu un enfant de sexe féminin née le 25 Décembre 1995 à Montpellier, République française ;

Que présentement la vie commune est devenue intolérable des suites d'une profonde disharmonie entre les époux ;

Que cette situation tendue affecte également les belles familles respectives ;

Que depuis le 1er janvier 2004, Madame M... a abandonné le foyer conjugal ;

Que par application des dispositions de l'article 180 et 181 du Code de la famille, il est bien fondé à solliciter que soit prononcé le divorce d'entre les époux M... aux torts réciproques des époux ;

Sur quoi le tribunal

Attendu qu'aux termes des articles 180 et 181 du Code de la famille : le divorce peut être prononcé à la demande de l'un des époux lorsque la vie commune est devenue intolérable par suite des excès visant les époux eux-mêmes ou leurs belles-familles ;

Qu'en l'espèce la vie commune des époux M... est devenue intolérable des suites d'une profonde disharmonie qui affecte également leurs belles-familles ;

Attendu que le même article en son alinéa 2 dispose : le divorce peut être prononcé à la demande de l'un des époux lorsque la vie d'un conjoint et la sécurité des enfants sont gravement compromises par l'abandon moral ou matériel du foyer ;

Que dans le cas d'espèce, il est constant que Madame M... a abandonné le foyer conjugal depuis le 1er janvier 2004 ;

Attendu que conformément aux dispositions de l'article 181 du Code de la famille monsieur M... a présenté une requête écrite indiquant les faits allégués ainsi que les mesures provisoires qu'il entend voir ordonner ;

Qu'en l'espèce il entend voir ordonner :

La séparation de résidence ;

Confier la garde de l'enfant à la mère avec le droit de visite le plus large pour le père ;

Qu'il sied de prononcer le divorce aux torts réciproques des époux ;

Par ces motifs :

Statuant publiquement, après débats en chambre de conseil, en matière civile et en premier ressort ;

Prononce le divorce avec toutes ses conséquences à l'égard des époux ;

Dit qu'en l'absence de contrat de mariage les époux sont sous le régime de droit commun de la communauté réduite aux acquêts

Prononce la liquidation de ladite communauté ;

Commet Maître N..., notaire à Pointe-Noire pour procéder à la liquidation des droits respectifs des époux ;

Ordonne la séparation de résidences d'entre les époux ;

Confie la garde de l'enfant mineur, à sa mère, avec droit de visite le plus large pour le père ;

Ordonne la transcription du dispositif du présent jugement en marge de :

L'acte de mariage dressé le 27 janvier 1990 à Brazzaville ;

L'acte de naissance de l'époux né le 06 février 1961 à Indo (Sibiti).

L'acte de naissance de l'épouse née le 12 février 1962 à Brazzaville par les officiers d'état civil respectifs ;

Fait masse des dépens... »[40]

43. Le jugement reproduit pose, comme la décision du 24 janvier 2005, la question de l'abandon du foyer conjugal comme l'une des causes du divorce énumérées à l'article 180 du Code de la famille.

Cette cause (manquement aux obligations nées des liens de mariage) a la particularité d'être à la fois une faute civile et une faute pénale, en fonction de l'option à prendre par l'un des deux conjoints désireux de s'adresser à la justice et du but poursuivi par celui-ci.

Pour qu'elle soit retenue comme faute civile ou matrimoniale par la tribunal, le conjoint demandeur au procès doit rapporter la preuve de l'existence du contrat de mariage avec la ou le conjoint assigné et celle de l'abandon matériel ou moral par ce dernier du domicile conjugal.

Dans son ouvrage *Droit congolais de la famille*. L'Harmattan, Paris.2008 p. 81, Antoinette Kebi-Mounkala relève la difficulté à prouver l'abandon moral, comparativement à l'abandon matériel dont la preuve peut être rapportée avec aisance.

La présente cause s'ajoute à la liste donnée par la doctrine des exemples d'abandon moral ou matériel du foyer :

- Le fait pour la femme de quitter le domicile conjugal sans l'accord de son mari et de refuser de le réintégrer (T.G.Brazzaville, 21 Avril 2000, R.C. N° 280, année 2000, Rép, N°345, inédit) ;

- Le fait pour le mari de quitter le domicile conjugal pour aller habiter définitivement chez l'une de ses maîtresses (T.I Makélékélé et Bacongo Brazzaville, 30 avril 2002, R,C. n°75, année 2000, Rép. N°155, inédit) ;

- Le fait pour le mari de contracter un second mariage à l'état civil sans le consentement de sa femme ;

---

[40] T-G-I de Pointe-Noire R-C n° 227- Année 2005. Rép – n° 461 du 27- 06-2005, inédit.

- Lorsque le premier mariage à l'état civil a été célébré par procuration, le juge a dans cette espèce considéré qu'il y a là de la part de l'époux un abandon moral de sa femme ; (T.I. Talangai Ouenze, 8 Juin 2001, R.civ.n°016, année 2001 Rép. N° 085, inédit) ;

- Le fait, pour le mari, d'avoir passé ses nuits chez l'une de ses concubines ; et, en son absence, un des enfants issus du mariage décédait (T.G.I, Brazzaville, février 2003, R. Civ. N°657, Rép. N°40, inédit) »[41].

44. L'appréciation de cette faute contractuelle et matrimoniale, qui n'est pas à confondre avec l'absence déclarée de l'un des époux ou de séparation de fait prolongée depuis deux ans, est laissée à l'appréciation des tribunaux.

Très souvent, ceux-ci assimilent l'abandon matériel ou moral du foyer conjugal au manquement par l'un des époux du devoir d'aide et d'assistance, prévu à l'article 167 du Code de la famille, auquel les conjoints sont assujettis en leur qualité de cocontractants.

Le délit d'abandon de famille est prévu et puni par l'article 337 du Code pénale qui dispose que :

« La femme convaincue d'adultère et en cas de mariage célébré selon la coutume locale, celle qui sans motif grave ou hors des cas prévus par ladite coutume, aura abandonné le domicile conjugal, subira la peine d'emprisonnement de trois mois au moins, et deux ans au plus. Le mari restera maître d'arrêter l'effet de cette condamnation en consentant à reprendre sa femme. »

45. Au cours des travaux préparatoires de la loi du 17 octobre 1984, l'Assemblée a beaucoup discuté du contenu de la cause du divorce. L'on comprend désormais que l'altération définitive du lien conjugal résulte de la cessation de la communauté de vie entre les époux, lorsqu'ils vivent séparés depuis deux ans lors de l'assignation en divorce. Or l'on pense explicitement qu'il s'agissait de la communauté de vie tant affective que matérielle.

La suppression du double caractère affectif et matériel de la communauté de vie dont le juge doit constater la cessation pourrait être interprétée comme le signe de la volonté du législateur de rompre avec la jurisprudence. Mais il est aussi possible de considérer que la séparation de fait n'est pas une condition suffisante à elle seule, puisque la loi exige la cessation de la communauté de vie entre les époux. Les solutions jurisprudentielles devraient donc être maintenues.

---

[41] *Auguste ILOKI, Le droit du mariage au Congo. L'Harmattan, Paris. 2008 p.229.*

B. Durée

46. Pour que la séparation puisse conduire au divorce, elle doit aussi avoir duré : il faut que les époux vivent séparés depuis deux ans. Suffisamment long pour que la rupture soit certaine, ce délai ne doit pas avoir été interrompu et il doit être prouvé par le demandeur.

L'exigence d'un délai de deux ans a été considérée comme suffisante pour permettre à l'époux non fautif qui refuse le divorce de prendre ses dispositions en vue de faire face à la séparation. Après de nombreux débats, la durée de deux ans a paru suffisante du fait, selon les travaux préparatoires, de l'acceptation sociale croissante de ce type de procédure[42].

Le code de la famille a prévu ce droit au divorce unilatéral non seulement pour une séparation de deux ans antérieure à la requête initiale en divorce, mais également pour une séparation postérieure, organisée par le juge au moment de l'ordonnance de non-conciliation, où le choix de la procédure de divorce ne s'effectue qu'au moment de l'assignation, il a paru logique de simplifier les modalités de computation du délai, la durée de deux ans devant être comptée avant l'assignation en divorce. De telle sorte que la requête initiale en divorce pourra être présentée peu de temps après la séparation des époux, puisque le délai de séparation qui s'écoulera jusqu'à l'assignation en divorce sera pris en compte.

47. Entre la cessation de la vie commune et l'assignation en divorce, la loi exige qu'un délai continu de deux années se soit écoulé. Or, il arrive fréquemment que des époux séparés de fait se rencontrent. Ils peuvent le faire pour régler des questions d'ordre pécuniaire ou bien pour s'occuper des enfants. Il n'y a pas cependant interruption du délai de deux ans tant qu'une réconciliation n'est pas intervenue. Celle-ci suppose la reprise d'une communauté de vie matérielle c'est-à-dire que les époux vivent à nouveau ensemble, ainsi qu'une communauté de vie affective, ce qui signifie que toute volonté de rupture doit avoir disparu. Dans le cas où la réconciliation est établie, deux années seront alors nécessaires à compter de la fin de cette période de réconciliation pour que le délai exigé par la loi soit accompli.

Naturellement, il conviendra d'établir en justice que les époux ont vécu séparés pendant deux années continues. Cette preuve pourra être faite par tous les moyens : quittances de loyer, factures d'électricité ou de téléphone, témoignages, relevés bancaires, bulletins de salaire... Il a été aussi abordé l'utilité de pré-constituer la preuve de la séparation. On a ainsi évoqué une notification par acte extrajudiciaire, en dehors de toute procédure, par lettre

---

[42]Cf, rapport de présentation du projet de loi portant code de la famille d'Avril 1983.

recommandée, à l'initiative de l'avocat, pour fixer le point de départ du délai.

De son côté, l'époux défendeur qui ne souhaite pas voir le divorce prononcé tentera de prouver, par des moyens identiques, qu'une réconciliation est intervenue dans l'intervalle interrompant ainsi le délai. Il appartiendra au juge de trancher, en vertu du pouvoir souverain d'appréciation des juges du fond, mais dans la seconde phase de la procédure.

Il résulte de ces analyses que le juge a une compétence liée. Cela signifie qu'il ne peut apprécier le degré d'altération du lien conjugal dès lors que les conditions précédentes seront prouvées. De même, le conjoint défendeur ne peut contester l'altération du lien conjugal si les conditions sont réunies. La séparation, c'est-à-dire la fin intentionnelle de la cohabitation, fait présumer de façon irréfragable l'impossibilité de poursuivre la vie commune. Enfin, il n'y a pas d'indication des motifs de la séparation dans la décision prononçant le divorce.

C. Demande reconventionnelle

48. Le sens du texte est le suivant : Un époux a introduit l'instance en divorce en invoquant une faute de son conjoint, et celui-ci a formé une demande reconventionnelle pour altération définitive du lien conjugal. Dans ce cas, le juge examine en premier lieu la demande pour faute. S'il s'avère que le demandeur ne peut justifier des fautes de son conjoint, le juge rejette la demande principale. Il statue alors sur la demande pour altération définitive du lien conjugal. Et, dans cette hypothèse, le divorce est prononcé pour altération définitive du lien conjugal nonobstant ces dispositions (c'est-à-dire celles de l'article 180 du code de la famille, qui exigent la preuve de la cessation de la communauté de vie entre les époux par séparation depuis deux ans lors de l'assignation en divorce). Ce qui signifie que l'impossibilité de maintenir le lien conjugal est, dans cette hypothèse, pleinement caractérisée du fait que l'un des époux a introduit une demande en divorce pour faute qui n'a pu prospérer. Cela seul démontre que le lien conjugal est définitivement altéré[43].

Autrement dit, lorsqu'un époux demande le divorce pour faute, la vie commune devient, de fait, insupportable et l'altération du lien conjugal est incontestable. Il suffit dès lors au défendeur de former une demande reconventionnelle à cette fin pour que le divorce soit prononcé. Là encore, le juge a une compétence liée.

---

[43] A. Iloki, *Le droit du divorce au Congo*, p. 89, 91.

49. Compétence internationale du juge congolais - Demande reconventionnelle – Disharmonie – Commission du notaire - Liquidation – Pension alimentaire

« ... Par requête en date du 18 décembre 2003, P... de nationalité congolaise, avocat à la Cour demeurant et domicilié à Pointe-Noire et ayant pour conseil Maître S... avocat à la Cour, a introduit devant la première chambre civile du tribunal de Grande Instance de Pointe-Noire une requête en divorce avec dame D ... aux torts réciproques ;

A l'appui de sa requête, il expose que le 10 septembre 1994, il a épousé en premières noces demoiselle D... par devant l'officier de l'état civil à Washington. Ce mariage est intervenu après 18 ans de vie commune ;

De cette union sont nés 6 enfants avant et après la cérémonie de mariage.

Présentement la vie commune est devenue intolérable des suites d'une profonde disharmonie entre les époux. Cette situation tendue affecte également les belles familles respectives ;

Par application des dispositions de l'article 180 alinéa 1 du Code de la famille, le requérant est bien fondé à solliciter que soit prononcé le divorce d'entre les époux P... aux torts réciproques ;

Dire et juger que le dispositif du jugement à intervenir sera mentionné en marge de l'acte de mariage dressé le 10 septembre 1994 à Washington et qu'il sera transcrit dans les actes de naissances des époux ;

Commettre maître L..., notaire à Pointe-Noire pour procéder à la liquidation des droits respectifs des parties et tel juge qu'il plaise au tribunal de Grande Instance de Pointe-Noire pour faire rapport en cas de difficultés ;

Dire qu'en cas d'empêchement du magistrat commis, il sera procédé à son remplacement par ordonnance du président du tribunal de Grande Instance de Pointe-Noire, rendue sur requête ;

Par écritures en date du 19 octobre 2004, dame P... par le truchement de son conseil maître B..., avocat à la Cour, entend présenter des demandes reconventionnelles avant toute défense au fond ;

Ordonner le paiement immédiat d'une pension d'études de 16.000.000 de francs CFA au bénéfice de leur fils L... pour lui permettre de terminer ses études, la rentrée scolaire étant fixée au mois de janvier 2005 ;

Ordonner le paiement par P... d'une avance de fonds de 3. 000.000 de francs CFA à son épouse pour lui permettre de payer ses frais de procédure ;

Rehausser la pension alimentaire à la somme de 1.500.000 francs CFA au lieu de 500.000 francs comme fixée dans l'ordonnance de non-conciliation en date du 5 juin 2004 ;

Ordonner un ajournement de la procédure à 12 mois à titre de délai de réflexion car la procédure de conciliation s'est déroulée trop rapidement pour qu'elle ait eu le temps de se retourner au contraire du prescrit de l'article 184 du Code de la famille ;

Ordonner l'exécution provisoire de toutes ces mesures nonobstant toutes voies de recours et sans caution et réserver à dame P... le droit de conclure au fond ;

Répondant aux conclusions en date du 19 octobre 2004 de dame P... sieur P...allègue que la demande sur l'allocation des frais d'études est injustifiée et ne peut être reçue par le tribunal ;

En effet, l'enfant est âgé aujourd'hui de 27 ans pour être né à Brazzaville le 28 mars 1977 ;

À ce titre, il a acquis la majorité et ne peut donc solliciter une quelconque allocation susceptible de s'analyser en une obligation due par le père ;

Le tribunal de céans jugera et dira cette demande injustifiée et la rejettera purement et simplement ;

S'agissant de l'allocation d'avance de fonds, cette demande ne saurait valablement prospérer le tribunal ;

En effet, il est de principe constant que la constitution d'avocat n'est pas obligatoire devant les juridictions de première instance ;

Dame P... n'est pas tenue de constituer un conseil pour assurer sa défense ;

Dès lors, il ne peut être retenu une obligation financière qui serait mise à la charge du concluant ;

Il appartient à dame P... si elle estime nécessaire de solliciter une aide judiciaire devant l'autorité compétente ;

Elle ne peut mettre à la charge de l'époux des frais qui ne sont pas obligatoires;

En tout état de cause, cette argumentation manque de pertinence. Il y a tout lieu de la rejeter purement et simplement ;

Sur l'augmentation de la pension alimentaire, l'article 306 alinéa 1 du Code de la famille dispose que l'obligation alimentaire n'est due que si la personne qui réclame des aliments justifie de besoins vitaux auxquels elle ne peut faire face par son travail ;

Or, il est acquis aux débats que P... verse mensuellement à l'épouse la somme de 500.000 francs CFA. Le montant couvre largement les besoins existentiels de sa famille ;

Également il pourvoit au versement des salaires du personnel domestique, de frais de soins du chien et des charges générées par l'entretien du groupe électrogène ainsi que celles de l'électricité et de l'eau ;

Dès lors, Dame P... ne peut solliciter l'argumentation de l'obligation déjà correctement remplie par lui. Manifestement, cette demande se révèle fantaisiste et injustifiée. Il y a lieu de la rejeter purement et simplement ;

Enfin, sur le délai de réflexion de douze mois, il résulte des dispositions de l'article 184 du Code de la famille ce qui suit : ''le juge entend les parties séparément d'abord puis éventuellement ensemble en présence des parents et des témoins de mariage ou après avoir recueilli l'avis de ces derniers en vue de les concilier :

Il peut ajourner les parties pour une durée de six mois ;

Or, les parties ont été régulièrement entendues à l'instance de conciliation. Par ailleurs, l'ordonnance du 5 juin 2004 n'a pas prescrit la mesure d'ajournement ;

D'ailleurs, dame P... n'a pas cru utile de faire appel de l'ordonnance entreprise ;

Cette demande fantaisiste faite à l'audience du fond ne peut être reçue ;

Le tribunal constatera que les époux résident séparément depuis plusieurs années et il ne prêtera pas le flanc à pareille demande ;

Enfin, le tribunal prononcera le divorce d'entre les époux ;

En réplique aux conclusions de P... du 26 novembre 2004, dame P... dans ses écritures en date du 3 décembre 2004 a d'abord réitéré ses demandes contenues dans ses conclusions du 19 octobre 2004 avant de conclure au fond ainsi :

P... a demandé que le divorce soit prononcé à ses torts exclusifs. En droit, cela occulte l'utilité du débat sur les fautes qu'auraient pu commettre les époux et s'analyse comme un divorce sans faute de la part de dame P... et partant pour convenance personnelle du sieur P... Il restera cependant de tirer les conséquences juridiques d'une demande de divorce ainsi formulée ;

S'agissant de l'allocation de dommages-intérêts pour perte de niveau de vie, la première conséquence que tire dame P... est que la demande de son époux de se séparer d'elle lui cause un préjudice incommensurable au motif qu'ils se sont connus sans enfants, elle avait 15 ans et lui 18 ans ;

Pour tenir sa maison et élever leurs enfants, elle a renoncé à la demande du sieur P... à poursuivre ses études et donc à avoir une vie professionnelle. Elle lui a consacré 29 ans de sa vie et a toujours tout partagé avec lui ;

La demande du sieur P... entraîne pour elle une perte incontestable du niveau de vie et rend son avenir précaire ;

En conséquence, elle entend solliciter le bénéfice de l'article 193 alinéa 2 du Code de la famille qui dispose qu'en cas de divorce prononcé aux torts exclusifs d'un des époux celui-ci peut être condamné à des dommages-intérêts en réparation du préjudice matériel ou moral que le divorce fait subir à l'autre'' ;

En effet, le préjudice matériel subi est certain et facile à prouver : dame D... est actuellement sans revenus, elle ne peut même pas payer son conseil sans passer par son époux ;

Ainsi, elle sollicite à titre de dommages-intérêts :

Soit la somme de 100.000.000 de francs CFA ;

Soit une rente viagère qui demeurera même en cas de remariage de 1.000.000 de francs CFA par mois, cette somme étant cumulable avec le montant de la pension alimentaire qui concerne les enfants conformément à l'alinéa 3 de l'article 193 du Code de la famille ;

Ensuite, s'agissant du bénéfice de l'attribution préférentielle du domicile familial, l'ordonnance du 5 juin 2004 a confié la garde des enfants P... mineurs à leur mère. Elle sollicite la confirmation de cette mesure et également que lui revienne en priorité le domicile familial qu'elle occupe actuellement sur le fondement de l'article 222 du Code de la famille et au motif que sieur P... a déjà trouvé une autre maison et qu'il a des revenus suffisants pour s'en procurer, ce qui est loin d'être son cas. Le juge ne manquera pas de faire droit à cette demande ;

Enfin, en ce qui concerne le partage du patrimoine de la communauté pour moitié à chacun, dame P... sollicite que lui soit préalablement communiquée la situation actuelle de leur patrimoine commun afin qu'elle puisse en vérifier le contenu ou le discuter éventuellement ;

Le tribunal ne manquera pas de faire droit à ce préalable avant de procéder à la nomination d'un notaire en vue du partage et de la liquidation de la communauté. Dame P... sollicite que maître B..., notaire soit désigné pour réaliser cette charge ;

C'est ainsi qu'elle sollicite du tribunal de recevoir ses présentes conclusions au fond portant demandes reconventionnelles ;

Répondant aux dernières conclusions de Dame P... du 3 décembre 2004, P... s'oppose à l'argumentation développée par Dame P... dans ses conclusions de la manière suivante :

En ce qui concerne l'allocation de la pension d'études, il y a lieu de constater que L... est majeur. Par ailleurs, l'action présente a pour objet de se voir ordonner le divorce d'entre les époux P... et ne serait donc pas une procédure en paiement de frais d'entretien des enfants ;

Il a toujours pourvu et continue à pourvoir aux entiers besoins de six (6) enfants, fruits de leurs œuvres ;

En tout état de cause, dame P... ne peut postuler en lieu et place de l'enfant P... qui a atteint la majorité. La demande de dame P... est infondée et doit être rejetée par le tribunal ;

Pour ce qui est de l'allocation d'une avance de fonds, aucun texte de loi ne fait obligation à l'une des parties en litige de prendre à sa charge les frais de procédure ;

Néanmoins sieur P... est tout à fait disposé à couvrir le conseil de dame P... de ses honoraires ;

Pour ce faire, maître B... devra se rapprocher personnellement du sieur P... en vue de convenir des modalités de règlement de ses honoraires ;

S'agissant des dommages-intérêts pour perte de niveau de vie, dame P... ne rapporte nullement d'une part la preuve de ce qu'elle aurait accompli de brillantes études et d'autre part de la perte de chance qui aurait résulté de l'arrêt de ses études ;

L'absence même de cette preuve suffit à caractériser le manque de pertinence de cette argumentation ;

Pour ce qui est de l'argumentation de la pension alimentaire, il y a lieu de signaler que le fait pour P... d'affirmer qu'il pourvoit aux charges de ménage et d'entretien de sa famille ne s'aurait s'analyser en une quelconque acceptation de l'argumentation de la pension versée mensuellement à sa famille ;

P... forme les réserves les plus expresses quant aux montants de certaines charges largement revalues juste pour les besoins de la cause ;

Le tribunal constatera le plus fort que les charges inscrites à la liste produite par dame P... sont suffisamment couvertes par l'allocation de 500.000F CFA, le tribunal déboutera dame P... de ce chef ;

S'agissant de la situation du patrimoine commun sieur P... s'oppose à cette demande tant elle est inopportune et injustifiée ;

En effet, les parties comparaissant à l'instance, il appartiendra au tribunal de désigner le notaire qui procédera à l'évaluation du patrimoine commun des époux ;

Enfin sur le bénéfice de l'attribution du domicile familial, sieur P... soutient que cette question ne peut être débattue qu'à l'occasion des opérations de liquidation après avoir déterminé si la propriété dont le bénéfice est demandé fait partie intégrante de la communauté ;

Présentement le tribunal ne manquera pas de constater que dame P...a conservé l'usufruit de l'immeuble dont il s'agit pour y habiter ;

C'est ainsi que P... sollicite que lui soit adjugé l'entier bénéfice de ses précédentes écritures ainsi que ses présentes ;

Sur quoi le tribunal

Sur la demande en divorce

Attendu, en droit positif congolais, qu'en application de l'article 180 alinéa 1 et 3 du Code de la famille, le divorce peut être déclaré à la demande de l'un des époux ;

Lorsque la vie commune est devenue intolérable par suite de l'infidélité, des excès, des sévices, injures imputables à l'un ou l'autre des époux et visant les époux eux-mêmes ou leurs belles-familles ;

En cas d'absence prolongée de l'un des époux ou de séparation de fait depuis plus de deux ans ;

Attendu en l'espèce que les époux P... après une période de vie commune heureuse sont actuellement séparés de fait depuis longtemps ;

Attendu que sieur P... sollicite le divorce aux torts réciproques,mais n'apporte pas la preuve de la faute imputable à dame P... ;

Attendu qu'au regard des pièces versées au dossier, rien ne prouve que Dame P... a violé les prescriptions légales relatives au mariage rendant ainsi intolérable le maintien du lien conjugal ;

Attendu qu'à l'audience de conciliation en date du 5 juin 2004, sieur P... dans sa volonté de mettre un terme à leur union d'avec son épouse, a demandé que le divorce soit prononcé à ses torts exclusifs ;

Attendu que malgré l'attitude conciliante de l'épouse commandée par le souci de sauver ladite union, sieur P... a persisté dans sa position de divorcer ;

Attendu que dans ces conditions le divorce doit être prononcé aux torts exclusifs de l'époux ;

Sur les demandes de dame P...

Sur la pension alimentaire et la garde des enfants mineurs

Attendu que l'ordonnance de non-conciliation du 05 juin 2004 ordonnait à sieur P... le versement mensuel d'une somme de 500.000 francs CFA à titre de pension alimentaire à dame P... ;

Attendu que dame P... a sollicité l'augmentation de ladite pension à la somme de 1.500.000 francs CFA ;

Attendu que cette demande bien que recevable en la forme ne paraît pas fondée ;

Qu'en outre les preuves fournies par dame P... pour justifier l'augmentation de cette pension ne peuvent recevoir l'assentiment du tribunal ;

Attendu que le montant de 500. 000francs comprend aussi bien les charges insérées dans la liste produite par dame P...

Qu'il y a lieu de rejeter l'augmentation sollicitée et confirmer le montant de 500.000 francs CFA par mois ;

Attendu que l'ordonnance de non-conciliation du 5 juin 2004 a confié la garde des enfants mineurs à la mère avec droit de visite le plus large au père ;

Qu'il y a lieu de la confirmer ;

Sur les dommages-intérêts

Attendu que l'article 193 alinéa 2 du Code de la famille dispose : ''en cas de divorce prononcé aux torts exclusifs d'un des époux, celui-ci peut être condamné à des dommages-intérêts en réparation du préjudice matériel ou moral que le divorce fait subir à l'autre'' ;

Attendu en l'espèce que dame P... a subi un réel préjudice du fait de ce divorce et elle entend voir condamner P... à lui payer la somme de 100.000.000 de francs CFA à titre de dommages-intérêts pour préjudice subi ;

Attendu que ladite demande est recevable en la forme et fondée au fond, mais elle paraît exagérée, il y a lieu de la ramener à la de somme 15. 000.000 de francs CFA ;

Sur la pension d'études :

Attendu que dame P... sollicite l'obtention d'une pension d'études pour leur fils P..., lequel doit repartir aux États-Unis d'Amérique pour terminer ses études ;

Attendu que cette demande est injustifiée au motif que P..., majeur de son Etat est actuellement employé par la société Celtel-Congo ;

Attendu qu'en conséquence, il échet de débouter dame P... de ladite demande ;

Sur l'allocation d'une avance de fonds

Attendu que dame P... a sollicité une avance de fonds au sieur P... pour payer son conseil ;

Attendu qu'aucun texte de loi ne fait obligation à l'une des parties en litige de prendre à sa charge les frais de procédure ;

Mais attendu que P... dans ses conclusions datées du 17 décembre 2004, s'est dit tout à fait disposé à couvrir le conseil de dame P... de ses honoraires ;

Qu'il y a lieu de lui donner acte ;

Sur la situation du patrimoine commun et l'attribution du domicile familial

Attendu qu'il y a lieu de dire que ces demandes seront examinées après désignation du notaire à l'effet de procéder à la liquidation et au partage de la communauté ayant existé entre les époux ;

Attendu que le tribunal souverain commet maître L..., notaire à Pointe-Noire à l'effet de procéder entre les époux P... et D... et monsieur M..., juge du siège pour faire rapport de ladite liquidation ;

Qu'en cas d'empêchement des susnommés il sera procédé à leur remplacement par ordonnance du président du tribunal de céans sur simple requête ;

Attendu qu'il échet de débouter dame P... de toutes les autres demandes reconventionnelles ;

Attendu qu'il convient de condamner P... aux dépens ;

Par ces motifs

Statuant publiquement, contradictoirement, en matière civile, après débat en chambre de conseil et en premier ressort ;

Vu l'ordonnance de non-conciliation en date du 05 juin 2004, Prononce le divorce des époux P... aux torts exclusifs du mari ;

Confie la garde des enfants mineurs à la mère avec le droit de visite le plus large au père ;

Condamne P... à verser à D... une pension de 500. 000francs CFA par mois pour l'entretien des enfants mineurs ;

Commet maître L..., notaire à Pointe-Noire à l'effet de procéder à la liquidation et au partage de la communauté ayant existé entre les parties et monsieur M..., juge du siège pour faire rapport de ladite liquidation ;

Dit qu'en cas d'empêchement des susnommés, il sera procédé à leur remplacement par ordonnance du président du Tribunal de Grande Instance de Pointe-Noire sur simple requête ;

Donne acte à P... en ce qu'il accepte de couvrir les honoraires du conseil de D... ;

Déboute dame P... de toutes autres demandes reconventionnelles ;

Dit que le dispositif du présent jugement sera mentionné en marge de l'acte de mariage n° 0639/ARC/WDC/94 dressé le 10 septembre 1994 à Washington D.C. ainsi que les actes de naissance desdits époux nés respectivement le mari le 24 avril 1957 à Les Saras ; la femme le 10 novembre 1960 à Les Saras district de Mvouti ;

Condamne P... aux dépens... » [44]

II. La procédure et les effets du divorce

50. Lorsque le divorce est demandé pour rupture de la vie commune, l'époux défendeur bénéficie d'une double sauvegarde : d'une part, il ne doit pas subir les conséquences pécuniaires du divorce qui sont entièrement assumées par le demandeur ; d'autre part, il peut s'opposer au prononcé du divorce qui n'a donc pas un caractère automatique. Dans certains cas, en effet, le juge doit rejeter la demande si l'époux défendeur établissait que le divorce aurait, soit pour lui, compte tenu notamment de son âge et de la durée du mariage, soit pour les enfants, des conséquences matérielles ou morales d'une exceptionnelle dureté. Le juge peut même relever d'office ce moyen de défense en cas d'altération des facultés mentales. Ces particularités procédurales sont appréciées par le juge, et le divorce pour altération définitive du lien conjugal obéit désormais au droit commun, tant pour la procédure que pour ses effets.

A. La procédure

1. Pouvoirs du juge

51. – Confirmation de la volonté du législateur de lier la compétence du juge qui ne peut relever d'office le moyen tiré du défaut d'expiration du délai de deux ans prévu au troisième alinéa de l'article 180 du code de la famille.

52. Le divorce pour altération définitive du lien conjugal est décidément distinct du divorce pour rupture de la vie commune puisque le Code prévoit que les dépens de l'instance sont à la charge de l'époux qui a pris l'initiative de la demande, à moins que le juge n'en dispose autrement.

---

[44] T.G.I de Pointe-Noire, R-C n° 128-Année 2004- Rep- n° 083 du 07- 02- 2005, inédit.

2. Demande reconventionnelle

53. Hormis le cas spécifique des demandes reconventionnelles en divorce pour altération définitive du lien conjugal formées par le défendeur en réponse à une demande principale en divorce pour faute, les diverses passerelles créées par la loi sont désormais communes à tous les cas de divorce[45] de telle sorte que les époux peuvent, à tout moment de la procédure, passer d'un divorce pour altération définitive du lien conjugal à un divorce jurisprudentiel par consentement mutuel ou à un divorce pour acceptation du principe de la rupture du mariage.

Il existe toutefois une disposition spécifique au divorce pour altération définitive du lien conjugal. Si le demandeur a introduit une demande sur ce fondement, et que le défendeur demande reconventionnellement le divorce pour faute, alors le demandeur pourra invoquer les fautes de son conjoint et modifier le fondement de sa demande.

Ainsi, un époux peut choisir d'engager une procédure pour altération définitive du lien conjugal, alors même que sa demande pourrait être fondée sur la faute, dans le seul but de pacifier les débats. Il n'a pas à craindre que ce choix initial ne se retourne contre lui si son conjoint fait le choix d'une procédure pour faute, c'est-à-dire conflictuelle. Selon les cas, l'issue en sera un divorce aux torts partagés ou aux torts exclusifs.

54. Enfin, une passerelle provisoire permettant de passer d'une procédure de divorce pour faute ou pour rupture de la vie commune à une procédure de divorce pour altération définitive du lien conjugal. Il ressort de cette disposition transitoire particulière que si l'assignation a été délivrée, le divorce peut, par dérogation à la règle générale, être prononcé pour altération définitive du lien conjugal si les conditions de l'article 180 du code de la famille sont réunies et dans le respect des pouvoirs du juge et des droits des parties.

Ce qui signifie, en clair, que la procédure de divorce pour faute ou pour rupture de la vie commune introduite peut voir son fondement modifié et devenir une procédure de divorce pour altération définitive du lien conjugal, moins conflictuelle puisque fondée sur une durée de deux ans. L'objectif est d'éviter les fausses procédures de divorce pour faute introduites depuis l'entrée en vigueur de la loi du 17 octobre 1984 lorsqu'un époux non fautif refuse le divorce. Si le délai de séparation de deux ans est atteint au cours de la procédure, il sera alors possible pour les époux de faire le choix d'une procédure de divorce pour altération définitive du lien conjugal.

---

[45] Art. 187 C-fam.

B. Les effets du divorce

55. L'insuccès du divorce pour rupture de la vie commune est dû à la rigueur des conséquences qu'il entraînait pour le demandeur que nous rappelons : maintien du devoir de secours, intégralité de la charge financière de la procédure, impossibilité de percevoir une prestation compensatoire, révocation des donations et avantages patrimoniaux dont il était bénéficiaire... Pour favoriser cette conception objective de divorce, la loi du 17 octobre 1984 soumet ce cas particulier aux effets communs du divorce.

En pratique notamment, le divorce pour altération définitive du lien conjugal n'emporte aucun effet patrimonial automatique à la charge de l'époux demandeur. Le devoir de secours cesse avec le prononcé du divorce et le droit commun de la prestation compensatoire s'applique. Il en résulte que l'époux demandeur peut obtenir une prestation compensatoire, s'il remplit les conditions prévues par l'art 193 du Code de la famille. Parallèlement, l'époux défendeur à un divorce prononcé pour altération définitive du lien conjugal peut obtenir des dommages-intérêts en réparation des conséquences qu'il subit du fait de la dissolution du mariage. Cependant, la loi a restreint le droit pour le défendeur d'obtenir des dommages-intérêts : il ne faut pas qu'il ait lui-même formé une demande en divorce. A moins que cette demande reconventionnelle en divorce pour faute ait abouti à un divorce prononcé aux torts exclusifs de son conjoint, auquel cas il pourra obtenir des dommages-intérêts. Cette situation défavorable est critiquable.

Il n'est pas sûr qu'une telle disposition ne favorise pas, contrairement aux vœux du législateur la multiplication des procédures conflictuelles, le défendeur cherchant à obtenir un divorce aux torts exclusifs pour pouvoir bénéficier d'une pension alimentaire ou des dommages-intérêts.

Sous-section II : Le divorce sanction

56. Avant l'entrée en vigueur du Code de la famille, le divorce ne pouvait être prononcé en droit congolais qu'à titre de sanction des fautes commises par un époux. Cette forme de divorce à été conservée par la loi, car elle traduit dans l'opinion publique notamment l'idée de responsabilité individuelle : chacun doit répondre de ses fautes. De fait, ce divorce représente encore aujourd'hui près de la moitié des demandes.

Au fond, cette proposition de loi créait un nouveau cas de divorce, le divorce pour rupture irrémédiable du lien conjugal destiné à compléter les cas de divorce pour faute. Ce faisant, cette loi institue un véritable droit au divorce sur volonté unilatérale d'un époux, ce que la commission n'avait pas critiqué, considérant que le divorce pour faute devait être maintenu afin de permettre la sanction sociale du non-respect des obligations du mariage.

Dans cette perspective, la loi du 17 octobre 1984 a donc maintenu le divorce pour faute, mais en transformant l'économie de ce cas de divorce, puisque dissociant les conséquences financières de l'attribution des torts. De telle sorte que le recours à cette procédure doit être limité à des cas précis. Ainsi, dans l'opinion sont évoquées les réactions contre les violences conjugales, qui ont mis en relief la nécessité de conserver le divorce pour faute afin de manifester la réprobation sociale de ces comportements, et de permettre à l'époux victime de se reconstruire grâce à une reconnaissance judiciaire (cas de brutalités, agressivités, bagarres). Et puis, quelle valeur attribuer sur le plan juridique aux obligations du mariage si elles restent dépourvues de sanction ?

57. Refus de cohabitation - Séparation de fait - Acquiescement – Liquidation de la communauté

« ... Attendu que par requête à Pointe-Noire en date du 28 mars 2007, monsieur L... a assigné dame L... devant le tribunal d'instance de Tchinouka- Loandjili, Pointe-Noire en divorce ;

Qu'au soutien de son action, il expose qu'ils sont mariés le 12 mars 2004 par devant l'officier d'état civil de la mairie du premier arrondissement Lumumba Pointe-Noire ;

Que de cette union n'est issu aucun enfant ;

Qu'après la célébration de leur mariage, le couple s'est entendu de ce que l'époux devait rejoindre sa femme qui résidait en France ;

Que malheureusement cet objectif n'a pas été atteint du fait des difficultés liées à l'obtention du visa de sortie ;

Que celle-ci s'est farouchement opposée à cette proposition ;

Qu'ils sont en séparation qui perdure jusqu'à ce jour ;

Qu'il conclut au bien-fondé de sa requête ;

Attendu qu'en revanche des prétentions excipées par le mari, Madame L... dans sa lettre faxée datée du 26 avril 2007 en provenance de Bordeaux en France, adressée au tribunal à titre de conclusions ne s'oppose pas à la demande de divorce introduite par son époux ;

Qu'elle argue qu'elle a été victime d'une tromperie de la part de son époux et que par ailleurs il existe une incompatibilité d'humeurs entre eux ;

Qu'elle sollicite la liquidation et le partage des quatre parcelles de terrains acquises pendant le mariage ;

Sur quoi le tribunal :

Sur le divorce

Attendu qu'il ressort des pièces du dossier que monsieur L... et dame M... ont contracté mariage le 12 mars 2004 par devant l'officier d'état civil de la mairie du premier arrondissement Lumumba de Pointe-Noire ;

Que de cette union n'est issu aucun enfant ;

Que les époux sont séparés depuis 2004 du fait de l'épouse qui ne veut plus rejoindre le toit conjugal ;

Attendu que l'article 180 alinéa 3 du Code de la famille énumère l'une des causes de divorce en ces termes « le divorce peut être prononcé à la demande de l'un des époux »

« En cas d'absence déclarée de l'un des époux, de séparation de fait prolongée depuis deux ans » ;

Attendu que les dispositions légales déterminent les effets du mariage que les époux doivent mettre en application ;

Que le devoir de cohabitation prescrit aux époux durant la vie commune revêt un caractère primordial dans le maintien de la bonne harmonie du couple ;

Que la direction morale et matérielle de la famille est assurée par le mari ainsi que le choix de la résidence de la famille faute d'accord entre époux ;

Qu'en l'espèce le comportement de Madame L... née M... qui refuse de cohabiter avec son époux constitue bien l'une des fautes retenues par l'article 180 alinéa 3 précité du Code congolais de la famille comme une des causes de divorce ;

Qu'il sied ainsi de prononcer aux torts exclusifs de l'épouse le divorce des époux L... ;

Sur le partage et la liquidation de la communauté ayant existé entre époux ;

Attendu que le divorce entraîne ipso facto la liquidation et le partage de la communauté ayant existé entre les époux ;

Attendu qu'il ressort de l'acte de mariage n° 17 du 12 mars 2004, que les époux L... sont mariés sous le régime monogamique avec communauté des biens ;

Qu'il convient donc d'ordonner la liquidation des droits des époux et désigner pour y procéder Maître M..., Notaire à Pointe-Noire ;

Sur les dépens

Attendu que selon l'article 57 du Code de procédure civile, commerciale, administrative et financière, la partie qui succombe est condamnée aux dépens ;

Attendu que dans la présente procédure, dame M... a succombé ;

Qu'il sied donc de la condamner aux dépens ;

Par ces motifs

Statuant publiquement, contradictoirement, en matière civile, après débats en chambre de conseil et en premier ressort ;

Vu l'ordonnance de non-conciliation en date du 26 avril 2007 ;

En la forme, reçoit monsieur L... en son action ;

L'en dit bien-fondée et y faisant droit ;

Au fond : Prononce le divorce d'entre les époux L... aux torts exclusifs de M... ;

Dit que le dispositif du présent jugement sera mentionné en marge de l'acte de mariage n°17 dressé le 12 mars.... Par le centre d'état civil du premier arrondissement de Lumumba à Pointe-Noire, ainsi qu'en marge des actes de naissance de chacun des époux nés respectivement le 30 janvier 1970 dans le district de Kibangou (département du Niari) et le 29 décembre 1972 à Pointe-Noire (département du Kouilou) ;

Ordonne la liquidation et le partage de la communauté conjugale ayant existé entre les époux ;

Commet maître M..., notaire à Pointe-Noire pour y procéder ;

Condamne M... aux dépens... »[46] .

58. Au cœur du dispositif actuel se trouve donc la notion de faute, cause de divorce (paragraphe I). Mais si le demandeur prouve que son conjoint a effectivement commis une faute, ce dernier peut se défendre en s'opposant au divorce, ou répliquer en demandant à son tour le divorce (paragraphe II).

Paragraphe I. La faute, cause de divorce

59. Quand le divorce est établi, au Congo, la conception du divorce-sanction est la seule retenue. La loi du 17 octobre 1984 institue donc le divorce pour faute. Trois causes concrètes étant admises : l'inconduite, l'abandon moral et matériel, et une cause regroupant les excès, sévices et injures graves, les pratiques du fétichisme.

Mais l'évolution de la pratique judiciaire allait donner une extension considérable à cette cause moins précise en comprenant, au-delà des mots, sous le trinôme « excès, sévices et injures graves » tout manquement à la loi conjugale.

Celle-ci n'a toutefois pas abrogé la cause spécifique de divorce qui était prévue en cas de condamnation criminelle.

Cette cause de divorce est prévue par l'article 180 du Code de la famille indépendamment de la faute conjugale. L'existence d'un texte spécial conduirait à penser que le législateur veut créer un traitement autonome de cette faute particulière en instituant une cause péremptoire de divorce. Péremptoire en ce sens qu'au vu de la rigueur du jugement pénal le prononcé du divorce est obligatoire pour le juge dès lors qu'il est demandé par le conjoint du condamné. Mais si le comportement du conjoint est également fautif, le juge peut prononcer le divorce aux torts partagés, voire rejeter la demande. En revanche, les condamnations pour délits correctionnels (vol, escroquerie, abus de biens sociaux...), sont jugées comme des fautes conjugales au sens ordinaire.

C'est désormais le sort des condamnations d'un époux à des peines criminelles qui rentre dans le droit commun du divorce pour faute.

---

[46] T-I Tchinouka Pointe-Noire. R-C n° 072/07. Année 2007 – Rép n° 231 du 06-09-2007, inédit.

60. L'article 180 du Code de la famille prévoit, en ce sens, qu'un époux peut demander le divorce lorsque son conjoint a commis une faute, laquelle est définie comme un manquement aux devoirs et obligations nés du mariage. Le comportement répréhensible du conjoint doit revêtir une gravité particulière.

Le Code précise que justifient le prononcé du divorce les faits imputables à un époux s'ils constituent une violation grave ou renouvelée des devoirs et obligations du mariage et rendent intolérable le maintien de la vie commune[47]. Ainsi définie, la faute est constituée de trois éléments.

A. Un fait imputable

61. Pour constituer une faute, le comportement reproché à un époux doit avoir été commis sciemment et librement par lui : la femme victime d'un viol ne commet pas de faute. Il en va de même pour les faits accomplis par un époux sous l'empire d'un trouble mental, par exemple les menaces ou les violences commandées par un malade mental. La situation peut toutefois présenter de graves inconvénients pour le conjoint tant que les conditions du divorce pour altération définitive du lien conjugal ne sont pas remplies : la vie commune peut en effet se révéler insupportable à cause précisément du comportement de l'époux atteint d'un trouble mental.

B. Un fait constituant une faute conjugale

62. La faute est un manquement au droit conjugal qui doit revêtir une importance certaine. De façon générale, la faute peut être appréhendée comme la violation des devoirs et obligations du mariage. Or, le contenu juridique de l'état matrimonial est composé de certains devoirs conjugaux légalement définis ainsi que d'autres devoirs que la loi ne cite pas explicitement, mais sans lesquels le mariage n'aurait plus de signification, ou du moins n'aurait pas le même sens. Il est remarquable, du reste, que ce soit précisément la jurisprudence relative à la faute, en tant que cause de divorce, qui ait mis en relief ces devoirs et obligations implicites, le plus souvent d'ordre moral, et dont la teneur peut varier, du moins en partie, avec l'évolution des mentalités et des mœurs.

63. Violence - Abandon de foyer – Garde des enfants - Dommages et intérêts – Pension alimentaire

« ... Par requête en date, à Pointe-Noire du 28 mai 2008, madame T... a introduit une demande en divorce d'avec son époux monsieur T... aux torts exclusifs de celui-ci ;

---

[47] C. fam. art. 180.

À l'appui de sa requête, elle expose qu'en date à Pointe-Noire du 25 février 2000, elle a contracté mariage avec monsieur T...;

Que cette célébration venait consacrer une relation amoureuse ancienne commencée depuis leur vie estudiantine ;

Que de cette union sont nés deux garçons ayant respectivement huit (8) ans et trois (3) mois ;

Que tout était en rose pendant tout le temps que monsieur T... était en chômage alors que la requérante travaillait déjà ;

Que c'est ainsi que la requérante prenait toutes les charges familiales à son compte y compris la location de leur maison ;

Que malheureusement tout devint infernal lorsque monsieur T...a gagné un emploi par le truchement de son épouse.

Que dès lors, le comportement de son époux avait complètement changé et ce dernier devint violent à l'égard de la requérante et insolant envers sa belle-famille ;

Qu'en effet, en date du 18 mai 2008, alors que la requérante avait reçu la visite de sa mère et ses sœurs parce qu'elle avait accouché, elle a été surprise d'entendre par un de leurs amis qui accompagnait son mari, lui souhaiter ''bon voyage'', car monsieur T... avait acheté un billet d'avion pour une femme ;

Que surprise de ce souhait, la requérante avait demandé des explications à son époux qui, après discussion, s'est levé furieusement et sans respect pour mettre sous le nez de ses belles-mère et sœurs en visite chez eux, le billet d'avion qu'il avait réservé pour une autre femme;

Qu'il sied de noter que nonobstant la violence de son mari à son égard, ce dernier a presque abandonné le foyer, car il ne revient à la maison que tardivement pour déranger tous ceux qui dorment y compris les enfants et ne subvient plus aux besoins de la famille ;

Qu'ainsi, la vie commune entre les époux T... est devenue intolérable ; Eu égard à ce qui précède et conformément aux dispositions de l'article 180 du Code de la famille, la requérante sollicite qu'il soit mis fin au mariage le liant à monsieur T...

Sur quoi le tribunal :

Attendu que la requérante a sollicité le divorce aux torts de son époux pour violence et abandon du foyer ;

Attendu que l'article 180 du Code de la famille alinéa 1er dispose que le divorce peut être prononcé à la demande de l'un des époux lorsque la vie commune est devenue intolérable par suite des excès, sévices imputables à l'un des époux et visant les époux eux-mêmes ou leurs belles-familles ;

Attendu que le mariage suppose une complicité de cœur dans un esprit de respect mutuel ;

Attendu que madame T... fait des griefs sur le comportement de son époux vis-à-vis d'elle, des enfants et de sa belle-mère ;

Attendu que régulièrement notifié de la présente procédure, monsieur T... s'est gardé d'apporter ses moyens de défense ;

Que cette attitude de monsieur T... est coupable ;

Qu'en cela, il échet de prononcer le divorce aux torts exclusifs de l'époux ;

Sur la garde des enfants :

Attendu que la requérante a sollicité la garde des enfants issus de leur couple ;

Attendu qu'en matière de garde d'enfant le tribunal tiendra essentiellement compte de l'intérêt des enfants ;

Attendu que sur ce point, monsieur T... n'a servi au tribunal aucun élément permettant de s'opposer à la demande de la requérante ;

Qu'en cela, il échet d'accorder la garde des enfants à leur mère avec un droit de visite très large pour leur père ;

Sur la pension alimentaire :

Attendu que la requérante a sollicité une pension alimentaire de 200. 000 F CFA par mois pour les deux enfants ;

Attendu que cette demande est justifiée et correspond aux besoins desdits enfants ;

Qu'il échet de condamner monsieur T... à payer la somme de 200.000 francs CFA à titre de pension alimentaire et de 5.000.000francs CFA à titre de dommages-intérêts ;

Attendu que cette demande faite en forme régulière est au fond exagérée quant au quantum ;

Qu'il échet de la ramener à un montant raisonnable fixé à la somme de 2.000.000 francs CFA à titre de dommages-intérêts ;

Qu'il échet de la débouter du surplus de sa demande ;

Sur l'expulsion de monsieur T... du domicile conjugal ;

Attendu qu'à la lecture des faits de la cause, madame T... occupe le domicile conjugal avec leurs enfants jusqu'à ce jour ;

Attendu que ledit domicile n'est pas une propriété du couple, mais sous contrat de bail ;

Que dès lors que madame T... a obtenu la garde des enfants, elle doit bénéficier des effets du bail ;

Qu'il échet d'ordonner l'expulsion de monsieur T... dudit domicile ;

Sur les dépens :

Attendu que monsieur T... a succombé en la cause ; qu'il échet de le condamner aux dépens ;

Par ces motifs :

Statuant publiquement, par jugement réputé contradictoire, en chambre de conseil, en matière civile et en premier ressort ;

Vu L'ordonnance de non-conciliation du 03 juin 2008 ;

En la forme **:**

Reçoit madame T… en son action ;
Au fond :
L'en dit bien fondée ;
En conséquence
Prononce le divorce d'entre les époux T… et aux torts exclusifs de l'époux.
Accorde la garde des enfants à leur mère.
Condamne monsieur T… à verser à madame T la somme de 2.000.000 francs CFA à titre de dommages-intérêts ;
Déboute madame O… du surplus de la demande, mais bénéficiera des effets du bail portant sur la parcelle servant de logement conjugal aux époux.
Ordonne la liquidation du régime matrimonial ayant existé entre les époux T… ;
Désigne maître, G… notaire à Pointe-Noire à l'effet d'y procéder ;
Ordonne la transcription du dispositif du présent jugement en marge des actes d'état civil des époux… »[48].

64. Dans l'affaire opposant Mme T… née O… à monsieur T… répertoriée jugement n° 561 du 03 novembre 2008, le juge civil en évoquant l'article 180 du Code de la famille pour prononcer le divorce d'entre les deux époux a assis sa décision sur un motif bien précis à savoir les violences corporelles exercées par l'époux sur sa femme et l'irresponsabilité notoire de celui-ci face aux obligations conjugales.

En prononçant ce divorce aux torts exclusifs du mari, le juge civil a fait une très bonne interprétation de la loi, car il ne pouvait, maintenir dans les liens contractuels de mariage un couple dont le mari est violent vis-à-vis de son épouse ou exerce sur celle-ci des sévices et d'autres formes d'excès.

En confiant en outre la garde des deux enfants à leur mère le juge a su privilégier les intérêts des enfants.

Les articles 166 et suivants du Code de la famille, énoncent les principaux devoirs que la loi attache explicitement au mariage, il ressort que l'adultère, le refus de contribuer aux charges du mariage, l'abandon du foyer conjugal, le refus de rejoindre son conjoint, comme la non-consommation du mariage constituent des manquements aux devoirs de fidélité, de secours, d'assistance et de communauté de vie.

La notion même de mariage impose à chaque époux un certain nombre d'obligations non précisées par la loi, mais dont la violation fait apparaître

---

[48]T G I- Pointe-Noire R-C- n° 711- Année 2008- Rép- n° 561 du 03 novembre 2008, inédit.
[48] Cf- A. Iloki, *Le droit du divorce au Congo*, n° 78, 83.

un désordre conjugal qui peut constituer une cause de divorce. Sont ainsi sanctionnées : les brutalités à l'égard du conjoint et des enfants, les injures ou violences verbales, la cruauté mentale, une conduite scandaleuse ou déshonorante, l'ivresse habituelle, la délinquance ou les soustractions frauduleuses au détriment du conjoint.

65. Mariage coutumier - Torts réciproques - Remboursement de la dot

« ... Exposé des motifs :

K... expose au tribunal l'abandon et le renvoi injustifiés du foyer conjugal par sa femme, en demandant une tentative de réconciliation.

P... expose au tribunal l'abandon et le renvoi répétés du foyer conjugal par son mari et la négligence de la part de son mari.

Le tribunal a été saisi par le sous-préfet de Mossendjo, sur requête écrite de K....

Le tribunal :

Après en avoir délibéré conformément à la loi avec la participation des assesseurs, a rendu le jugement :

Attendu qu'il résulte des débats la preuve que les époux K... se sont bien mariés suivant les coutumes Batsangui.

Attendu que P... a quitté le foyer conjugal sans motif sérieux ;

Attendu que K...et P... n'ont pas observé les clauses de mariage dictées par les coutumes Batsangui ;

Vu l'échec de tentative de réconciliation ;

Vu les dépositions de coutume Batsangui en la circonstance ;

Vu la négligence de K... envers ses enfants.

Par ces motifs :

Prononce le divorce entre K... et P... aux torts exclusifs des époux K... et P...

Condamne K... à rembourser à son beau père B... la somme de dix mille francs CFA(10.000 francs) au titre d'indemnité alimentaire qu'il a donnée à ses enfants pendant quatre ans.

Condamne P... au remboursement à son mari de la dot qui s'élève à vingt-deux mille cinq cent quatre-vingt-quinze francs CFA (22.595 francs CFA).

Condamne en outre les époux aux frais de justice de six cent quinze francs liquides[49].

66. Il existe autant de comportements qui sont répréhensibles, car ils constituent des manquements aux obligations de respecter la personne de son

---

[49]Trib. 1er degré de Mossendjo-Rép n°200/TSPMO du 04- 12, inédit

Sur le mariage coutumier...cf. A. Iloki, *le droit du divorce au Congo*, p. 69.

conjoint et celle des enfants, au devoir de veiller à son propre honneur pour ne pas entacher celui de ses proches. Obligations qui ne sont pas inscrites dans la loi en termes exprès, mais sont substantielles à l'idée de mariage.

C'est ainsi qu'il se dégage de la jurisprudence l'existence d'une obligation de loyauté à l'égard du conjoint. Sur celle-ci sont fondées les décisions qui prononcent le divorce parce que l'un des époux a dissimulé à son conjoint des faits antérieurs au mariage.

Il apparaît, dans le même sens, que certains comportements, non répréhensibles dans l'abstrait, peuvent se révéler fautifs s'ils provoquent une perturbation inquiétante de la vie familiale. Ainsi en est-il pour des occupations professionnelles et des pratiques religieuses tellement accaparantes qu'elles aboutissent au délaissement du foyer[50]. Ainsi en est-il encore des conflits répétés avec les beaux-parents ou des habitudes de jeu : comportements qui peuvent conduire au divorce si les agissements invoqués sont excessifs.

67. Le manquement aux devoirs et obligations du mariage ne justifie, de fait, le prononcé du divorce que s'il revêt une certaine ampleur. Plus précisément, les tribunaux considèrent que la violation doit être « grave ou renouvelée ». Le divorce est une chose sérieuse et il ne suffit pas de reprocher des peccadilles à son conjoint qui par hypothèse ne veut pas divorcer pour se libérer du mariage. L'appréciation du caractère excessif du comportement invoqué est l'affaire de circonstances et relève du pouvoir souverain des juges du fond. Au moins, doivent-ils expressément le constater.

Un bon exemple de cette appréciation concrète est donné par la jurisprudence relative à l'adultère. En règle générale, c'est une violation grave des obligations du mariage puisqu'il constitue une infraction consommée au devoir de fidélité. Parfois, cependant, les juges ont décidé qu'il ne justifie pas le prononcé du divorce. Ainsi, lorsqu'il est commis par un époux abandonné depuis longtemps par son conjoint : auquel cas, le divorce pourra être prononcé aux torts exclusifs de ce dernier.

68. Adultère - Infidélité – Injures – Sévices - Garde de l'enfant - Droit de visite de la mère

« ... Attendu que par requête en date à Pointe-Noire du 07 octobre 2004, dame N...de nationalité congolaise, demeurant à Pointe-Noire a saisi le Tribunal de Grande Instance de Pointe-Noire statuant en matière civile aux fins de divorce d'avec son époux N... ;

[50] Cf T.I Pointe-Noire R-C n° 340 Année 1994 – Rép n° 509 du 29-06-1995, inédit.

Attendu qu'elle expose à l'appui de sa requête qu'elle a contracté mariage avec monsieur N... le 21 juillet 2001 à Pointe-Noire sous le régime de la monogamie ;

Que de cette union sont nés deux enfants.

Qu'ils se sont rendus en France le 11 avril 2002 ;

Que le couple a vécu paisiblement jusqu'en mars 2004 ;

Que c'est courant mars 2004 que son époux a commencé à afficher un comportement indigne d'un mari, encore moins d'un père de famille ;

Qu'en effet, il s'illustre par une infidélité notoire ;

Que depuis sept (7) mois il entretient une concubine qu'elle connaît parfaitement ;

Que les reproches faits par elle à son endroit ne lui ont coûté que des injures et des sévices ;

Qu'elle a peur de sa santé du fait de l'existence des maladies sexuellement transmissibles et notamment le SIDA ;

Que c'est pourquoi en considération de tout ce qui précède elle sollicite du tribunal le divorce d'avec son époux conformément aux dispositions de l'article 180 alinéa 1 du Code de la famille et, ce, aux torts exclusifs du mari ;

Qu'il y a lieu d'accorder au sieur N... la garde des enfants avec un large droit de visite à elle ;

Qu'il y aura lieu d'ordonner la liquidation de la communauté des biens ayant existé entre eux ;

Attendu que sieur N... bien que régulièrement cité n'a ni comparu, ni déposé de mémoire en défense ;

Que la présente décision doit être réputé contradictoire à son égard ;

Sur quoi le tribunal

Attendu que dame N... a intenté une action en divorce contre son époux aux motifs d'infidélité notoire et de mauvais traitement ;

Attendu que sieur N... n'a point d'argument sérieux à faire valoir contre les prétentions de son épouse ;

Que c'est pourquoi il convient de prendre ces prétentions pour avérées et de faire ainsi droit à la demande en divorce initiée par dame N...

Attendu en effet que selon les dispositions de l'article 180 alinéa 1 du Code de la famille : le divorce peut être prononcé à la demande de l'un des époux lorsque la vie commune est devenue intolérable par suite de l'infidélité des excès, sévices, injures imputables à l'un ou l'autre époux...") ;

Qu'en l'espèce, il y a lieu d'imputer ces faits à l'époux qui n'a jamais daigné produire un mémoire en défense ;

Que de ce qui précède le divorce doit être prononcé aux torts exclusifs de l'époux ;

Sur la garde des enfants

Attendu que dame N... sollicite du tribunal que la garde des enfants soit laissée à son époux ;

Attendu qu'il y a lieu d'y faire droit ;

Attendu que selon l'article 57 alinéa 1 du Code de procédure civile, commerciale, administrative et financière, la partie qui succombe au procès est condamnée aux dépens'' ;

Que N... ayant succombé, il sied de le condamner aux dépens ;

Par ces motifs :

Statuant publiquement par jugement réputé contradictoire à l'égard de monsieur N... en matière civile et en premier ressort, après débats en chambre de conseil ;

Vu l'ordonnance de non-conciliation en date du 26 octobre 2004 ;

Prononce le divorce d'entre les époux N... aux torts exclusifs du mari ;

Confie la garde des enfants à N... avec droit de visite accordée à la mère ;

Prononce la dissolution du régime matrimoniale ainsi que la liquidation de la communauté ayant existé entre les époux ;

Dit que le dispositif du présent jugement sera transcrit dans le registre d'état civil de Pointe-Noire où le mariage a été célébré le 21 juillet 2001 et mention en sera faite en marge des actes de naissance de chacun des époux... »[51]

132. La question est souvent posée lorsque l'adultère est commis au cours d'une procédure de divorce, donc avant le prononcé de la dissolution du mariage. Le principe énoncé à plusieurs reprises par les tribunaux est le caractère fautif de cette violation du devoir de fidélité. Mais les circonstances dans lesquelles l'adultère a été commis peuvent lui enlever le caractère de gravité qui justifierait le prononcé du divorce. Ainsi, le devoir de fidélité est nécessairement moins contraignant du fait de la longueur de la procédure. De même, les juges du fond peuvent relever que la liaison de l'épouse, établie plusieurs années après l'adultère du mari, n'est pas à l'origine de la rupture du couple et que l'importance du délai écoulé depuis la séparation enlève au fait reproché le caractère de gravité qui en aurait fait une cause de divorce.

De même, des faits qui n'ont pas intrinsèquement un caractère de gravité suffisant pour justifier le prononcé du divorce peuvent, s'ils sont répétés, prendre assez de relief pour que le conflit qui en résulte entre les époux ne trouve de solution que dans le divorce. Ainsi en est-il pour les traits de caractère d'un époux ou le défaut d'intérêt envers le conjoint. De même, l'insistance procédurale de l'épouse devant le juge des tutelles à l'effet de

---

[51] TGI Pointe-Noire. R-C n°693. Année 2004- Rép n° 195 du 17-11-2004, inédit.

placer son mari sous un régime de protection s'analyse en une faute justifiant le prononcé du divorce à ses torts exclusifs.

69. Séparation de fait – infidélité – Adultère - Abandon du domicile conjugal – défaut d'assistance - Garde des enfants – Pension alimentaire

« .... Attendu que par requête non datée à Pointe-Noire, dame N... née M..., représentée et plaidant par maître B.., avocat à la Cour, a assigné en divorce monsieur N... devant le Tribunal de Grande Instance de céans ;

Qu'au soutien de sa requête, elle expose ;

Qu'elle a contracté mariage avec N... le 12 Août 1978 devant l'officier d'état civil de Loandjili ;

Qu'avant ledit mariage elle avait fait deux enfants avec N... et qu'après leur union sont nés 4 autres enfants ;

Que le couple a vécu en parfaite intelligence pendant les premières années ;

Que très vite l'harmonie conjugale a été brisée par des escapades répétées de N... abandonnant femme et enfants à Pointe-Noire pour s'enivrer des délices d'un nouvel amour avec une concubine ;

Que courant cette période, l'époux revenait de temps en temps sans évidemment contribuer aux charges du mariage jusqu'à la date du 28 juillet 1998 où ce dernier disparaissait pour aller s'installer à Kinkala pour des raisons de service, abandonnant femme et enfants ;

Que courant 2000, dame N... se rendait à Brazzaville à la promesse de son époux de rejoindre le foyer conjugal mais aussi elle s'est trouvée être porteuse d'une grossesse des œuvres de celui-ci ;

Que ladite grossesse n'ayant connu une issue heureuse, car elle fit une fausse couche et subit une sérieuse intervention chirurgicale sans bénéficier d'aucune assistance de son époux ;

Que cette situation a causé du tort aux enfants qui se sont trouvés sans soutien et éparpillés pour subvenir à leurs besoins ;

Qu'elle est fondée au regard des articles 180 et 102 du Code congolais de la famille de solliciter le divorce ;

Attendu que par ses conclusions en date à Pointe-Noire du 14 février 2003, du nommé N... à dame N... en sollicitant au tribunal de céans de rendre justice ;

Qu'il allègue que leur vie conjugale s'est trouvée dégradée depuis la date du 1er juin 1997 à cause des situations malheureuses résultant de la perte de ses fonctions au Niari accompagnée de difficultés de tous genres engendrés par le conflit armé du 5 juin 1997 ;

Que pour répondre à sa nouvelle affectation en qualité de chef de division des services au Pool à Kinkala, il était obligé de laisser sa famille à Pointe-Noire par mesure de prudence ;

Qu'il a été surpris par la guerre de 1998 à Kinkala où il a su rejoindre Brazzaville grâce à l'aide et à l'assistance d'une femme de bonne foi,

Qu'en reconnaissance du service rendu, il était parti à Dolisie présenter ladite jeune femme à ses parents avant de regagner Pointe-Noire ;

Qu'en attendant le rétablissement de la sécurité au Pool il a été affecté à Brazzaville ;

Qu'il avait rejoint Brazzaville où, y étant, il avait à la suite d'une procédure judiciaire contre son employeur, gagné la somme de 7. 247.000 Frs CFA dont le paiement n'a pas été exécuté entièrement et sans difficulté dans la mesure où il s'était vu son salaire suspendu jusqu'au moment où il produit ces conclusions ;

Que courant cette période il avait envoyé à sa femme la somme de 200.000frs ;

Attendu que N... a produit d'autres écritures en date du 1er octobre 2003 dans lesquelles il informe le tribunal de ce que l'affaire en cause sera réglée à l'amiable ;

Qu'il allègue que sept (07) mois après l'ouverture de la présente procédure les points de vue des deux parties convergent ;

Que le dialogue est le seul moyen susceptible de régler le conflit l'opposant à Dame N...

Attendu qu'en réplique dame N... par la plume de son conseil réitère ses conclusions précédentes ;

Qu'elle soutient que sieur N... ne saurait faire prospérer l'idée d'un règlement à l'amiable devant le Tribunal de céans après sept (07) années environ d'abandon du domicile conjugal ;

Qu'il n'y a jamais eu convergence des points de vues des deux parties en faveur de la reprise éventuelle de la vie commune ;

Qu'aucune solution consensuelle n'a été recherchée par les parties ;

Que la seule solution est le prononcé du divorce entre eux, aux torts exclusifs de monsieur N...;

Sur quoi le tribunal :

Attendu que le tribunal de céans doit se prononcer sur différents points à savoir sur le divorce, la garde des enfants, la pension alimentaire et la liquidation ;

Sur le divorce :

Attendu qu'aux termes de l'article 180 alinéas 1, 2 et 3 du Code de la famille, le divorce peut être prononcé à la demande de l'un des époux ;

Lorsque la vie commune est devenue intolérable par suite de l'infidélité imputable à l'un des époux ;

Lorsque la vie d'un conjoint et la sécurité des enfants sont gravement compromises par l'inconduite ou par l'abandon moral ou matériel du foyer ;

En cas de séparation de fait prolongée depuis deux (02) ans ;

Attendu que dame N... fait grief au sieur N... d'être à l'origine de la rupture de l'harmonie familiale et conjugale qui caractérisait leur couple par escapades répétés pour satisfaire ses élans amoureux en entretenant une concubine, ce au détriment des intérêts légitimes du foyer ;

Que sieur N... a abandonné son épouse et ses enfants sans contribuer aux charges du mariage et surtout à un moment où dame N... s'est trouvée en situation de santé difficile de suite de l'intervention chirurgicale qu'elle avait subie après une fausse couche ;

Que sieur N... et dame N... n'ont plus connu une vie de couple susceptible de donner tout son contenu à la notion de mariage ;

Qu'ils ont vécu plus de deux ans de séparation de fait ;

Attendu que dans ses écritures respectivement du 14 février 2003 et du 1er octobre 2003, le sieur N... n'a point fourni d'arguments susceptibles de ruiner ceux de Dame N... sur ses escapades à répétition, son infidélité et l'absence de soutien d'aide et d'assistance à dame N... et à ses enfants ;

Que le comportement de sieur N... intègre bel et bien l'énumération des causes de divorce posées par l'article 180 du Code de la famille.

Qu'il échet de prononcer le divorce aux torts exclusifs de l'époux N... ;

Sur la garde des enfants ;

Attendu qu'aux termes de l'article 194 du Code de la famille, le juge des faits est juge de la garde des enfants issus du couple divorcé ;

Que la garde et l'autorité parentale sur les enfants issus du mariage dont la dissolution est prononcée doivent être attribuées à l'un des ex-conjoints en fonction de l'intérêt et de l'âge desdits enfants ;

Attendu que l'ordonnance de non-conciliation, rendu par le président du tribunal de céans en date du 11 février 2003, attribuant la garde des enfants mineurs à leur mère avec le droit de visite le plus large de leur père, est adaptée à la cause ;

Qu'il y a lieu de la confirmer en cette mesure et de confier la garde des enfants majeurs à leur père ;

Sur la pension alimentaire :

Attendu que l'article 193 alinéa 3 du Code de la famille dispose que le conjoint au profit duquel le divorce a été prononcé pourra obtenir en outre une pension alimentaire ;

Que l'alinéa 5 du même texte précise que cette pension alimentaire sera fixée selon les besoins de l'époux à qui elle est versée et les ressources de l'autre compte tenu de la situation au moment du divorce, de l'évolution prévisible de celle-ci, elle pourra être révisée en cas de changement imprévu dans les ressources et les besoins des parties ;

Attendu que le divorce est prononcé aux torts exclusifs de N...;

Que la garde des enfants mineurs est attribuée à leur mère ;

Que le père se doit de contribuer à l'entretien et à l'éducation des enfants conformément aux dispositions des articles 195 et s. du Code de la famille ;

Attendu que dame N... a réclamé et obtenu du président du tribunal de céans par l'ordonnance de non-conciliation du 11 février 2003, la pension alimentaire de 150.000frs CFA pour chaque enfant mineur ;

Attendu que les époux N... sont mariés sous le régime de droit commun ;

Attendu que sieur N... n'a soulevé aucune objection dans ses différentes conclusions ;

Qu'il y a lieu de liquider le régime matrimonial ayant existé entre les deux époux ;

Qu'il y a en outre lieu de commettre maître F..., notaire à Pointe-Noire à cet effet ;

Par ces motifs :

Statuant publiquement, contradictoirement en matière civile, après débats en chambre de conseil et en premier ressort ;

Vu l'ordonnance de non-conciliation du 11 février 2003 autorisant les époux à résider séparément ;

Prononce le divorce d'entre les époux N... et M... aux torts exclusifs de N... ;

Confie la garde des enfants à la mère ;

Prononce la dissolution du régime matrimonial ayant existé entre les époux ;

Commet maître F..., notaire à Pointe-Noire aux fins de procéder à la liquidation de la communauté ayant existé entre les époux, ce sous le contrôle du Président du Tribunal de céans ;

Condamne N... à verser entre les mains de dame M... la somme 150.000frs CFA, par mois, pour l'entretien des enfants à titre de pension alimentaire jusqu'à la majorité civile de ceux-ci,

Dit que le dispositif du présent jugement sera transcrit sur le registre d'état civil de la mairie de Loandjili où le mariage a été célébré le 12 août 1978 et que mention sera faite en marge des actes de naissance de chacun des époux... »[52].

70. Inceste – Infidélité - Pension alimentaire - Garde des enfants - Demande reconventionnelle

« ... Attendu que monsieur B..., marié, père de famille, domicilié à Pointe-Noire, par requête en date à Pointe-Noire du 11 août 2003, a assigné en divorce sa légitime épouse, dame B...

---

[52] T-G-I de Pointe-Noire R-C n°058. Rép n° 031 d+u 12-01- 2004, inédit.
Sur l'abandon moral ou matériel du foyer, voir A- Iloki , *Le droit du divorce au Congo*, L'Harmattan p. 41 et 42.

Attendu qu'à l'appui de sa demande il soutient que le 6 août 1994 il était marié devant la loi avec sa légitime épouse supra désignée et que de leur union sont nées trois filles dont la première a 12ans, la deuxième a 11ans et la troisième a 9ans ;

Qu'ayant été surpris par son épouse, dans les circonstances de massage sexuel avec sa belle-mère venue s'installer chez lui, ladite épouse décida d'abandonner son légitime époux et le foyer conjugal pour regagner le toit paternel emportant avec elle les trois enfants. Que convoqué au tribunal coutumier de Mvoumvou en 1998, il y laissa importunée l'épouse ;

Que cependant les choses ne s'améliorant guère, il sera sommé de verser une pension alimentaire de 100.000frs par mois pour ses trois enfants ;

Que curieusement comme si la pension par lui versée ne règle rien et sous les consignes de leur mère, les enfants ne cessent d'aller crier famine et misère à leur père ;

Que pour les besoins de la cause, il avait pourtant doté sa légitime épouse d'un téléphone portable par le truchement duquel il pouvait entrer en contact avec ses enfants ;

Que fort malheureusement le téléphone a aujourd'hui disparu ;

Que pis bien que n'étant pas encore divorcée, sa légitime épouse a intégré au quartier Mbota un autre foyer duquel elle a aujourd'hui d'autres enfants ;

Que se sentant harcelé du fait de la pension alimentaire soustraite, la source de son salaire, il s'adresse à la justice aux fins de :

Se voir restituer ses trois enfants ;

S'entendre ordonner la libération de ses propriétés immobilières bâties par sa belle-famille ;

Attendu que bien qu'ayant été notifiée de la présente procédure elle n'à point produit des écrits au dossier ;

Qu'entendue cependant en chambre de conseil elle a soumis la justice après avoir opposé un refus catégorique de retourner au domicile de son époux, le maintien entre ses mains de la garde des enfants et de la pension alimentaire de 180. 000 frs.

Sur l'examen de la demande du requérant :

Attendu que le requérant B... qui soutient continuer d'aimer ses enfants voudrait les revoir sous son toit au motif que leur mère prévariquant, ne les entoure pas des soins materno-affectifs adéquats ;

Que voulant ramener lesdits enfants chez lui, il sollicite en outre à la justice qu'il soit subséquemment mis fin au versement de la pension alimentaire entre les mains de son ex-épouse pour le compte des enfants ;

Sur le prononcé du divorce aux torts exclusifs du requérant :

Attendu qu'il appert des pièces versées par les parties au dossier que suite à la connaissance par elle des relations intimes et idylliques entretenues par son époux et sa mère, dame B... désabusée inquiétée avait pensé quitter le toit conjugal ;

Que les tentatives de conciliation maintes fois initiées par leurs familles n'ont pu faire entendre raison à la dame effarée, qui n'a cesse de crier sa mélancolie et son amertume ;

Que s'étant résignée, elle est allée contracter une union libre avec un autre amant ;

Que partant, une crise de confiance a vu le jour entre les deux époux ;

Attendu que l'article 180 alinéa I du Code congolais de la famille prescrit que le divorce peut être prononcé lorsque la vie commune est devenue intolérable par suite de l'infidélité, des sévices, imputables à l'un ou l'autre des époux et visant les époux eux-mêmes ;

Attendu que le fait d'infidélité cause du divorce est imputé à l'époux B...

Qu'il échet de prononcer le divorce à ses torts exclusifs ;

Sur la rupture de la pension alimentaire et la garde des enfants sollicitée par le requérant ;

Attendu qu'une fois le divorce prononcé même à ses torts exclusifs le requérant B... a sollicité à la justice la rupture de la pension alimentaire versée entre les mains de la mère des enfants ;

Attendu que les enfants dont il s'agit sont respectivement âgés de 13 ans, 12 ans et 9 ans ;

Qu'aucun d'entre eux ne requiert des soins matériels intensifs obligatoires ;

Qu'il échet ainsi d'en confier la garde à leur père géniteur ;

Attendu qu'il y a ainsi lieu d'ordonner la rupture de la pension alimentaire versée entre les mains de leur mère pour eux ;

Sur la demande reconventionnelle :

Attendu que reconventionnellement dame C... a sollicité à la justice la prolongation de la garde des enfants à son profit et le maintien de la pension alimentaire ;

Qu'il y a lieu de l'en débouter ;

Attendu qu'il y a lieu de condamner le requérant B... aux entiers dépens ;

Par ces motifs :

Statuant, contradictoirement, après débats en chambre de conseil, en matière civile et en premier ressort ;

En la forme :

Reçoit sa demande ;

Au fond **:**

L'en déclare partiellement fondée et y faisant droit prononce, à ses torts exclusifs, la dissolution du mariage célébré devant la loi le 6 août 1994 avec la damoiselle T... lui confie la garde des trois enfants ;

En conséquence :

Dit et juge sans objet la pension alimentaire versée mensuellement à T... pour le compte des enfants ;

Reconventionnellement en la forme **:** *Reçoit T... en sa demande ;*

Au fond :

L'en déboute parce que non fondée ;

Ordonne la transcription du dispositif du présent jugement sur le registre de l'état civil de l'arrondissement 2 Mvoumvou... »[53].

71. Dans le jugement répertorié n°006 du 05 janvier 2004 dans l'affaire opposant les époux B... le juge civil a retenu comme cause du divorce dans les termes de l'article 180 du Code de la famille les scandales sexuels de l'époux avec sa belle-mère.

En prononçant ce divorce aux torts exclusifs du mari le juge a fait une très bonne appréciation des faits en prenant en considération non seulement les termes de la loi, mais aussi les impératifs de normes et usages coutumiers qui ne tolèrent pas une liaison sexuelle entre une belle-mère et son beau-fils. C'est pure inceste.

Mais le juge a confié malgré tout la garde des enfants au mari dont les torts n'ont pas altéré ses mérites paternels. Cette décision paraît judicieuse en ce sens que le juge a mis en avant l'intérêt des enfants au détriment des impératifs liés aux bonnes mœurs qui logiquement ne permettaient pas de confier la garde des enfants à un père, aux torts de qui le divorce d'avec son épouse a été prononcé pour des raisons évoquées plus haut.

En réalité, il est inutile au juge de maintenir l'hypothèse spécifique de la violation renouvelée des obligations du mariage, au motif que le renouvellement d'une obligation suffit à caractériser sa gravité. Mais il est admis que la violation renouvelée d'une obligation, en elle-même peu grave, peut avoir des effets destructeurs sur le couple. Dans cette perspective, la notion de violation renouvelée paraît effectivement bien adaptée pour prendre en compte le harcèlement moral. Et il serait paradoxal de réprimer le harcèlement moral au travail et de paraître ne pas en tenir compte au sein du mariage.

Il appartient aux juges de dire si la répétition engendre la gravité, suivant les éléments de la situation qui leur est soumise. Ils doivent aussi vérifier que la faute répond à une troisième exigence.

C. Un fait rendant intolérable le maintien de la vie commune

72. C'est une condition dont l'origine se trouve dans le Code de la famille. Pour justifier le prononcé du divorce, la faute conjugale commise par un époux doit, aux termes de la loi, avoir pour conséquence de rendre

---

[53] T-G-I- de Pointe-Noire-RC n° 672. Année 2003 – Rép n° 006 du 05-01-04, inédit.

insupportable pour son conjoint la vie commune. Exigence supplémentaire qui colore le caractère de gravité que doit revêtir le comportement reproché.

73. Pratiques du fétichisme - Guérisseur - Envoûtement - Infidélité – Incompatibilité d'humeurs – Dommages et intérêts - Privation de rapports sexuels

« *...Attendu que par requête à Pointe-Noire en date du 06 janvier 2009, monsieur B... domicilié à Mpaka à Pointe-Noire a introduit devant le tribunal de céans siégeant en matière civile, une demande en divorce contre son épouse ;*

Qu'à l'appui de sa requête, il expose qu'ils sont mariés le 14 septembre 1985 à Pointe-Noire par devant l'officier d'état civil de la mairie centrale ;

Que du 07 juin 2005 au 07 juin 2008, ils étaient en séparation de fait et c'est pourquoi, il demande le divorce pour incompatibilité d'idées et d'humeur ;

Qu'il ajoute dans ses conclusions non datées en réponse aux conclusions de son épouse qu'ils sont mariés sous le régime des biens séparés et que malheureusement, l'Officier de l'état civil avait omis de faire figurer la mention dans l'acte de mariage ;

Que de cette union sont issus cinq enfants dont l'âge n'a pas été spécifié;

Qu'après un laps de temps de lune de miel, son épouse s'est investie foncièrement dans des pratiques fétichistes allant jusqu'à utiliser l'un de leurs enfants pour l'atteindre prétextant le délivrer d'un quelconque envoûtement ;

Que ces faits sont bien connus de monsieur NG..., l'oncle à son épouse auprès de qui il s'est plaint ;

Que pire encore, son épouse l'avait privé de rapports sexuels de 1997 à 2001 et le climat familial, devenant de plus en plus insupportable, il avait promis de la remettre à la disposition de ses parents pour une durée de trois mois d'éducation comme le veut la coutume ;

Que malgré l'intervention des témoins de mariage, elle s'en alla pour toujours, vidant la maison de ses objets sans attendre l'application de la mesure de remise à la disposition des parents ;

Qu'après son départ, il a attendu en vain la réaction des parents de son épouse alors que celle-ci a abandonné le foyer conjugal laissant tous les enfants et petits enfants qu'il continue à élever seul ;

Qu'en quittant la maison, son épouse avait prononcé cette parole : ''on verra entre toi et moi '' et quatre jours après, il est tombé malade pendant neuf (9) mois ;

Qu'un an après l'arrivée de son épouse au foyer, il a acheté pour elle une parcelle de terrain sise au quartier Mpaka dit Amour du Pays ;

Que la parcelle de terrain où il vit présentement avec les enfants a été acquise avec les fonds provenant de la vente de la parcelle acquise en 1966 avant leur union et située dans les alentours de Saint Jean Bosco ;

Qu'il sollicite :

Le prononcé du divorce aux torts exclusifs de son épouse pour abandon du foyer ;

La condamnation de son épouse à lui verser une pension alimentaire de 50.000 francs CFA par mois ;

Confier la garde des enfants au père avec droit de visite à la mère une fois par mois ;

Condamner son épouse aux dépens.

Attendu par contre que madame B... dans ses conclusions du 20 février 2009 et celles non datées confirme le mariage à la date indiquée et instruit que pendant cette période, ils habitaient au quartier Tié-Tié dit ''Fond'' dans leur propriété privée qu'ils ont vendue pour en racheter une parcelle de terrain dans le quartier Aéroport et ont construit sur celle-ci ;

Qu'une fois de plus et après un certain temps, ils ont revendu cette parcelle de terrain avec maison pour en racheter une autre au quartier Mpaka là où ils habitent ;

Que c'est en ces lieux qu'un malentendu au sein du couple avait fait que les deux familles se soient retrouvées et à cette occasion, elle a été par son mari, mise à la disposition de ses parents pour une durée soit disant de trois (3) mois ;

Que pendant la même période, son époux trouvera une compagne qui habitait à Brazzaville et l'emmènera à Pointe-Noire pour habiter sous le même toit qu'elle, dans une chambre aménagée comme étant une guérisseuse ;

Que curieusement, son attention a été attirée par le fait que son époux partageait le même lit avec cette femme mais par ruse, son époux et cette dame repartirent sur Brazzaville et malheureusement par accident de circulation, celle-ci trouvera la mort ;

Que son époux revenait cette fois-ci à Pointe-Noire accompagné de trois (3) enfants de cette défunte dame que ces derniers étaient menacés d'expulsion ;

Que c'est dans la même période qu'elle aussi a été expulsée de la maison avec menaces et injures ;

Qu'en réalité, c'est le 08 mars 2004, qu'il y a eu cette séparation de fait en présence des témoins qui s'est prolongée jusqu'au moment où il a introduit sa requête en divorce ;

Qu'elle ne conteste pas la volonté de divorce de son époux, mais sollicite que celui-ci soit prononcé aux torts exclusifs de l'époux ;

Qu'il lui soit alloué la somme de 4.500.000 francs CFA à titre de dommages-intérêts en réparation du préjudice subi ;

Qu'il soit ordonné l'expulsion de son époux dudit domicile ;

Que de tout, ordonner l'exécution provisoire de la décision à intervenir et condamner son époux aux dépens ;

Sur quoi le tribunal :

Attendu que la vie de ce couple a été faite à l'image d'un feuilleton à épisodes émouvants ;

Que d'abord, à la lecture de l'acte de mariage, il ressort que le couple s'est marié sous le régime optionnel de la monogamie et le reste, il est vrai n'a pas été précisé ;

Qu'il est vrai aussi que l'option monogamique s'accommode rarement avec le régime des biens séparés comme veut l'insinuer l'époux qui a entamé une démarche mélangée de contradictions :

Qu'il est à considérer que le régime monogamique est une convention des biens communs dans ces conditions ;

Qu'ensuite, la séparation de fait n'est pas un abandon de foyer non constaté par un juge pénal mais le fait propre de l'époux qui doit l'assumer ;

Que l'infidélité non contestée de l'époux qui a logé une maîtresse sous le toit conjugal est blâmable ;

Qu'il y a lieu enfin, vu ce qui précède, de prononcer le divorce d'entre les époux aux torts exclusifs de l'époux et allouer à l'épouse une indemnité à titre de dommages-intérêts pour préjudice subi tel que spécifié dans le dispositif, tout en le déboutant du surplus de sa demande ;

Par ces motifs

Statuant publiquement, contradictoirement en matière matrimoniale, après débats en chambre de conseil et en premier ressort ;

Vu l'ordonnance de non-conciliation en date du 08 juin 2009 ;

Prononce le divorce d'entre les époux B... aux torts exclusifs du mari ;

Dit que le dispositif du présent jugement sera mentionné en marge de l'acte de mariage n° 24 dressé le 14 septembre 1985 à la mairie centrale de Pointe-Noire ainsi que des actes de naissance desdits époux nés respectivement, le mari, le 05 février 1937 à Kibouendé, la femme, le 07 décembre 1953 à Kinkala ;

Confie la garde des enfants mineurs au père avec le droit de visite le plus large à la mère ;

Condamne monsieur B... à payer à S..., la somme de huit cent mille (800.000) francs CFA à titre de dommages-intérêts ;

Prononce la dissolution du régime matrimonial ayant existé entre les époux ;

Commet maître K... huissier de justice à Pointe-Noire à l'effet de procéder à la liquidation et au partage des droits respectifs des parties dans leur communauté conjugale et faire rapport sur l'homologation conventionnelle de ladite liquidation ;

Fait défense à l'épouse de porter à l'avenir le nom de son mari ;

Déboute B... de toutes ses demandes, fins et conclusions et dame S... du surplus de ses demandes ;

Ordonne l'exécution provisoire de la décision nonobstant toutes voies de recours ;

Met les dépens à la charge de B...[54].

74. Dans la présente affaire, Monsieur B... a sollicité le divorce d'avec son épouse, au motif, entre autres, que cette dernière s'était « (...) investie foncièrement dans des pratiques fétichistes (...) » un laps de temps après leur lune de miel et l'avait privé de rapports sexuels pendant quatre années consécutives.

Après avoir recueilli le son de cloche de ladite épouse, et statuant sur les mérites de l'action initiée par Monsieur B... le juge a plutôt, reconventionnellement, retenu l'infidélité dudit époux demandeur au procès et en conséquence, l'a condamné à payer à sa conjointe la somme de 800.000 FCFA, à titre de dommages-intérêts pour le préjudice qu'elle a éprouvé.

Dans ce jugement, le tribunal saisi s'est délibérément abstenu d'opiner sur la question principale relative à l'envoûtement, talon d'Achille du juge congolais.

Il a également, pour des raisons inconnues, refusé de se prononcer sur d'autres prétentions et demandes, pourtant expressément et respectivement formées par les deux parties au procès, lesquelles sont, fort curieusement, demeurées sans réponse. Bref, ce jugement n'est pas exempt de critiques.

75. Sans doute paraît-il évident, à première vue, qu'une violation grave des devoirs conjugaux rende, par nature, difficilement tolérable le maintien de la vie commune. Toutefois, la constance avec laquelle les tribunaux continuent d'exiger la constatation dans les décisions de divorce que cette condition est remplie donne à penser que l'exigence n'est pas purement formelle. Elle peut se justifier, d'abord, par la nécessité pour les juges de vérifier que les conséquences de la faute conjugale sont d'une importance suffisante pour que la demande ne dissimule pas une simple incompatibilité d'humeurs. Elle s'explique, ensuite, par la nécessité de motiver les jugements : les cassations pour manque de base légale l'attestent.

Il suffit désormais, pour faire une exacte application de l'article 180 du Code de la famille, que le juge du fond caractérise les manquements aux devoirs et obligations du mariage commis par un époux pour justifier le prononcé du divorce aux torts de ce dernier. Il n'a pas à constater que les fautes retenues remplissent la double condition prévue par cet article.

---

[54] *T-I. de Tié-Tié. Pointe-Noire R-C n°050- Année 2009. Rép n° 469 du 14 – 07 – 2000, inédit. Sur les pratiques fétichistes...* voir- A. Iloki, *Le droit du divorce au Congo* – op-cit p.44 et 45.

76. Infidélité - Abandon d'époux - Violation du devoir d'assistance – Désaffection – Dommages et intérêts

«... Attendu que par requête en date à Pointe-Noire du 04 septembre 2007, sieur B... a attrait en divorce son épouse I... et a sollicité la condamnation de cette dernière à lui payer un franc symbolique ;

Attendu qu'à l'appui de son action, le requérant soutient :

Qu'en date du 13 septembre 1980, il a célébré le mariage devant l'officier d'état civil de Mossendjo ;

Que quatre enfants sont nés de leur union ;

Que depuis, le climat n'est plus parfait du fait de l'épouse qui ne respecte plus les obligations du couple ;

Qu'elle brille par une infidélité notoire caractérisée par des actes d'adultère commis tant à Mossendjo qu'à Brazzaville ;

Que tombé malade aujourd'hui, il est resté six mois durant hospitalisé à l'hôpital A.Sicé de Pointe-Noire sans recevoir une seule visite de son épouse qui du reste venait constamment à Pointe-Noire durant cette période ;

Qu'elle ne manifeste plus aucun sentiment d'amour et d'assistance vis-à-vis de lui ;

Qu'il est clairement établi qu'elle n'accorde plus d'intérêt à l'égard de son époux ni à leur union ;

Que tirant argument des dispositions de l'article 180 du Code de la famille, il sollicite le prononcé du divorce aux torts exclusifs de l'épouse ;

Sur quoi le tribunal

Attendu que sieur B... a saisi le tribunal de céans pour s'entendre prononcer le divorce d'entre lui et dame I... aux torts exclusifs de cette dernière, au motif qu'elle a brillé par une infidélité notoire et a manqué à l'obligation d'assistance ;

Attendu que l'article 180 du Code de la famille alinéa 1er dispose que le divorce peut être prononcé à la demande de l'un des époux lorsque la vie commune est devenue intolérable par suite de l'infidélité imputable à l'un ou l'autre époux ;

Que le second alinéa du même article ajoute que le divorce peut être prononcé à la demande de l'un des époux lorsque la sécurité de l'autre est gravement compromise par l'abandon moral du foyer ;

Attendu que sieur B... a reproché à sa femme des faits de défense dans la présente cause pour contredire le requérant ;

Attendu qu'il a également reproché à dame I... de s'être gardée de rendre visite à son époux qui est resté six mois durant admis à l'hôpital A.Sicé ;

Attendu que pareil comportement s'analyse en un abandon de son époux et à un manquement à l'obligation d'assistance qui pèse sur les deux époux ;

Attendu qu'il est patent à l'examen des faits de la procédure que dame I... a manqué à l'obligation de fidélité et d'assistance née de son union avec sieur B...

Qu'en cela, il échet de prononcer le divorce aux torts exclusifs de l'épouse ;

Attendu que le requérant a sollicité la condamnation de dame I... à lui payer 1 franc symbolique à titre de dommages-intérêts ;

Attendu que cette demande est faite en forme régulière et fondée ;

Qu'il echet d'y faire droit ;

Attendu que dame I...a succombé à la présente espèce ;

Qu'il échet de la condamner aux dépens ;

Par ces motifs :

Statuant publiquement, contradictoirement, après débats en chambre de conseil, en matière civile et en premier ressort ;

En la forme :

Reçoit B...en son action ;

Au fond : l'en dit bien fondé

En conséquence ;

Prononce le divorce d'entre les époux B... et I... aux torts exclusifs de l'épouse ;

Condamne dame I... à lui payer 1 franc symbolique à titre de dommages-intérêts ;

Ordonne la transcription du dispositif du présent jugement en marge des actes de l'état civil des époux... »[55]

77. Le jugement ci-dessus rapporté a le mérite de fournir un cas concret de manquement par une épouse à l'obligation de fidélité, d'aide et d'assistance et enfin de respect et d'affection à l'égard de son conjoint.

Tous ces devoirs tiennent leur source du contrat de mariage, liant les deux conjoints, dont les engagements ou devoirs sont fixés à l'article 167 du Code de la famille en des termes que voici :

« Les époux se doivent mutuellement fidélité. Ils se doivent secours, aide et assistance réciproque pour la sauvegarde des intérêts moraux et matériels du ménage et des enfants. »

78. Ainsi, manquer à ses devoirs de fidélité, d'aide et d'assistance et enfin de respect et d'affection vis-à-vis de son époux constitue la parfaite illustration de la disharmonie et de la désaffection. De même, une conjointe qui entretient des relations sexuelles prouvées en dehors du mariage et qui refuse de se mettre au chevet du lit de son conjoint interné pendant six longs mois dans un hôpital de la place et de le couvrir de son affection durant cette

[55]T-G-I de Pointe-Noire R-C n° 1206- Année 2007- Rép- n°513 1er–10 2007, inédit.

période difficile ou même de lui rendre visite prouve bien la mésentente avec son conjoint et la perte d'amour pour celui-ci.

Le mariage étant, au sens de l'article 127 du texte de loi susvisé, un contrat, c'est donc à bon droit que le Tribunal de Grande Instance de Pointe-Noire a alloué à l'époux victime de la désaffection et de bien d'autres motifs, un franc symbolique à titre de réparation du préjudice éprouvé par ce dernier. En effet, en manquant aux devoirs découlant de son contrat de mariage,

Dame I... n'a pas exécuté de bonne foi les clauses de ladite obligation. Dès lors, sa responsabilité contractuelle a été recherchée et obtenue, conformément aux règles en vigueur en matière de responsabilité.

Pour autant, une mésentente avérée n'est pas une cause de divorce pour faute. Le juge ne peut se contenter de relever un ensemble de griefs qui, pris chacun isolément, sont insuffisants pour constituer une violation grave ou renouvelée des devoirs et obligations du mariage rendant intolérable le maintien de la vie commune mais qui, examinés globalement, mettent en évidence qu'il n'existe plus aucune communication entre les époux... De même une situation de fait dégradée, acceptée par les époux, ne caractérise pas la faute, cause de divorce, de sorte que ces derniers doivent se tourner vers une autre procédure, comme le divorce accepté.

Paragraphe II : Les moyens de défense

79. Lorsque l'époux qui demande le divorce a invoqué, par tous les moyens, notamment des témoignages, les fautes commises par son conjoint, celui-ci est en mesure d'adopter deux attitudes différentes, s'appuyant sur les moyens de défense offerts par la loi. D'un côté, il peut tenter de s'opposer au prononcé du divorce. Ainsi, il a la possibilité de contester les faits qui lui sont reprochés dans leur matérialité : il discute par exemple les preuves apportées. Il peut aussi les contester dans leurs conséquences : il démontre, ou essaie de démontrer, le défaut de gravité exigé par la loi. Le juge appréciera ces défenses au fond.

Mais, toujours dans le but d'éviter le prononcé du divorce, l'époux défendeur a la faculté d'invoquer également l'existence d'une fin de non-recevoir : la réconciliation des époux.

D'un autre côté, il est loisible à l'époux défendeur de répondre à la demande en ripostant par une autre demande : il invoque alors, pour obtenir le prononcé du divorce à son profit, les fautes commises par le demandeur lui-même.

A. La réconciliation

80. Si les époux se sont réconciliés depuis qu'ont été commises, par l'époux défendeur, les fautes invoquées au soutien de la demande, celle-ci devra être rejetée.

La réconciliation a la signification d'un pardon : elle efface la faute. Mais, par hypothèse sinon le demandeur n'aurait pas sollicité le divorce. D'où les difficultés d'appréciation. Pour simplifier, on peut considérer que la réconciliation suppose la réunion de deux éléments.

Il n'y a pas de réconciliation sans manifestation extérieure du pardon. Celle-ci prend la forme d'une reprise de la vie commune, si les époux se sont réparés les fautes commises par le défendeur et qui sont pardonnées, ou d'un maintien de la vie commune quand il n'y a pas eu de fait grave. Encore faut-il que cette vie commune soit la conséquence d'une volonté de réconciliation : la cohabitation à elle seule ne suffit pas.

La réconciliation suppose, non seulement le maintien ou la reprise de la vie commune, mais encore la volonté chez l'époux offensé de pardonner en pleine connaissance de cause les griefs qu'il peut avoir contre son conjoint, ainsi que l'acceptation par ce dernier de ce pardon. Il s'en déduit, que le maintien ou la reprise temporaire de la vie commune n'est pas considérée comme une réconciliation si elle ne résulte que de la nécessité ou d'un effort de conciliation ou des besoins de l'éducation des enfants.

81. S'agissant d'un fait juridique, la preuve à la charge de l'époux défendeur en est établie par tous moyens. Étant d'ordre public, le moyen tiré de la réconciliation peut être invoqué en tout état de cause et même d'office par le juge. Depuis l'admission du divorce par consentement mutuel par la jurisprudence, la question du caractère d'ordre public de ce moyen reste posée. Malgré l'accroissement des pouvoirs du juge dans la procédure civile, une réponse négative paraît devoir s'imposer si l'on prend en considération la volonté du législateur de tenir compte de la volonté des époux dans le prononcé du divorce et dans l'aménagement de ses conséquences. De surcroît, le caractère d'ordre public du moyen tiré de la réconciliation est concevable.

Si les deux éléments qui constituent la réconciliation sont prouvés par le défendeur, le juge déclare alors la demande recevable. De fait, la faute invoquée à l'appui de la demande ayant été effacée par le pardon, celle-ci ne peut plus être admise. Du moins tant que cette demande est fondée sur les fautes antérieures à la réconciliation. Car si des faits sont survenus ou découverts depuis lors, une nouvelle demande peut être formée, fondée sur ces faits nouveaux.

82. Désertion de domicile – Agressions – Injures - Garde de l'enfant - Droit de visite

« ... Par requête en date à Pointe-Noire du 05 octobre 2004, dame M... a introduit devant la première chambre civile du Tribunal de Grande Instance de Pointe-Noire, une demande de divorce aux torts exclusifs de son époux M... ;

À l'appui de sa requête, dame M... expose qu'elle est mariée à M... depuis le 28 janvier 1995 à Pointe-Noire ;

De cette union est née une fille depuis le 23 Juillet 1995 ;

Le couple M... a vécu une vie harmonieuse malgré les difficultés rencontrées de 1996 à 1999, période pendant laquelle M..., l'époux avait perdu l'emploi;

Courant cette période, le couple a pu bénéficier de l'assistance des parents de l'épouse ;

En 1999, M... a pu s'attraper un autre emploi et s'occupait correctement de la famille jusqu'en 2001 lorsqu'une fois de plus il perdit son emploi ;

Suite à cette nouvelle perte d'emploi, la vie du couple commençait à se dégrader considérablement. L'épouse a repris à s'occuper du ménage malgré le fait qu'elle ne travaille pas ;

Pendant ce temps, l'époux a commencé à déserter le foyer conjugal sous prétexte que l'épouse ne donnait plus satisfaction à ses vœux ;

Il devenait agressif, injuriait de temps en temps son épouse et passait le plus clair de son temps hors de la maison en mauvaise compagnie en train de boire, tout en entretenant une concubine ;

Au regard de tout ce qui précède, dame M... a saisi le tribunal aux fins de divorce ;

Sur quoi le tribunal

Attendu qu'aux termes de l'article 180 alinéa 1er du code de la famille, le divorce peut être prononcé à la demande de l'un des époux lorsque la vie commune est devenue intolérable par suite de l'infidélité, des excès, sévices, injures imputables à l'un ou l'autre époux ;

Attendu qu'il ressort de la lecture des pièces du dossier que M...a brillé par l'infidélité, des excès, sévices et injures.

Que le manque de fidélité dans le mariage constitue une cause de divorce conformément à l'article 180 alinéa 1 du Code de la famille ;

Qu'en dehors du cas d'infidélité, M... proférait à l'encontre de son épouse, des injures et passait ses nuits hors du domicile conjugal, rendant ainsi la vie commune impossible ;

Attendu qu'il y a là une violation particulièrement grave et d'ailleurs renouvelée des devoirs et obligations résultant du mariage qui rend intolérable le maintien du lien conjugal ;

Qu'en conséquence, il y a lieu de prononcer le divorce de M... et de G... aux torts exclusifs du mari ;

Attendu qu'à l issu de cette union est née une enfant mineure ;

Que par ordonnance de non-conciliation en date du 25 novembre 2004, la garde de ladite enfant a été confiée à la mère avec droit de visite le plus large au père ;

Attendu que la part contributive du père à l'entretien de l'enfant sera fixée à la somme de 400.000F CFA ;

Attendu qu'il convient de condamner M... aux dépens ;

Par ces motifs

Statuant publiquement, contradictoirement, en matière civile, après débat en chambre de conseil et en premier ressort ;

Vu l'ordonnance de non-conciliation en date du 25 novembre 2004 ;

Prononce le divorce d'entre les époux M...et G... aux torts exclusifs du mari ;

Confie la garde de l'enfant à la mère avec le droit de visite le plus large au père ;

Condamne M... à verser à G... une pension de 400.000F CFA pour l'entretien de l'enfant ;

Prononce la dissolution du régime matrimonial ayant existé entre les époux ;

Ordonne que le dispositif du présent jugement sera mentionné en marge de l'acte de mariage dressé le 28 janvier 1995 à Pointe-Noire ainsi que des actes de naissance desdits époux nés respectivement le mari le 13 mai 1957 à Maison carrée (Algérie), la femme le 06 juin 1974 à Pointe-Noire (Congo) ;

Condamne M... aux dépens... » [56]

83. À travers ce jugement civil du 24 janvier 2005, le juge matrimonial répond à la question récurrente ci-après :

« Un époux victime d'injures et d'agressions faites par un autre dont l'infidélité est avérée, peut-il solliciter et obtenir de la justice la rupture des liens du mariage ? »

Le législateur congolais donne la réponse à cette question, en prévoyant à l'article 180 de la famille cinq (5) causes de divorce dont la liste suit :

« Le divorce peut être prononcé à la demande de l'un des époux :

1° Lorsque la vie commune est devenue intolérable par suite de l'infidélité, des excès, sévices, injures imputables à l'un ou l'autre des époux et visant les époux eux-mêmes ou leur belle-famille ;

2° Lorsque la vie d'un conjoint et la sécurité des enfants sont gravement compromises par l'inconduite ou par l'abandon moral ;

3° En cas d'absence déclarée de l'un des époux ou de séparation de fait prolongée depuis deux ans ;

4° En cas de condamnation à une peine criminelle ;

5° En cas de pratiques du fétichisme.

---

[56] T-G-I de Pointe-Noire R-C n° 922. Année 2004. Rép- n° 49 du 04 – 01- 2005, inédit. Sur les injures comme cause du divorce, voir A. Iloki, op-cit p. 36 et 37, 38et 39.

Dans ce domaine, la tâche à remplir par le juge congolais est relativement aisée, en raison de ce que, à la manière presque d'un automate, il ne fait que rechercher la véracité des prétentions des parties au procès, leur imputation à l'une d'entre elles et enfin l'application, non sans intelligence, des dispositions légales reproduites supra ;

C'est ainsi qu'en affirmant que *« (...) le manque de fidélité dans le mariage constitue une cause de divorce conformément à l'article 180 alinéa 1 du Code de la famille »,* le juge offre une parfaite illustration de cette analyse.

Dans la pratique, cette disposition légale, destinée à faciliter le travail du juge est devenue source de simplifications ahurissantes et même des dérives dangereuses, au point où les divorces sont prononcés sur la foi des prétentions de l'époux requérant et sans la moindre investigation du caractère fondé ou non de celle-ci.

Pourtant, le droit positif enseigne qu'au cours d'une instance judiciaire, chacun des plaideurs a l'obligation d'administrer la preuve des faits et des actes sur lesquels il appuie ses prétentions et qu'il ne suffit pas à l'un d'entre eux d'affirmer que son ou ses droits ont été lésés pour être cru sur la parole : il faut qu'elle en apporte la preuve au juge saisi, à défaut, celles-ci restent et demeurent de véritables affabulations.

Par ailleurs, signalons les développements faits sur la question du devoir de fidélité, par Auguste Iloki. (*Le droit du mariage au Congo*. Ed. L'Harmattan. 2008. Paris. p. 211-223).

B. Les fautes du demandeur

84. Il est admis, que les griefs reprochés par le demandeur à l'époux défendeur peuvent perdre leur caractère fautif en raison du comportement répréhensible du demandeur lui-même : le défendeur, sans nier ses fautes ni soulever l'existence d'une réconciliation, a la possibilité d'invoquer les fautes du demandeur pour excuser ses propres fautes.

Ainsi, l'abandon du foyer par la femme ou une relation extraconjugale de celle-ci est susceptible d'être excusée à cause de la brutalité de son mari. De même, un caractère excessivement autoritaire ou les injures proférées par un époux sont éventuellement justifiées par l'adultère du conjoint. Inversement, l'adultère d'un époux peut être excusé lorsqu'il a été commis plusieurs mois après l'abandon du foyer par son conjoint.

85. Infidélité – Liquidation de la communauté – Pension alimentaire - Interdiction du port du nom

«... Attendu que sieur N... par requête à Pointe-Noire en date du 09 mars 2009 a attrait son épouse dame N... par devant la première chambre du Tribunal de Grande Instance de céans siégeant en matière civile pour s'entendre prononcer leur divorce ;

Qu'à l'appui de sa requête, il déclare qu'ils se sont mariés le 29 septembre 2007 ;

Qu'ils s'étaient connus courant 2000 à « l'Eglise évangélique du Congo » où ils étaient tous deux moniteurs de l'école de dimanche ;

En cette époque E... épouse de N..., était en séparation avec son ami ;

Que dès les deux premiers mois de leur amitié, N... les voyait avec son ancien ami, mais dame N... le rassurait de leur séparation et que tout était fini;

Que malgré cela ils formèrent leur foyer et de leurs œuvres sont nés deux enfants, une fille et un garçon ;

Mais attendu que depuis leur mariage cet ancien ami de E... s'est manifesté, soit par des coups de téléphone, soit en rapportant des faits vrais à son épouse ;

Qu'ajouter à ces faits dame N... excelle dans le mensonge et cela lui a coûté l'exclusion à l'église ;

Qu'ainsi, la séparation serait salutaire ;

Attendu que dans ses conclusions, dame N... excipe de plusieurs péripéties qui ont marqué leur vie conjugale ;

Qu'au-delà des infidélités constantes de N..., dame N... née E...espérait au changement de celui-ci et demeurait entièrement à lui ;

Qu'il a opposé une résistance farouche, traduisant la ferme volonté de rejoindre une de ses nombreuses concubines pour lesquelles E... épouse N... fut la victime ;

Que l'aveu de N... lors de la dernière audience de conciliation est une des preuves de l'infidélité ;

Qu'il avoue comme ces faits il y a lieu de prononcer le divorce aux torts exclusifs du mari ;

Qu'ainsi elle, réclamait réparation du préjudice subi, la garde des enfants et une pension alimentaire de 150.000F CFA par mois pour l'entretien des enfants ;

Sur quoi le tribunal

Attendu que l'époux demandeur en divorce a présenté sa requête au président du tribunal du domicile de la défenderesse

Que celle-ci est domiciliée à Pointe-Noire ;

Qu'en la cause,

Qu'il échet en la forme de déclarer régulière les conclusions respectives des époux et que la vie commune est devenue intolérable par suite d'infidélité ;

Attendu que la législation congolaise en matière de divorce oblige les époux d'apporter la preuve de leurs allégations ou d'établir les prescriptions susceptibles d'entraîner la religion du tribunal ;

Attendu que tant dans ses écrits que lors des débats à l'audience en chambre de conseils, sieur N... se contente d'affirmer très succinctement d'ailleurs la raison unique des coups de fils sans l'expliciter ;

Qu'en adoptant cette attitude, il ne met pas le tribunal en mesure de relever les griefs, mis à la charge de la femme, justificatifs du prononcé du divorce aux torts exclusifs de celle-ci ;

Attendu que dame N... invoque l'inconduite par le mari pouvant compromettre gravement la vie commune et la sécurité des enfants ;

Qu'il résulte tant des pièces au dossier sur les débats que sieur N... a toutefois brillé par son infidélité ;

Qu'un tel comportement est une cause légale susceptible d'entraîner le divorce ;

Que cela constitue bien l'inconduite exercée par sieur N... prévue par l'article 180 du Code de la famille ;

Que ce grief étend reconnu par la loi il y a lieu de prononcer le divorce des époux N... aux torts exclusifs du mari ;

Attendu que de cette union sont nés deux (2) enfants ;

Qu'il convient que l'époux verse une pension alimentaire de 60.000F CFA par mois à la femme pour l'entretien des enfants ;

Attendu qu'il y a lieu de faire interdiction à la femme de porter à l'avenir le nom du mari, ce à quoi elle ne s'y oppose d'ailleurs pas ;

Attendu que les époux étaient mariés sous le régime de la communauté des biens ;

Par ces motifs :

Statuant publiquement, contradictoirement, en matière civile et en premier ressort ;

Vu l'ordonnance de non-conciliation en date du 10 juillet 2009 ;

Prononce le divorce d'entre les époux N... aux torts exclusifs du mari ;

Dit que le présent dispositif du jugement sera mentionné en marge de l'acte de mariage dressé le 27 septembre 2007 par l'officier d'État Civil du 1er arrondissement E.P. Lumumba ainsi que des actes de naissance desdits époux nés respectivement, le mari le 4 juillet 1966 à Pointe- Noire et la femme le 11 mars 1979 à Madingou-Kayes ;

Confie la garde des enfants à la mère avec le droit de visite le plus large au père ;

Condamne monsieur N... à verser à dame N... une pension alimentaire de 90.000F CFA par mois pour l'entretien des enfants ;

Fait défense à la femme de porter à l'avenir le nom du mari ;

Prononce la dissolution du régime matrimonial ayant existé entre les époux ;

Commet tel notaire de leur choix à l'effet de procéder à la liquidation et au partage des droits respectifs des parties dans leur communauté conjugale[57].

86. Chaque époux peut former une demande en divorce contre l'autre. L'une est la demande principale, l'autre est une demande reconventionnelle. Lorsque le demandeur a commis des fautes, mais qu'il n'excuse pas les griefs reprochés au défendeur, ce dernier formera en général une demande reconventionnelle en divorce. C'est-à-dire qu'il va demander à son tour le divorce, en prenant appui sur les fautes du demandeur. À défaut, en effet, de cette demande, le divorce va être prononcé à ses torts exclusifs. Or, en formant cette demande reconventionnelle en divorce pour faute du demandeur, il peut espérer que les deux demandes seront accueillies, ce qui aboutira à un divorce aux torts partagés.

Pour le défendeur, les avantages d'un divorce aux torts partagés, par rapport à un divorce prononcé à ses torts exclusifs, sont sans doute réduits, mais demeurent en effet indéniables. D'une part, sur un plan moral, l'époux défendeur évite d'être déclaré exclusivement responsable de la rupture du mariage. D'autre part, sur un plan pécuniaire, il échappe à une condamnation à des dommages-intérêts. Toutefois, l'époux exclusivement fautif peut solliciter une prestation compensatoire, et il n'est pas privé du bénéficie des donations et avantages matrimoniaux que les époux s'étaient consentis.

87. L'intérêt d'une demande reconventionnelle n'est donc pas négligeable. C'est pourquoi le juge a reçu le pouvoir de prononcer le divorce aux torts partagés en relevant d'office les éléments d'une demande reconventionnelle que le défendeur aurait négligé de former. Cette prérogative exorbitante déroge aux pouvoirs habituels des juges : ils ne peuvent statuer que sur les demandes qui leur sont présentées (principe dispositif).

Au moins, les juges sont-ils tenus de respecter un certain nombre de principes, notamment celui de la contradiction : non seulement les débats doivent faire apparaître les torts à la charge de l'un et de l'autre époux, mais encore faut-il que ces torts remplissent la double condition de l'article 180 du Code de la famille. De surcroît, les juges ont l'obligation d'inviter les parties à présenter leurs observations sur les conséquences éventuelles d'un divorce aux torts partagés et notamment sur le versement de la pension alimentaire.

---

[57] *T.G.I de Pointe- Noire R-C n° 159- Année 2009 Rép - n° 460 du 02- 11-2009, inédit.*
Sur la pension alimentaire destinée à l'entretien des enfants, voir A-Iloki, *Le droit du divorce au Congo*, p. 87 et 98.

Section II : La procédure du divorce

88. La procédure est l'ensemble des règles gouvernant l'introduction et la progression de l'instance, ainsi que la décision mettant fin au litige. En matière de divorce, la procédure revêt une importance particulière car elle a une incidence directe sur le fond. Elle rend, en effet, plus ou moins difficile le prononcé du divorce, donc influe nécessairement sur le nombre de divorces avec les conséquences individuelles et sociales qui s'ensuivent. Il suffit d'imaginer, pour en prendre la mesure, que soit admis le divorce sous forme d'enregistrement d'une déclaration conjointe des époux par un officier de l'état civil : une procédure aussi sommaire aurait un effet immédiat sur la fréquence du recours en divorce et, par voie de conséquence, sur les caractères de l'institution, ce qui rejaillirait, indirectement, mais de manière indiscutable sur la nature du mariage lui-même.

Malgré le libéralisme du divorce jurisprudentiel (divorce par consentement mutuel), le divorce demeure par essence une institution judiciaire. L'intervention d'un juge est effectivement indispensable. D'abord parce qu'il y a des conflits entre les époux dans tout divorce. En outre, sont contentieux par nature le divorce pour faute et le divorce pour altération définitive du lien conjugal. Or, seule une autorité judiciaire est habilitée à trancher les litiges entre particuliers en leur donnant une solution qui s'imposera au besoin à l'aide de la force publique. Ensuite, parce qu'il y a des intérêts à protéger, notamment ceux des enfants, et qu'un contrôle est nécessaire pour en assurer la sauvegarde même lorsque les époux sont d'accord, comme nous allons le voir aux sous-sections 5 et 6. Il convient, enfin, en cas d'accord des époux, de vérifier que le consentement de chacun a été éclairé et est donné librement.

La rupture du mariage est un enjeu suffisamment important pour que soit imposée par la loi l'assistance obligatoire d'un avocat : sa mission est de conseiller l'époux qui l'a choisi et de défendre ses intérêts. L'époux qui n'est pas représenté par un avocat ne peut donc faire valoir ses moyens de défense. Quand on sait, aussi, que l'instance en divorce va porter sur des faits touchant à l'intimité de la vie privée, on comprend que le formalisme soit ici primordial. Un régime particulier a donc été établi, dont les principes se trouvent dans le Code de famille et les modalités dans le Code de procédure civile, commerciale, administrative et financière dont les dispositions ont été adaptées pour tenir compte de l'évolution de la société. Ces dispositions singularisent la procédure du divorce à ses trois stades : l'exercice de l'action (Paragraphe I), le déroulement de l'instance (Paragraphe II) et le jugement (Paragraphe III).

Paragraphe I. L'exercice de l'action en divorce

89. La singularité du procès en divorce se déduit, d'abord du caractère éminemment personnel de l'action. Il se révèle, aussi, par l'existence d'une juridiction spécialisée : le juge du divorce.

1. Le caractère personnel de l'action

90. Toute personne a droit au respect de sa vie privée, de sa vie familiale. La protection de la sphère d'intimité de chaque personne s'étend indiscutablement à sa condition conjugale et au divorce. Et ce parce que la demande en divorce se rattache étroitement à la vie.

a. Les titulaires de l'action

91. Le divorce est une affaire privée, qui ne regarde que les époux. Eux seuls ont donc qualité pour exercer l'action. C'est la manifestation la plus évidente du caractère personnel de la demande. De fait, l'action en divorce fait partie des cas dans lesquels la loi attribue le droit d'agir aux seules personnes qu'elle qualifie pour élever ou combattre une prétention, ou pour défendre un intérêt déterminé.

D'où il résulte que les héritiers des époux ne peuvent agir à leur place, ni même poursuivre l'action en divorce que les époux auraient engagée. Et encore moins les créanciers y trouveraient-ils un quelconque avantage. Les tiers ne peuvent pas non plus s'immiscer dans le procès en divorce par la voie de l'intervention au jugement de divorce. Aussi, lorsque le décès d'un époux survient pendant l'instance, et avant que le jugement soit irrévocable, l'action est éteinte. En effet, le décès a dissout le mariage et l'action ne peut donc survivre quel que soit l'intérêt que présenterait le divorce pour le conjoint survivant ou les héritiers de l'époux défunt.

L'exclusion des tiers du procès en divorce n'est pas, cependant, totale. En effet, dans l'intérêt de l'enfant, il est prévu l'intervention possible d'un tiers, qu'il soit ou non membre de la famille. Son objet est d'inviter le juge à fixer ou à modifier les décisions relatives à l'exercice de l'autorité parentale. Mais le Code de la famille prévoit qu'il doit alors saisir le ministère public.

b. L'habilitation de l'époux incapable

92. Lorsqu'un époux majeur souffre d'une altération de ses facultés mentales, on l'a déjà dit plus haut, il convient de le protéger par l'organisation d'un régime spécifique. En l'absence d'une telle organisation, l'action en divorce ne peut être envisagée ni en demande, ni en défense. L'incapacité d'un époux qui se trouve placé sous un régime de protection (tutelle, curatelle ou sauvegarde de justice), n'est pas un obstacle à l'exercice de l'action en divorce. Mais le caractère personnel de celle-ci conduit à aménager les règles ordinaires d'habilitation.

93. D'abord, cette incapacité exclut qu'un divorce par consentement mutuel ou pour acceptation du principe de la rupture du mariage soit demandé, faute pour l'époux incapable de pouvoir émettre un consentement valable.

Ensuite, l'époux en tutelle doit être représenté par son tuteur. Donc si une demande en divorce est formée contre l'époux en tutelle, l'action doit être exercée contre le tuteur. Mais celui-ci ne peut demander le divorce au nom de l'époux incapable qu'avec l'autorisation du conseil de famille, après avis du médecin traitant. En pratique, le juge des tutelles peut donner son autorisation si le conseil de famille n'était pas institué. On admet aussi que, dans la mesure du possible, l'intéressé doit être entendu par le juge ou le conseil de famille. De son côté, l'époux en curatelle exerce l'action lui-même avec l'assistance de son curateur. Pour des raisons évidentes, un tuteur ou un curateur spécial doit préalablement être nommé lorsque la tutelle ou la curatelle est confiée au conjoint de l'incapable.

Ensuite, si l'un des époux se trouve placé sous la sauvegarde de justice, la demande en divorce ne peut être examinée qu'après organisation de la tutelle ou de la curatelle. Le principe est que le juge pourra prendre les mesures provisoires prévues aux articles 254 et s du Code de la famille, qui sont nécessaires pour assurer l'existence des époux et des enfants jusqu'à la date à laquelle le jugement prend force de chose jugée. Le juge pourra également prendre des mesures urgentes, dès que la requête initiale est introduite, telles que prévues par l'article 181 du Code de la famille et, à ce titre, autoriser l'époux demandeur à résider séparément, s'il y a lieu avec ses enfants mineurs.

2. La compétence du juge du divorce

94. Parce qu'elle concerne la personne directement, l'action en divorce est de la compétence exclusive du tribunal de grande instance ou du tribunal d'instance. Mais un juge de ce tribunal, le juge du divorce, dispose de prérogatives si nombreuses. L'importance de ce juge conduit, à ce stade de la procédure, à envisager en premier lieu sa compétence d'attribution, et en second lieu sa compétence territoriale.

a. Compétence d'attribution

95. La compétence matérielle du juge du divorce est considérable. Il est désormais le seul, en pratique, à intervenir en première instance, la compétence du tribunal étant très réduite. C'est la manifestation d'un phénomène plus ample, où l'on voit se multiplier le juge civil unique au détriment des formations collégiales de nos tribunaux civils. N'est-il plus vrai que « de la discussion jaillit la lumière ».

Il avait été admis aussi que parallèlement à la séparation de fait, la maladie mentale pourrait constituer une cause spécifique de divorce pour rupture de la vie commune. C'était le sens de la loi française de 1975 qui permettait à un époux de demander le divorce « lorsque les facultés mentales du conjoint se trouvent, depuis six ans, si gravement altérées qu'aucune communauté de vie ne subsiste plus entre les époux et ne pourra, selon les prévisions les plus raisonnables, se reconstituer dans l'avenir ». Cette seconde cause légale de divorce, qui représente seulement quelques dizaines de demandes par an, est contraire à l'une des obligations du mariage. En effet, l'article 167 du Code de la famille impose à l'époux sain d'esprit le devoir d'assister son conjoint malade.

Les pouvoirs du juge se manifestent dès la demande, puis au cours de l'instance et après le prononcé du divorce. Il peut même intervenir, on l'a vu, avant l'instance en divorce pour protéger le conjoint victime de violences conjugales et répondre aux situations d'urgence.

Dans tous les procès en divorce, la requête initiale est présentée au juge, qu'il s'agisse de procédures contentieuses ou d'instances gracieuses. Dans les divorces contentieux, en effet, l'assignation doit être nécessairement précédée d'une phase de conciliation initiée par une requête adressée au juge. C'est lui qui délivrera l'autorisation d'assigner : c'est une clause essentielle de l'ordonnance de non-conciliation. En cas de divorce par consentement mutuel, le rôle du juge est aussi important, puisqu'il dispose d'une même compétence exclusive.

En première instance, dès le dépôt de la requête, il peut notamment prendre des mesures urgentes, comme autoriser l'époux demandeur à résider séparément, s'il y a lieu avec les enfants mineurs. Il peut aussi ordonner des mesures de nature strictement conservatoire telles qu'une apposition de scellés sur les biens communs. Ensuite, il procède à la tentative de conciliation à l'issue de laquelle il prescrit les mesures provisoires. Puis, saisi par l'assignation, dont il a autorisé la délivrance, le juge est seul compétent pour prononcer le divorce, du moins en principe.

Le juge statue, s'il y a lieu, sur les exceptions d'incompétence. Il est également juge de la mise en état. Il exerce en outre les fonctions de juge des référés c'est-à-dire qu'il doit être saisi en cas d'urgence.

La compétence du juge est maintenue après le divorce pour statuer sur les modalités de l'exercice de l'autorité parentale et sur la modification de la contribution à l'entretien et l'éducation des enfants, ou pour décider de confier les enfants à un tiers, ainsi que sur la révision de la pension alimentaire ou de ses modalités de paiement. Cette compétence s'exerce suivant une procédure simplifiée, puisque le juge statue alors sans formalité et il peut être saisi par les parties intéressées sur simple requête. C'est donc bien lui le juge de « l'après-divorce ».

b. Compétence territoriale

96. La compétence *ratione loci* du juge n'est pas déterminée par l'application du principe rationnel selon lequel il faut saisir le tribunal dans le ressort duquel se trouve le domicile du défendeur. Des règles particulières prévoient, en effet, la compétence en matière de divorce du juge le plus proche des enfants mineurs.

Ainsi, du tribunal de grande instance, dont le juge est destinataire de la requête initiale, qui en est-il celui du lieu où se trouve la résidence de la famille. En cas de changement de résidence, « la compétence territoriale est déterminée par la résidence du demandeur au jour où la requête initiale est présentée ». Mais si les époux ont, comme c'est fréquent, des résidences distinctes, il faut alors saisir le tribunal du lieu où réside celui des époux avec lequel habitent les enfants mineurs en cas d'exercice en commun de l'autorité parentale, ou du lieu de résidence du parent qui exerce seul cette autorité. Il faut cependant vérifier qu'un époux n'a pas choisi frauduleusement une résidence en vue de créer artificiellement un chef de compétence qui lui convienne, au préjudice de son conjoint. *A fortiori,* les juges sanctionnent les voies de fait.

Dans les autres cas, c'est-à-dire lorsqu'il n'y a pas d'enfants, ou bien qu'ils ne résident pas tous auprès du même parent, c'est le tribunal du lieu où réside l'époux, celui du lieu où réside l'un ou l'autre. Enfin, après le prononcé du divorce, le juge compétent pour trancher un litige relatif à l'une des conséquences du divorce est, en principe, celui de la résidence de l'époux créancier ou du parent qui assume à titre principal la charge des enfants, même majeurs.

Le juge peut relever d'office la violation des règles de compétence d'attribution ou territoriale. Les décisions du juge statuant sur la compétence sont toujours susceptibles d'appel, cette voie de recours étant seule ouverte dans ce cas.

Paragraphe II. Le déroulement de l'instance

97. Même simplifiée, la procédure du divorce reste complexe, du fait des intérêts en jeu. Le trait dominant, et qui en fait l'originalité, est la division nécessaire de l'instance en deux parties. La succession de deux phases est la survivance de la conception restrictive du divorce qui domine le droit positif pouvant dissuader le demandeur de poursuivre l'instance.

I. La phase préparatoire

98. Cette phase préliminaire se déroule devant le juge (du moins en première instance). La loi a instauré un tronc procédural commun jusqu'à l'assignation. C'est la raison pour laquelle la requête initiale ne doit pas indiquer les motifs du divorce. L'audience de conciliation doit ainsi se dérouler dans un climat apaisé, puisque les griefs ne sont plus énoncés et donc ne seront pas discutés. Le choix de la procédure ne se fera qu'ultérieurement, lors de l'assignation.

Le juge est saisi par une requête initiale, au vu de laquelle il convoque les époux pour tenter de les concilier. À défaut de conciliation, il prescrit les mesures provisoires.

A. La requête initiale

99. Lorsque le divorce est demandé par un époux, celui-ci doit présenter, nécessairement par l'intermédiaire d'un avocat, une requête au juge. Le contenu en est très succinct, analogue à celui de la requête conjointe, vue précédemment. À la réception de la requête, le juge est apte à prendre certaines mesures.

Encore que, la requête doit contenir l'identité complète des deux époux, le lieu et date du mariage, ainsi que l'état civil des enfants du couple. Dans le silence, l'omission d'une mention ne peut entraîner la nullité de la requête, à moins que le conjoint qui l'invoque ne justifie d'un grief, conformément au droit commun de la nullité des actes de procédure pour vice de forme.

En revanche, la requête initiale ne doit pas indiquer la cause de divorce invoquée par le demandeur ni le fondement juridique de la demande en divorce ni les faits à l'origine de celle-ci. L'objectif est d'évacuer de l'audience de conciliation toute discussion sur la cause du divorce. L'attention des époux sera donc concentrée sur l'organisation de leur vie pendant la procédure, la préparation de la liquidation du régime matrimonial, le sort des dettes et la sauvegarde de l'intérêt des enfants. Il s'agit, en d'autres termes, de faire comprendre aux époux qu'ils ont tout avantage à parvenir à prévoir les conséquences. L'incitation est d'autant plus grande que le divorce pour altération définitive du lien conjugal sera prononcé dès lors que deux ans de séparation se seront écoulés au moment de l'assignation. La requête initiale doit, pour des raisons d'efficacité, contenir les demandes formées au titre des mesures provisoires ainsi qu'un exposé sommaire de leurs motifs.

100. À la réception de la requête, le juge fait connaître aux époux le jour, heure et lieu auxquels il procédera à la tentative de conciliation. En pratique, la convocation est adressée par le greffe du tribunal au moyen d'une lettre recommandée (doublée d'une lettre simple) avec demande d'avis de réception. À peine de nullité, cette lettre doit être expédiée quinze jours au moins à l'avance et accompagnée d'une copie de l'ordonnance.

Avantage même que ne se tienne l'audience au cours de laquelle le juge va procéder à la tentative de conciliation, le demandeur peut solliciter des mesures urgentes. Ces mesures ne peuvent être ordonnées que si l'époux requérant se présente en personne, afin que le juge s'entretienne avec lui des mesures sollicitées et en apprécie le bien-fondé. Il faut bien voir, en effet, que ces mesures sont susceptibles d'être ordonnées par le juge sans que le conjoint défendeur en soit averti et qu'il ait donc fait valoir ses moyens de défense. D'où la limitation de la compétence du juge aux mesures énumérées par l'article 184 du Code de la famille.

En vertu de ce texte, il a le pouvoir notamment, en cas de danger, d'autoriser l'époux demandeur à résider séparément, s'il y a lieu avec ses enfants mineurs. Mais le juge peut aussi, pour la garantie des droits d'un époux, s'il faut craindre une dilapidation ou un détournement des biens par le conjoint, ordonner à l'insu de ce dernier toutes mesures conservatoires : aussi, ordonner l'apposition de scellés sur les biens communs ou autoriser la saisie-attribution d'un compte bancaire. Cette ordonnance du juge ne peut faire l'objet d'aucun recours. Les mesures d'urgence éventuellement prescrites pourront seulement être discutées par l'époux défendeur pendant l'audience de conciliation.

B. La tentative de conciliation

101. C'est un moment crucial de la procédure : mais ses objectifs sont clairs. Le juge doit tenter de faire renoncer le demandeur à son projet. Mais cette réconciliation des époux est très rare. La loi du 17octobre 1984, qui pose le principe de la liberté de divorcer, confirme la mission du juge, qui doit désormais chercher à concilier les époux tant sur le principe du divorce que sur ses conséquences. C'est pourquoi la tentative de conciliation est obligatoire dans toutes les procédures de divorce contentieux. L'audience elle-même se déroule selon un rituel peu formaliste et s'achève par le prononcé d'une ordonnance qui peut faire objet de recours.

Parce que ce sont des faits touchant à l'intimité de la vie privée qui vont être évoqués, l'audience de conciliation se déroule en chambre de conseil, c'est-à-dire à huis clos, hors la présence du public. Elle présente plusieurs caractéristiques.

C'est, d'abord, l'obligation faite au juge de statuer, s'il y a lieu sur la compétence. Il peut notamment relever d'office son incompétence territoriale, s'agissant d'un litige relatif à l'état des personnes. Le juge doit, ensuite, s'entretenir personnellement avec les époux séparément, avant de les réunir en sa présence. Les avocats sont ensuite appelés à assister et à participer à l'entretien. Pour faciliter le dialogue, la loi prévoit que ce qui a été dit ou écrit à l'occasion d'une tentative de conciliation ne soit pas évoqué pour ou contre un époux ou un tiers dans la suite de la procédure. Chaque époux peut aussi, sans crainte, s'exprimer en toute franchise, laquelle est une condition indispensable à une très éventuelle réconciliation.

Ces entretiens supposent la présence effective des époux. Ils ne peuvent pas se faire représenter. Mais si l'époux défendeur ne se présente pas devant le juge, l'entretien aura lieu avec le seul demandeur et le juge devra l'inviter à la réflexion, car le défaut du défendeur ne suffit pas à paralyser la procédure.

L'audience se termine par la décision du juge. Si la tentative aboutit, ce qui est très rare en pratique, la conciliation des époux est constatée par procès-verbal, celui-ci met fin à la procédure engagée.

102. En fait, les époux parviennent très rarement à se réconcilier devant le juge. Il arrive, toutefois, que ce dernier décèle des chances de conciliation. Il peut alors suspendre la tentative en ménageant aux époux un temps de réflexion de huit jours. Si un plus long délai paraît utile, le juge peut décider de suspendre la procédure et de recourir à une nouvelle tentative de conciliation dans les six mois au plus. Il ordonne, s'il y a lieu, les mesures provisoires nécessaires.

Si, après avoir entendu chacun des époux sur le principe de la rupture, le juge constate que le demandeur maintient sa demande, il rend une ordonnance de non-conciliation autorisant l'époux qui a présenté la requête initiale à assigner son conjoint. Il statue aussi sur les mesures provisoires (qui seront étudiées ci-dessous) après avoir essayé d'amener les époux à un règlement amiable de ces mesures. Le juge doit aussi inciter les époux à régler les conséquences du divorce à l'amiable. À cette fin, il leur demande de présenter pour l'audience de jugement un projet de règlement des effets du divorce. Il s'agit, en d'autres termes, d'anticiper le règlement des intérêts pécuniaires dès le stade de la conciliation et de privilégier la conclusion d'accords, même partiels, entre les époux. Certaines mesures provisoires, on le verra, favorisent la préparation, par un professionnel qualifié, de la liquidation du régime matrimonial (le notaire notamment).

103. À ce stade de la procédure, l'ordonnance de non-conciliation qui autorise les époux à résider séparément et l'un d'eux à assigner son conjoint, si elle ne prescrit aucune autre mesure, ne peut pas faire l'objet d'un appel. En revanche, l'ordonnance de non-conciliation est susceptible d'appel, dans les quinze jours dès notification, quant à la compétence et aux mesures provisoires. Mais, conformément au droit commun, le pourvoi en cassation n'est pas recevable contre l'arrêt qui statue sur l'appel de l'ordonnance de non-conciliation, ni de recours en révision.

Cette voie de recours est ainsi déclarée recevable lorsqu'elle tend, non à la réformation de l'ordonnance de non-conciliation, mais à son annulation. Il en va de même lorsque le juge a commis un excès de pouvoir. Ces solutions sont justifiées : l'appel reste en effet la voie irréductible du contrôle de la légalité.

C. Les mesures provisoires

104. L'instance en divorce étant engagée, entre le début de la procédure et le prononcé définitif du divorce, un temps assez long (plusieurs mois à un an s'il n'y a pas d'appel, quelques années à l'inverse) va effectivement s'écouler, délai pendant lequel il faut aménager la séparation des époux et régler la situation des enfants. C'est l'objet des mesures provisoires, ainsi qualifiées parce qu'elles ne subsistent que pendant la durée de l'instance. À ce titre, elles sont provisoires : elles doivent disparaître lorsqu'une décision sur le fond a été rendue et est passée en force de chose jugée. Pour cette raison, elles sont, de plein droit, exécutoires à titre provisoire: elles sont aussi toujours appropriées à la situation familiale.

Au vrai, la terminologie ne doit pas induire en erreur : ces mesures revêtent une importance indiscutable, car elles préfigurent le plus souvent celles qui seront ordonnées finalement par le jugement de divorce. Il convient, par conséquent, de s'attacher d'abord aux modalités de fixation de ces mesures (1) puis à leur contenu (2)

II. Détermination des mesures provisoires

105. En cas de divorce par consentement mutuel, s'il y a eu refus d'homologation, les époux règlent eux-mêmes les mesures provisoires qu'ils s'accordent à prendre jusqu'à la date à laquelle le jugement de divorce passe en force de chose jugée. Mais le juge peut faire supprimer ou modifier les clauses de cette convention qui lui paraîtraient contraires à l'intérêt des enfants. Ces mesures provisoires seront ainsi homologuées par le juge.

Dans les autres cas de divorce, c'est le juge qui prescrit les mesures provisoires. Mais, à cette fin, il doit prendre en considération les accords que les époux ont déjà conclus entre eux. Ces mesures sont fixées dans l'ordonnance de non-conciliation, toutes, au demeurant, révisables. En effet, s'il survient un fait nouveau, le juge peut supprimer, modifier ou compléter les mesures qu'il a prescrites, afin de les adapter à l'évolution de la situation. En outre, la décision relative aux mesures provisoires est susceptible d'appel, mais non de pourvoi en cassation dans les quinze jours dès sa notification.

106. Mesures provisoires - Résidences - Garde des enfants – Pension alimentaire

« ... L'an deux mil trois

et le treize du mois de novembre.

Nous Norbert Elenga, président du Tribunal de Grande Instance de Pointe-Noire ;

Assisté de maître Pascal Goma, greffier audit tribunal ; siégeant en matière de conciliation matrimoniale ;

Ont comparu les époux K ...

Attendu que les deux époux ont déclaré qu'ils vivent déjà en résidence séparée avant qu'ils n'introduisent la requête en divorce ;

Que malgré nos conseils, les époux se sont cautionnés dans leurs positions d'avant la procédure ;

Que pendant leur séparation de fait, le mari a confié tous les enfants à l'épouse, ceci à cause de ses occupations dans la plate-forme en mer ;

Que malgré nos conseils, nous n'avons pas pu réconcilier les époux K... ;

Qu'il y a lieu donc, en vertu des dispositions de l'article 185 du Code de la famille, de constater la non-conciliation et d'autoriser les époux d'avoir des résidences séparées ;

Qu'il y a lieu d'entériner la séparation de fait et toutes les décisions prises par les époux pendant cette séparation de fait notamment en confiant la garde des enfants à leur mère et le versement de la pension alimentaire de 325.000 francs versée par le mari à l'épouse, ce pour l'entretien et l'éducation des enfants ;

En conséquence :

Vu les dispositions de l'article 185 du Code de la famille, constatons la non-conciliation des époux K... ; autorisons les époux K... à avoir des résidences séparées ;

Confions la garde de tous les enfants à leur mère ;

Ordonnons au mari de verser une pension alimentaire de 325.000frs pour l'entretien et l'éducation des enfants ;

Ordonnons la remise par le mari des effets personnels de la femme ;

Autorisons les époux à poursuivre leur instance en divorce ;

Ordonnons l'exécution provisoire de la présente ordonnance nonobstant toutes voies de recours ;

Mettons les dépens à la charge du mari ;

Et, avons signé notre ordonnance avec le greffier... »[58].

107. Les mesures provisoires ont une durée très variable suivant les cas. D'abord, il convient de préciser qu'elles sont caduques si aucun époux n'a assigné son conjoint dans les trente mois du prononcé de l'ordonnance de non-conciliation. Ensuite, ces mesures subsistent jusqu'à ce que la décision sur le fond prenne force de chose jugée.

Sans doute n'est-il pas inutile de préciser qu'un jugement a force de chose jugée s'il n'est susceptible d'aucun recours suspensif d'exécution. Donc les mesures provisoires subsistent pendant l'instance d'appel. Elles se poursuivent aussi quand un pourvoi est formé. En effet, contrairement au droit commun, le pourvoi en cassation contre la décision qui prononce le divorce a un effet suspensif. Par conséquent, en cas de pourvoi, la procédure de divorce est toujours en cours, de sorte que l'ordonnance de non-conciliation continue de produire ses effets jusqu'au rejet du pourvoi par la Cour suprême ou si une cassation est prononcée, jusqu'à ce que soit définitif l'arrêt rendu par la Cour d'appel de renvoi[59]. Toutefois, si le pourvoi est limité aux conséquences du divorce, le prononcé du divorce est devenu irrévocable, de telle sorte que la pension alimentaire allouée par l'ordonnance de non-conciliation cesse d'être due.

---

[58] T.G.I Pointe-Noire Ord. Non-conciliation du 13-11-2003, inédit.

[59] Cf. Cour suprême, 2e Ch. Civ. Audience publique du 22-11-2007, Arrêt N° 41/GCS-2007, inédit.

En revanche, les mesures provisoires sont caduques quand la décision qui rejette la demande en divorce ne peut plus faire l'objet d'un recours suspensif. Ainsi, le pourvoi en cassation ne suspend pas l'exécution de l'arrêt d'appel qui rejette la demande. Dès son prononcé, cet arrêt est exécutoire, donc il entraîne la caducité des mesures prescrites par l'ordonnance de non-conciliation.

Contenu des mesures provisoires

108. Les mesures prescrites par le juge dans l'ordonnance de non-conciliation sont celles qui doivent assurer l'existence des époux et celle des enfants jusqu'à la date à laquelle le jugement passe en force de chose jugée.

S'il y a des enfants mineurs, le juge se prononce traditionnellement, au titre des mesures provisoires, sur les modalités de l'exercice de l'autorité parentale. Les textes relatifs à l'autorité parentale précisent que les conséquences de la séparation pour les enfants sont réglées selon les dispositions du droit commun de l'autorité parentale.

Pour fixer le régime de la séparation des époux pendant la durée de l'instance en divorce, la loi reprend la liste non limitative des mesures provisoires susceptibles d'être prises lors de la conciliation, et elle complète cette liste en prévoyant de nouveaux cas d'intervention du juge.

Ainsi, en vue d'apaiser la procédure, le juge peut proposer aux époux une mesure de médiation familiale (témoins de mariage par exemple). Et, après avoir recueilli leur accord, désigner un médiateur familial à cet effet. De fait, la médiation familiale n'est efficace que si elle recueille l'adhésion des époux. Mais, pour favoriser le recours à la médiation, le juge peut enjoindre aux époux de rencontrer un médiateur familial pour une séance d'information sur l'objet et le déroulement de la médiation. C'est là une obligation destinée à développer le recours à la médiation familiale, qui est actuellement peu pratiquée par les tribunaux.

La loi ne précise pas quel est l'objet de cette médiation : il peut s'agir aussi bien du choix de la procédure de divorce, que de la conclusion d'accords portant sur le règlement des intérêts pécuniaires des époux.

109. Ensuite, le juge va se prononcer sur la résidence des époux. Traditionnellement, il autorise les époux à résider séparément : cette décision vaut dispense légale du devoir de cohabitation. Cette dispense de cohabitation emporte de plein droit domicile distinct pour chaque époux. Aussi, elle a des répercussions sur la définition de la résidence des enfants à naître. Pour ces raisons, la date de l'ordonnance autorisant les époux à résider séparément est publiée à l'état civil avec le dispositif du jugement de divorce. Dans ce cas, il n'est plus question d'autorisation. Il est seulement prévu que le juge peut statuer sur les modalités de la résidence séparée des époux. Décider unilatéralement d'avoir une résidence séparée ne sera donc plus constitutif d'un abandon du domicile conjugal.

L'organisation de la résidence séparée porte notamment sur l'attribution à l'un des époux de la jouissance du logement familial et du mobilier du ménage, mais il arrive que le juge partage cette jouissance entre les époux ; ce qui assurément sera conservé par l'époux auquel la garde des enfants mineurs est confiée. Si besoin est, le juge ordonne aussi la remise des vêtements et objets personnels.

110. La question de l'indemnité d'occupation est une source abondante de contentieux. L'époux demeuré dans le logement familial découvre souvent lors de la liquidation qu'il doit s'acquitter d'une indemnité alors qu'il pensait avoir la jouissance gratuite du logement. C'est vrai qu'en pratique la pension alimentaire accordée à un époux est complétée souvent par l'attribution de la jouissance gratuite du logement familial, lorsque les époux en sont propriétaires. Ainsi l'époux qui en bénéficie n'aura pas à verser une indemnité d'occupation à son conjoint. Le problème étant souvent posé en pratique lorsque le juge conciliateur n'a pas précisé si l'attribution de la jouissance gratuite du logement familial qui n'appartient pas en propre à l'époux bénéficiaire est un complément de la pension alimentaire ou non, auquel cas une indemnité sera due pour l'occupation courant jusqu'au prononcé définitif du divorce. Au-delà, le mariage n'existe plus, donc l'indemnité est due en toute hypothèse, sauf exécution particulière de la prestation compensatoire (qui, on l'a vu est une institution jurisprudentielle). Pour décider du sort de l'occupation gratuite pendant la durée de l'instance, il faut donc se livrer à une recherche rétrospective. D'autant plus que l'on pense que la jouissance privative est à titre onéreux dès lors que les termes de l'ordonnance de non-conciliation ne permettent pas de retenir qu'elle est attribuée à titre gratuit. Donc, le juge doit préciser si la jouissance du logement a un caractère gratuit ou non. C'est une clarification utile, mais dont la portée doit être bien précisée. En effet, la loi ne permet pas au juge, à ce stade, de fixer le montant de l'indemnité d'occupation. Il pourra seulement constater un éventuel accord des époux sur le montant de celle-ci.

111. Ainsi le juge a-t-il souvent à statuer sur les relations pécuniaires des époux pendant l'instance : la séparation des résidences entraîne la séparation des budgets. Or, un époux peut manquer de ressources suffisantes pour vivre convenablement. Si son conjoint en a les moyens, il devra verser à l'époux dans le besoin une pension alimentaire, fondée sur le devoir de secours et l'obligation de contribuer aux charges du mariage, devoir et obligation qui subsistent tant que le mariage n'est pas dissout par le divorce. Cette pension est révisable, en fonction de l'évolution financière respective des époux. Elle peut être sollicitée en première instance comme en appel, par le demandeur comme par le défendeur.

Le juge devra aussi se prononcer sur la prise en charge, par l'un ou l'autre époux, des arrérages des emprunts souscrits pour l'acquisition de ce logement. Le juge pourrait enfin prescrire d'autres mesures, relatives par exemple au règlement des crédits ménagers ou au paiement des impôts, comme il pourrait accorder à l'un des conjoints des provisions accordées à un époux sur sa part de communauté, anticipant du reste les conséquences du divorce qui sera prononcé par le juge au second stade de la procédure.

En vertu de son pouvoir souverain d'appréciation, le juge peut aussi fixer la provision ad litem que l'un des époux devra verser à son conjoint. Le bénéficiaire doit ne pas avoir assez de ressources pour faire face aux frais du procès. Cette provision a un objet beaucoup plus limité que celui d'une pension alimentaire.

112. Le Code de la famille permet en outre au juge de statuer sur l'attribution de la jouissance ou de la gestion des biens communs ou indivis autres que le logement et le mobilier du ménage, sous réserve des droits de chaque époux dans la liquidation du régime matrimonial.

Le Code cherche à encourager une liquidation plus précoce du régime matrimonial, mais sans toutefois en faire une condition préalable au prononcé du divorce. D'abord parce qu'un accord peut être difficile à trouver lorsque les époux traversent une crise conjugale. Ensuite parce que la liquidation peut poser des problèmes difficiles à trancher, sous peine d'allonger exagérément la procédure de divorce et le prononcé des mesures provisoires. C'est pourquoi la loi vise avant tout à inciter davantage les époux à régler eux-mêmes le partage de leurs intérêts pécuniaires. À cette fin, la loi prévoit que le juge peut désigner tout professionnel qualifié en vue de dresser un inventaire estimatif ou de faire des propositions quant au règlement de ces intérêts pécuniaires. Enfin, la loi précise que le juge peut désigner un notaire en vue d'élaborer un projet de liquidation du régime matrimonial et de formation des lots à partager. Le notaire n'a pas pour mission de procéder au partage en proposant l'attribution de lots à chaque époux. C'est dire qu'il prépare la liquidation sans procéder au partage.

III. La phase décisoire

113. Longtemps, la formation collégiale du tribunal de grande instance avait compétence pour prononcer le divorce et statuer sur ses effets. Depuis la loi du 17 octobre 1984, le juge a vu sa compétence élargie à la phase contentieuse du divorce. Il a toutefois la possibilité de renvoyer l'affaire à une audience collégiale du tribunal. Ce renvoi est de droit à la demande d'une partie.

La procédure à suivre pendant la seconde partie de l'instance est, en principe, soumise aux dispositions du Code de procédure civile, commerciale, administrative et financière qui gouverne le déroulement des instances civiles devant le tribunal de grande instance. Quelques particularités la distinguent, toutefois, des autres procédures du divorce, et méritent à ce titre d'être étudiées. Elles tiennent à l'assignation (A), aux débats (B), à la preuve (C) et aux « passerelles » (D).

A. L'assignation

114. L'autorisation d'assigner son conjoint est accordée à l'époux demandeur par le juge dans l'ordonnance de non-conciliation.

Mais, des délais spéciaux sont prévus. Si, en effet, l'époux demandeur n'a pas usé de l'autorisation d'assigner dans les trois mois du prononcé de l'ordonnance, son conjoint pourra, dans un nouveau délai de trente mois, l'assigner lui-même. Mais, pendant ce délai supplémentaire, l'époux demandeur conserve le droit d'assigner. De telle sorte que cette assignation doit être délivrée, par un huissier. En effet, si l'un ou l'autre époux n'a pas saisi le juge à l'expiration des six mois, les mesures provisoires sont caduques. Pourquoi une telle sanction ? En édictant cette caducité automatique, le législateur veut éviter que les époux ne laissent perdurer une situation provisoire. Mais il faut noter qu'après les trente mois, l'autorisation d'assigner n'est plus valable. Elle ne pourra pas être utilisée en vue d'obtenir un jugement sur le fond, et la procédure devra être reprise entièrement.

Le Code de la famille a instauré un tronc commun de procédure, avec une requête initiale non motivée. C'est donc seulement à l'issue de la tentative de conciliation que l'assignation en divorce précisera le fondement choisi. Un époux peut alors introduire l'instance en choisissant l'un des trois cas de divorces contentieux. Mais deux époux peuvent aussi introduire conjointement l'instance lorsqu'à l'audience de conciliation ils ont déclaré accepter le principe de la rupture du mariage et le prononcé du divorce sur le fondement de l'article 180 du Code de la famille. Dans ce cas l'instance ne peut du reste être engagée que sur ce fondement.

115. En vue de favoriser le règlement des intérêts pécuniaires des époux le plus rapidement possible, la demande introductive d'instance doit compter, à peine d'irrecevabilité, une proposition de règlement des intérêts pécuniaires et patrimoniaux des époux.

Elle doit contenir un descriptif sommaire du patrimoine des époux et préciser les intentions du demandeur quant à la liquidation de la communauté ou de l'indivision et, le cas échéant, quant à la répartition des biens. De fait, l'un des époux peut ignorer la consistance du patrimoine dans la liquidation. Le partage à venir pourra, ainsi, évoluer en fonction des compléments d'informations dont il disposera au cours de la procédure, ou après le prononcé du divorce.

B. Les débats

116. Parce qu'elle est relative à l'état des personnes et touche l'intimité de la vie privée, l'instance en divorce doit se dérouler dans la discrétion. Celle-ci est assurée par deux séries de dispositions.

D'une part, les débats sur la cause du divorce et ses conséquences, ainsi que sur les mesures provisoires, ne sont pas publics : ils doivent avoir lieu à huis clos. L'absence de publicité s'impose en première instance comme en appel, et aussi lors des instances modificatives ultérieures.

D'autre part, interdiction est faite à la presse de publier des comptes rendus d'audience, des pièces de procédure ou même simplement des motifs d'un jugement de divorce, intéresseraient-ils l'opinion publique. Seule la publication du dispositif reste possible. Échappent toutefois à ces restrictions les publications à caractère juridique, mais à la condition qu'elles respectent l'anonymat des parties, c'est le cas notamment dans ce livre ; nous avons, pour certaines décisions, ressorti expressément les noms du président du tribunal et de son greffier, ce, à titre d'hommage.

C. Les preuves

117. En principe, les règles gouvernant la preuve dans les procès civils reçoivent application. Ainsi, la charge de la preuve incombe au demandeur, lequel est entendu comme celui qui émet une prétention. Il en résulte que l'époux qui sollicite un divorce pour faute doit prouver que son conjoint a commis une violation grave des devoirs conjugaux, comme l'époux qui conteste la durée de la séparation doit établir qu'elle n'a pas duré deux ans… Mais la procédure de divorce est, aussi, empreinte de particularisme, notamment quant à l'admissibilité des moyens de preuve et aux pouvoirs du juge.

IV. Admissibilité des modes de preuves

118. En droit positif, les faits peuvent être prouvés par tous moyens. La procédure de divorce obéit au même principe. Il s'en déduit que les faits invoqués en tant que cause de divorce ou comme défense à une demande peuvent être établis par tous modes de preuve, y compris l'aveu. Mais, les faits à démontrer sont intimement liés à la vie privée des époux et des enfants. Aussi les modes de preuve habituels doivent-ils être aménagés, qu'il s'agisse des lettres, des constats ou des témoignages.

Les lettres missives ont, en principe, un caractère secret lorsqu'elles relèvent de la correspondance privée. Leur communication en justice est subordonnée au consentement du destinataire, propriétaire de la lettre. Il faut aussi l'autorisation de l'auteur de la lettre quand celle-ci a un caractère confidentiel. De telle sorte que les lettres (d'amour ou de confidences) écrites ou reçues par un époux devraient être systématiquement écartées des procès en divorce. Mais ce serait rendre la preuve souvent impossible.

Le principe est donc laissé de côté. D'abord, quand un époux est l'auteur et son conjoint le destinataire de la lettre, il est alors permis aux époux de produire en justice, sans restriction, les lettres échangées entre eux. Un époux peut aussi verser aux débats les lettres échangées entre son conjoint et un tiers, ce qui signifie que l'on ne demande pas l'accord du destinataire ni le consentement de l'expéditeur, quel que soit le caractère confidentiel de la correspondance. Elle peut donc être produite en justice, mais un époux n'est autorisé à le faire qu'à la condition qu'il n'ait pas obtenu cette correspondance par fraude ou par violence. Il ne pourrait se prévaloir d'une lettre arrachée à une personne, obtenue en forçant une mesure ou détournée par suite d'un stratagème auprès des services de la poste. Mais il appartient alors à l'époux contre lequel la lettre est produite, et qui invoque la violence ou la fraude, de la prouver[60]. L'on a souvent généralisé la condition édictée autrefois pour les seules lettres missives. Et l'on pense désormais : qu'un époux ne peut verser aux débats un élément de preuve qu'il aurait obtenu par violence ou fraude.

119. Les constats d'huissiers peuvent être produits en justice, notamment pour faire la preuve d'un adultère. L'officier ministériel doit cependant s'abstenir de commettre une violation de domicile ou une atteinte illicite à l'intimité de la vie privée, à l'occasion de ce constat. Il en résulte qu'un huissier doit agir muni d'une autorisation judiciaire : il ne peut dresser un constat d'adultère au domicile de la personne coauteur de cette faute que s'il a été autorisé préalablement par une ordonnance du président du tribunal de grande instance.

120. Les témoignages constituent un mode de preuve très utilisé. Généralement, ils sont recueillis sous forme d'attestations écrites. Mais le juge pourrait décider de procéder à l'audition des témoins par voie d'enquête, au cours d'une audience. Naturellement, la valeur probante et la portée des témoignages sont appréciées souverainement par les juges du fond. Ils doivent cependant préciser les faits rapportés dans les attestations sur lesquelles ils se fondent pour prononcer le divorce.

En principe, toute personne est admise à témoigner si, du moins, les faits dont le témoin a connaissance ne sont pas couverts par le secret professionnel. S'agissant de prouver les faits qui sont survenus, le plus souvent, dans le cercle familial, les parents ou alliés de l'un des époux sont admis comme témoins (ils peuvent à l'évidence refuser). A l'inverse, les descendants ne sont jamais autorisés à témoigner, ni à être entendus au cours de la procédure, pour tout ce qui concerne la cause du divorce et les conséquences du divorce pour les époux.

L'objectif n'est pas seulement de protéger les enfants, il est surtout d'éviter qu'ils ne soient amenés à prendre partie pour l'un ou l'autre de leurs

---

[60] Sur la lettre d'un époux donnant son consentement à divorcer, cf. T.I de Tié-tié, Pointe-Noire, RC n° 684 Année 2009, Rép.n°996 du 23.11.2009, inédit.

parents, ce qui pourrait compromettre les chances de maintenir, après le prononcé du divorce, les relations des enfants avec leurs deux parents.

La prohibition s'applique à tous les descendants : aucune distinction n'est à faire entre les enfants communs aux deux époux et ceux de l'un d'entre eux. Cette règle fondamentale est inspirée par un souci de décence et de protection des intérêts moraux de la famille. Elle conduit à écarter aussi les témoignages des conjoints des descendants et à étendre l'interdiction aux témoignages indirects, c'est-à-dire aux propos de l'enfant rapportés par un tiers ou contenus dans une lettre écrite par l'enfant. L'objectif est de tenir les enfants, fussent-ils majeurs, résolument à l'écart des conflits qui opposent leurs parents.

1. Pouvoirs du juge

121. Comme dans tout procès civil, le juge doit veiller au respect des principes gouvernant la preuve, comme le principe du contradictoire ou régissant l'état des personnes : d'où il résulte le caractère illicite des enregistrements de communications téléphoniques. De même, le juge du divorce a le pouvoir d'ordonner des mesures d'instruction, comme une expertise, du moment qu'il n'est pas porté atteinte au principe de la liberté individuelle. Mais il dispose aussi de prérogatives spécifiques.

D'abord, avant de statuer sur les modalités d'exercice de l'autorité parentale, il est loisible au juge de donner mission à toute personne qualifiée d'effectuer des investigations approfondies dans le cadre d'une enquête sociale, que l'on retrouvera à propos des effets de la séparation des parents sur les enfants[61].

Ensuite, le juge doit veiller à ce que les époux lui communiquent, ainsi qu'aux professionnels désignés, tous renseignements et documents utiles pour fixer les prestations et pensions, ou liquider le régime matrimonial. Ils doivent notamment produire les déclarations de revenus, avis d'imposition et bordereaux de situation fiscale.

Enfin, pour avoir une connaissance précise de la situation financière de chaque époux, le juge peut faire procéder à toutes recherches utiles auprès des débiteurs, notamment l'employeur, ainsi qu'auprès de toute personne qui détient des valeurs pour le compte des époux, les banques en particulier, sans que le secret professionnel puisse être opposé.

Ainsi le juge devrait être parfaitement éclairé pour rendre son jugement.

122. Dans le but de pacifier les procédures de divorce, de nouvelles passerelles sont instituées permettant aux époux de passer d'un cas à un autre, ces passerelles pouvant, en outre, être utilisées à tout moment de la

[61]Sur l'enquête sociale, cf T.I de Tié-Tié, Rapport d'enquête du 24 janvier 2006, aff. Couple D. T.I Tié-Tié. Ord du 10 Décembre 2005, inédit.

procédure. Cela tend à favoriser l'évolution de l'instance vers une forme plus consensuelle. C'est pourquoi les époux ne peuvent, en cours d'instance, substituer à une demande fondée sur un cas de divorce défini à l'article 180 du Code de la famille une demande fondée sur un autre cas. Effectivement, le divorce jurisprudentiel est relatif aux modifications du fondement d'une demande en divorce qui multiplient les passerelles vers les divorces moins contentieux en cas d'accord des époux, d'une part, mais autorisent cependant la modification unilatérale du fondement de la demande, d'autre part.

2. Modification conjointe du fondement de la demande

123. À tout moment de la procédure, les époux peuvent demander au juge de constater leur accord pour voir prononcer leur divorce par consentement mutuel, en lui présentant une convention réglant les conséquences de celui-ci. Cette possibilité de passerelle d'une procédure contentieuse à une procédure consensuelle n'est pas prévue par la loi. Désormais, la modification conjointe du fondement de la demande peut intervenir tant qu'aucune décision sur le fond n'a été rendue. Elle peut donc être formulée après l'ordonnance de conciliation et postérieurement à la clôture. Elle n'est soumise à aucun formalisme particulier, étant toutefois précisé que la comparution personnelle des époux est indispensable, suivant l'appréciation du juge, en cas de divorce par consentement mutuel.

Lorsque la procédure de divorce a été engagée sur le fondement de l'altération définitive du lien conjugal ou de la faute, les époux peuvent, à tout moment de la procédure, demander au juge de constater leur accord pour voir prononcer le divorce pour acceptation du principe de la rupture du mariage. Cette demande doit être formulée de façon expresse et concordante dans les conclusions respectives des époux. Chacun d'eux aura préalablement dû signer une déclaration qui devra rappeler que cette acceptation n'est pas susceptible de rétractation, même par la voie de l'appel.

3. Modification unilatérale du fondement de la demande

124. Si, dans le cadre d'une instance introduite pour altération définitive du lien conjugal, le conjoint défendeur demande reconventionnellement le divorce pour faute, l'époux demandeur peut invoquer les fautes de son conjoint et modifier le fondement de sa demande. L'issue de la procédure sera, selon les cas, soit un divorce aux torts partagés ou aux torts exclusifs, soit, si aucune des demandes en divorce pour faute n'est accueillie, le divorce pour altération définitive du lien conjugal.

L'objectif de cette démarche est de ne pas défavoriser un époux qui aurait fait le choix d'engager une procédure dont le fondement est objectif, alors même que sa demande aurait pu être fondée sur la faute, si son conjoint répond en se plaçant sur un terrain contentieux. Le demandeur peut alors modifier le fondement de sa demande, sans que son choix initial, mû par la volonté de pacifier la procédure, ne se retourne contre lui si son conjoint réplique en formant une demande plus conflictuelle.

Paragraphe III : Le jugement

125. L'audience tenue par le juge, et au cours de laquelle les avocats des époux sont entendus en leurs plaidoiries, s'achève par la mise en délibéré de l'affaire et l'indication de la date à laquelle le jugement sera rendu. Mais, ce n'est pas parce que le divorce est demandé que le juge le prononce. Il se peut que l'époux défendeur ait fait valoir avec succès la réconciliation ou tourné à son avantage les griefs invoqués. Un jugement de rejet peut donc être rendu. Le plus souvent, il est vrai, le juge accueille la demande et prononce le divorce.

A. Le jugement de rejet

126. Le jugement par lequel le juge rejette la demande en divorce pour faute ou pour altération définitive du lien conjugal met fin à l'instance, et les époux restent engagés dans les liens du mariage. Ce jugement peut, toutefois, faire l'objet d'un appel, comme la décision de divorce elle-même, et l'arrêt de rejet est susceptible d'un pourvoi en cassation. Lorsque la décision de rejet est devenue définitive, soit parce que les délais de recours sont expirés, soit parce que les voies de recours sont épuisées, elle bénéficie de la force de chose jugée. Est-elle, dans cette mesure, un obstacle à une demande ultérieure ? Et que deviennent les mesures provisoires ordonnées pour la durée de la procédure ?

B. La chose jugée

127. Le jugement rejetant la demande est investi de l'autorité de chose jugée. Il s'en déduit plusieurs conséquences. Ce jugement rend irrecevable une demande et n'est pas un obstacle à la présentation d'une requête nouvelle fondée sur une cause différente de celle antérieurement invoquée.

C. Le sort des mesures provisoires

128. Si la demande en divorce est définitivement rejetée, les mesures provisoires prennent fin. Mais, il est évident, qu'en fait, les époux engagés dans une procédure de divorce qui n'a pas abouti reprennent rarement la vie commune. Il est donc vraisemblable que l'un des époux devra, tôt ou tard, saisir un juge pour résoudre une difficulté née de la séparation de fait qui a subsisté après le jugement de rejet. C'est pour éviter que cette procédure supplémentaire ne perdure que la loi permet au juge qui rejette la demande d'ordonner, au besoin d'office, certaines mesures nouvelles.

1. Nature des mesures provisoires nouvelles

129. Le juge qui rejette la demande en divorce peut statuer sur la contribution aux charges du mariage, la résidence de la famille et les modalités de l'exercice de l'autorité parentale. La particularité de ces dispositions est d'autoriser le juge à ordonner ces mesures à l'issue de la procédure de divorce, évitant ainsi aux parties de le saisir à nouveau et de comparaître devant lui dans un délai non déterminé, sans que soit organisée pendant ce temps la séparation.

D'où il ressort que le jugement ordonnant ces mesures provisoires nouvelles aboutit à une organisation judiciaire de la séparation de fait, en établissant une séparation judiciaire distincte de la séparation de corps. À la différence de cette dernière, en effet, la séparation de biens n'est pas convenable en divorce. En outre, la durée des mesures ordonnées n'est pas précisée, par contraste avec les mesures provisoires qui ne subsistent que pendant l'instance en divorce.

2. Portée des mesures provisoires nouvelles

130. L'absence de précision, dans les textes, crée des zones d'incertitude à propos de l'autorité parentale et de la résidence familiale. La loi ne dit rien non plus de l'office du juge.

En statuant sur les modalités de l'exercice de l'autorité parentale, le juge peut-il décider d'attribuer cet exercice à un seul parent, avec droit de visite et d'hébergement de l'autre ? La réponse dépend désormais des dispositions du droit commun de l'autorité parentale telles qu'établies par la loi du 17 octobre 1984. Le principe est donc l'exercice en commun, par les père et mère, de l'autorité parentale. Mais si l'intérêt de l'enfant le commande, le juge peut confier l'exercice de l'autorité parentale à l'un des parents et prévoir les modalités d'exercice du droit de visite et d'hébergement[62].

Par ailleurs, le juge peut-il autoriser les époux à résider séparément ? Sans doute, puisque la loi l'habilite à statuer sur la résidence de la famille. Mais cette autorisation peut-elle conduire le juge à attribuer la jouissance du logement familial à l'un des époux ? Statuant sur cette question, le tribunal semble opter pour une réponse positive, tout en affirmant que la seule mesure pouvant être ordonnée par le juge est la fixation de la résidence de la famille. En outre, cette autorisation de résidence séparée n'est pas limitée dans le temps. Pour autant, les époux ne sont pas dispensés du devoir de cohabitation (entendu dans sa double dimension de communauté de toit et de communauté de lit). Vu les circonstances, cependant, la reprise de la vie

---

[62] Cf.TG.I de Pointe-Noire, RC n° 227 Année 2005, Rep .n° 461 du 27.06.2005, inédit.

commune reste hypothétique, car elle suppose une volonté réelle constatée chez les deux époux. Il y a là, en fait, une situation paradoxale, les époux étant autorisés à résider séparément, mais tenus de vivre ensemble. Il est vrai que le dénouement a été rendu beaucoup plus facile par le code de la famille puisqu'il suffira d'une séparation de deux ans pour que le divorce puisse être prononcé, à la demande d'un époux, pour altération définitive du lien conjugal.

Naturellement, si le juge décide de mettre en œuvre d'office cette disposition, il doit inviter au préalable les parties à présenter leurs observations, afin de respecter le principe de la contradiction. Ordonnant ces mesures nouvelles, le juge ne peut en limiter la durée. Il ne peut pas non plus assortir sa décision de l'exécution provisoire, parce que les mesures provisoires nouvelles ordonnées ne peuvent prendre effet que lorsque le rejet du divorce est devenu définitif.

V. Le jugement de divorce

131. Lorsque le divorce est prononcé par consentement mutuel des époux, le caractère gracieux de la procédure est affirmé explicitement par leur volonté. Dans les autres cas, les conflits qui existent entre les époux seront tranchés par le juge : il s'agit alors d'une manière contentieuse.

A. Divorce par consentement mutuel

132. Dans cette forme de divorce, le jugement est l'œuvre combinée des époux qui ont établi la convention et du juge qui rend une décision. Ce jugement par lequel le juge homologue la convention définitive, la décision n'est pas pour autant à l'abri de la révision.

1. Voies de recours

133. L'appel étant exclu, comme on l'a vu précédemment, deux voies de recours sont ouvertes contre le jugement d'homologation : le pourvoi en cassation et la tierce opposition.

Il est de principe, en droit judiciaire privé, que le pourvoi en cassation est recevable contre toute décision rendue en dernier ressort, sauf exception prévue par la loi.

Le délai du pourvoi en cassation est de quinze jours à compter du prononcé de la décision qui homologue la convention des époux et prononce le divorce. Il suspend l'exécution de cette décision. Le cassation du jugement d'homologation peut intervenir, notamment, lorsque la convention définitive est muette sur la liquidation de la communauté, ou si l'état liquidatif portant sur un immeuble est établi seulement sous seing privé, alors que la forme notariée est exigée, c'est-à-dire qu'il n'est plus susceptible d'un recours ayant un effet suspensif d'exécution, la convention des époux ne peut plus être annulée, même si un époux invoque un vice du consentement, une lésion dans le partage de la communauté ou une fraude. La nullité est exclue, car la convention homologuée forme un ensemble indissociable avec le prononcé du divorce, lequel ne peut précisément être remis en cause que par l'exercice d'une voie de recours contre le jugement[63].

134. La tierce opposition est une voie de recours qui tend à faire rétracter un jugement au profit d'une personne qui n'était ni partie, ni représentée à l'instance, et dont l'objet est de remettre en question les chefs du jugement préjudiciables au tiers opposant. Ce cours est expressément prévu en cas de divorce sur demande conjointe. Ainsi, les créanciers de l'un et de l'autre époux peuvent faire déclarer que la convention homologuée leur est inopposable en formant tierce opposition contre la décision d'homologation, dans l'année qui suit l'accomplissement des formalités de publicité du jugement de divorce à l'état civil. Mais, si elle aboutit, cette tierce opposition n'aura pas d'effet sur le prononcé du divorce, ni sur l'efficacité de la convention à l'égard des époux et des autres tiers.

2. Révision de la convention

135. Si la convention homologuée a la même force exécutoire qu'une décision de justice, elle peut être modifiée par une nouvelle convention. Mais, la révision d'un commun accord des deux époux n'est pas toujours réalisable. Aussi, le juge admet-il deux exceptions qui sont deux hypothèses dans lesquelles il est permis à un ex-époux de demander au juge la révision de la convention, malgré le refus de son ex-conjoint.

La première exception concerne les enfants. Les dispositions de la convention homologuée relatives à l'exercice de l'autorité parentale peuvent être révisées, à la demande de l'un des époux ou du ministère public, lequel pourrait agir à la suite de l'intervention d'un tiers, membre de la famille ou non, qui ne peut saisir directement le juge. C'est l'application au divorce par consentement mutuel d'un principe selon lequel les décisions concernant les enfants mineurs (résidence, droits de visite et d'hébergement, pension due pour contribuer à leur entretien) sont provisoires, donc toujours sujettes à modification en fonction de l'intérêt de l'enfant.

Pour la modification de la part contributive à l'entretien et à l'éducation des enfants, le tribunal pense que chacune des parties conservait le droit de demander au juge cette modification.

Quant à la prestation compensatoire, institution judiciaire, elle peut être révisée, à la demande d'un époux, si une clause en ce sens a été insérée dans la convention définitive. Mais en l'absence de clause particulière, la même solution est admise s'il est démontré un changement important dans les

---

[63] Cf. F- Mouguengué, Cours de droit de la famille- ENAM-2006.

ressources ou les besoins des parties. C'est l'extension au divorce par consentement mutuel d'une règle fixée pour les cas de divorce contentieux.

B. Divorce contentieux

136. La procédure de divorce est soumise, comme on l'a vu, à des règles spécifiques, qui trouvent leur justification dans la nécessité de préserver l'intimité de la vie privée, ainsi que dans le caractère essentiellement personnel du litige. Pour des raisons identiques, le jugement qui prononce le divorce présente certaines particularités quant à son contenu et aux voies de recours qui peuvent être exercées.

137. Inconduite – Disharmonie - Rapport extraconjugaux.

« ... Par requête en date à Pointe-Noire du 30 novembre 2006, O... a introduit devant la première chambre civile du Tribunal de Grande Instance de Pointe-Noire, une demande en divorce aux torts exclusifs de son épouse M... ;

Qu'à l'appui de sa requête, il expose qu'en 1981, il a célébré un mariage entre le requérant et madame M... devant l'officier d'état civil de Poto-Poto, Brazzaville, sous le régime de la communauté réduite aux acquêts ;

Que de cette union sont nés quatre (4) enfants tous majeurs.

Que malheureusement la vie conjugale après cette union s'est complètement détériorée du fait du mauvais comportement de l'épouse ;

Qu'en date du 20 décembre 2006, madame O... avait saisi le tribunal de Tchinouka pour demander le divorce d'avec le requérant ;

Que cette procédure a été annulée par la requérant :

Que conformément aux dispositions de l'article 180 – 3e qui dispose : '' Le divorce peut être prononcé à la demande de l'un des époux en cas d'absence déclarée ou de séparation de fait prolongée depuis 2ans'' ;

Le requérant est fondé à saisir la juridiction de céans afin qu'il soit mis fin au mariage le liant à dame O...;

Attendu que dame O... dans ses conclusions datées du 15 février 2007 réplique à l'instance en ces termes ;

Attendu que suivant requête d'instance en date, à Pointe-Noire, du 30 novembre 2006, monsieur O... a, par l'organe de son conseil, formulé ainsi qu'il suit sa demande :

Pour advenue l'audience''

Procéder à la tentative de conciliation telle que prévue par la loi ;

En cas de non-conciliation telle que prévue par la loi, prononcer le divorce pour absence de vie commune depuis 19 ans''

Mais attendu que dans l'intérêt de la concluante, les observations suivantes méritent d'être faites :

Sur les faits de la cause :

Attendu que courant fin 1975, madame M... avait fait la connaissance de monsieur O..., alors étudiant à l'INSSED, université Marien Ngouabi, Brazzaville ;

Que très tôt, ils ont vécu la lune de miel qui a conduit à vivre maritalement deux ans après dans la même parcelle de terrain propriété de sa grand-mère, en vivant de la précarité des moyens financiers dont il disposait et avant son voyage sur l'Europe ;

Qu'en date à Brazzaville, du 27 décembre 1980, ils sont mariés à l'état civil, sous le régime matrimonial de la communauté réduite aux acquêts ;

Que de leurs œuvres sont nés quatre enfants.

Les deux époux et leur progéniture avaient mené une vie harmonieuse ;

Que cette vie de rêve s'était progressivement altérée pour deux motifs ;

Que le premier tient en ce qu'une fois rentré au pays, le jeune sous-officier des FAC O..., a vu sa situation financière s'améliorer, au point où il s'achetait des voitures et d'autres biens et il avançait en galons ;

Que le second est le sentiment de haine qu'il avait commencé à exprimer, après que ses parents lui aient demandé de se débarrasser de la concluante et de la remplacer par une autre dame originaire de la même contrée que lui ;

Qu'au fil du temps, la vie commune était devenue intolérable, par suite de l'inconduite matrimoniale de monsieur O...

Qu'à titre illustratif, ce dernier s'était permis, plus d'une fois, de passer des nuits hors de son domicile conjugal ou même d'y faire inviter ses amantes par ses sœurs, au vu et au su de son épouse à des moments où elle faisait la lessive ;

Que nonobstant ce comportement répréhensible, sa conjointe n'avait eu de cesse de lui témoigner de son affection tout en lui rappelant les devoirs de fidélité, de respect et d'affection auxquels il est assujetti ;

Qu'il n'a daigné entendre raison ;

Que bien au contraire, il avait persisté dans ces égarements et a même, par deux fois de suite, menacé de lui donner la mort en lui brandissant son arme de service ;

Que contre toute attente, en date à Brazzaville du 1er avril 1989, il avait empaqueté les effets de la concluante, les avait mis dans un véhicule et était allé les déposer au domicile du cousin de cette dernière, le nommé T... sis à Mpissa et, ce, pendant qu'elle prenait part à une manifestation festive organisée au sein du même camp militaire par les femmes des officiers ;

Qu'en la déposant et en la confiant aux bons soins de monsieur T..., monsieur O... avait promis revenir la chercher dans un mois, le temps que l'incompréhension à l'origine de cet incident ne soit dissipée ;

Que depuis lors, il n'est plus jamais repassé la chercher ou même lui verser des subsides ;

Que depuis cette date, les deux époux n'ont plus vécu sous un toit conjugal, chacun vivant de son côté ;

Que consciente de l'existence des liens de mariage contractés avec son époux, la concluante s'est abstenue de fonder une famille avec un homme autre que monsieur O... ;

Qu'en revanche, profitant de cette situation de séparation de fait prolongée, son conjoint n'a eu de cesse d'entretenir des rapports adultérins avec quatre dames qu'il a d'ailleurs tour à tour logées dans son foyer, et, en totale méconnaissance de la polygamie renoncée par-devant l'officier d'état civil ;

Que de ces unions adultérines sont nés deux enfants.

Qu'outre cette progéniture frauduleuse, monsieur O... a progressivement acquis plusieurs biens mobiliers et immobiliers dont :

Un véhicule personnel de marque Mercedes ;

Un véhicule personnel de marque Land Rover ;

Une parcelle de terrain à Ngoyo, arrondissement n° 1 Emery Patrice Lumumba, Pointe-Noire ;

Une parcelle de terrain bâtie sise sur l'avenue Foch ;

Que de nos jours, monsieur O... vit maritalement et notoirement avec la mère des deux enfants adultérins, avec laquelle il envisage de convoler en secondes noces, aussitôt libéré de ses premières obligations ;

Que tels sont les faits réels de la présente cause ;

En la forme :

Sur l'irrecevabilité de la requête de monsieur O..., tirée de l'inobservation des dispositions légales fixant la procédure du divorce :

Attendu que l'article 181 du Code de la famille qui édicte la procédure du divorce est disposé ainsi qu'il suit :

L'époux demandeur doit, en personne, présenter au président du tribunal populaire de Village-centre ou du quartier du domicile du défendeur une requête écrite ou verbale indiquant des faits allégués ainsi que les mesures provisoires qu'il entend voir ordonner, relatives notamment à la garde des enfants issus du mariage et à la pension alimentaire pour la durée de l'instance'' ;

Que rien n'est plus clair, tant il en résulte que le verbe ''devoir'' employé par le législateur traduit une obligation à laquelle doit être assujetti tout demandeur en divorce ;

Qu'aux termes de ladite obligation, ce dernier est tenu de présenter en personne sa requête introductive d'instance ;

Qu'en consignant sa requête avec son conseil au lieu de la signer seul, monsieur O... a inobservé le texte de loi susdit ;

Qu'il est de droit processuel constant, suivant lequel les règles de procédures sont d'ordre public, dont l'inobservation est sanctionnée par une fin de non-recevoir ;

Qu'il y a lieu de déclarer monsieur O... irrecevable en sa requête

Au fond :

Sur le bien-fondé de dame O... à solliciter la liquidation de la communauté :

Attendu qu'il est séant de rappeler que les deux époux se sont connus pendant qu'ils étaient encore étudiants ;

Que quelques années après, ils ont conventionnellement scellé leur union en consentant de contracter mariage à l'état civil, sous le régime matrimonial de la communauté réduite aux acquêts, dont les effets patrimoniaux ont été acceptés à l'avance par les deux époux ;

Que 27 ans après la conclusion de leur contrat de mariage, monsieur O..., devenu Colonel des Forces Armées Congolaise, a sollicité du tribunal le divorce d'avec la femme de son enfance, afin de se remarier avec la nouvelle élue de son cœur ;

Mais attendu que sa requête est totalement muette sur les biens acquis par les deux époux et devant constituer la communauté à liquider ;

Que ce stratagème a été échafaudé par monsieur O..., dans l'intention malveillante de se défaire des liens du mariage auxquels il est astreint, sans préjudice du patrimoine acquis par les époux durant la longue période contractuelle ;

Que pourtant dans le régime de la communauté réduite aux acquêts qu'il a librement choisi, ''La communauté se compose activement :

Des salaires, pensions, revenus perçus par l'un ou l'autre des conjoints pendant la durée du mariage et d'une manière générale du produit de leur travail.

Des biens et droits acquis à titre onéreux pendant la durée du mariage lorsque ces acquisitions ont été faites en échange d'un bien commun.

Des revenus, rentes et intérêts perçus pendant la durée du mariage provenant des biens communs'' (Article 212 du Code de la famille).

Que d'ailleurs, l'article 220 alinéa 1er du texte de loi susdit est plus explicite, en raison de ce qu'il édicte que :

''Le régime de la communauté réduite aux acquêts entre en vigueur dès la date de célébration du mariage et prend fin par le décès, le divorce ou la séparation de corps''

Qu'en conséquence, la concluante est bien fondée à solliciter la liquidation de la communauté constituée pas les époux à la date où le divorce sera prononcé, par tel notaire que le tribunal plaira désigner ;

Sur le bien-fondé de dame O... à solliciter la condamnation de son époux au paiement des dommages-intérêts :

Attendu qu'il est séant de rappeler que les deux époux ont contracté mariage depuis le 27 décembre 1980 ;

Qu'ils sont restés sous les liens du mariage de cette date à nos jours ;

Que de décembre 1980 à janvier 2007, il s'est écoulé 27 années ;

Que durant toute cette longue période, la concluante a scrupuleusement observé les nombreux devoirs conjugaux auxquels elle est assujettie, en sa qualité d'épouse légitime ;

Que de nos jours elle est âgée de 50 ans ;

Que sa chance de se remarier s'est envolée ;

Que sa vie étant désormais immédiatement brisée, elle sera condamnée à mener une vie de solitude, consécutivement à la versatilité de son époux ;

Que cette situation lui cause un préjudice énorme :

Que par conséquent, elle est bien fondée à solliciter sa condamnation et à lui payer la somme de 25. 000.000 F CFA, à titre de dommages-intérêts, dans la stricte observation de l'article 1382 du Code civil qui dispose que :

''Tout fait quelconque de l'homme, qui cause à autrui un dommage, oblige celui par la faute duquel il est arrivé, à la réparation.''

Sur quoi le tribunal :

Sur l'irrecevabilité :

Attendu qu'il ressort de l'examen combiné des articles 4 du Code de procédure civile et 183 alinéa 1 du Code de la famille que l'irrecevabilité de la requête soulevée par dame O... doit être rejetée ;

Sur la demande en divorce

Attendu qu'aux termes de l'article 180 alinéa 3 du Code de la famille, le divorce peut être déclaré à la demande de l'un des époux en cas de séparation de fait depuis plus de deux ans ;

Attendu en l'espèce que monsieur O... sollicite que soit prononcé le divorce d'avec son épouse, dame O....

Attendu que les époux O... vivent séparément depuis 1989 ;

Attendu que O... reproche à son épouse un comportement ne favorisant pas le maintien du lien conjugal ;

Attendu que dame O.... ne s'oppose pas au divorce, et rétorque que le changement de la situation financière de son mari et le comportement de sa belle-famille, qui voulait que son époux prenne pour épouse une femme de sa contrée, seraient les causes de la dissolution de leur union ;

Attendu qu'après 18 ans de séparation de fait les époux O... n'ont pu sauver leur mariage, ainsi le maintien du lien conjugal devenant impossible, il convient par conséquent de prononcer le divorce d'entre les époux O... aux torts réciproques ;

Attendu qu'en outre il échet de faire défense à la femme de porter à l'avenir le nom de son mari ;

Sur les dommages-intérêts sollicités par dame O...

Attendu que dame O... réclame la somme de 25.000.000F CFA à titre de dommages-intérêts :

Attendu que cette demande ne peut prospérer par le fait que le divorce est prononcé aux torts réciproques chacun des époux ayant une part de responsabilité dans la rupture du lien conjugal ;

Sur la liquidation de la communauté

Attendu que dame O... sollicite la liquidation de la communauté à la date du prononcé du jugement de divorce ;

Attendu que O... s'oppose ;

Attendu que les époux O... se sont mariés sous le régime de la communauté réduite aux acquêts ;

Attendu qu'ils ont vécu séparés de fait depuis 1989.

Attendu que cette situation voulue par eux ne mettra pas un terme à leur union tant qu'elle n'a pu être régularisée soit par un jugement de séparation de corps ou de divorce ;

Attendu qu'en l'espèce, il n'existe au dossier aucune décision de justice prononçant la séparation de corps d'entre les époux O..., ni un document répartissant les biens propres de chacun des époux ;

Attendu qu'étant donné que les époux O... ont choisi le régime de communauté réduite aux acquêts, il échet au regard de ce qui procède, de faire application de l'article 214 alinéa 1 du Code de la famille qui dispose ''les biens des conjoints sont présumés communs tant qu'il n'aura pas été prouvé qu'ils sont la propriété de l'un d'eux ;

Attendu qu'enfin le tribunal souverain commet maître M... notaire à Pointe-Noire à l'effet de procéder à la liquidation et au partage de la communauté ayant existé entre les parties ;

Par ces motifs :

Statuant publiquement, contradictoirement en matière civile, après débats en chambre du conseil et en premier ressort ;

Rejette l'irrecevabilité de la requête soulevée par dame O...;

Vu l'ordonnance de non-conciliation en date du 30 janvier 2007 ;

Prononce le divorce d'entre les époux O... aux torts réciproques ;

Dit n'y avoir droit aux dommages-intérêts ;

Fait défense à la femme de porter à l'avenir le nom de son mari ;

Prononce la dissolution du régime matrimonial ayant existé entre les époux ;

Commet Maître N, Notaire à Pointe-Noire à l'effet de procéder à la dissolution et au partage de la communauté ayant existé entre les parties ;

Dit que le dispositif du présent jugement sera mentionné en marge de l'acte de mariage N° 108 dressé le 27 décembre 1989 au centre d'état civil de Moungali à Brazzaville ainsi que les actes de naissance desdits époux nés respectivement : le mari 08 janvier 1956 à Ouesso, la femme le 05 mars 1961 à Pointe-Noire ;

Fait masse des dépens... »[64] .

---

[64] T G I de Pointe-Noire. Année 2007. Rép n° 273 du 07- 05 – 2007, inédit. Sur l'inconduite, voir A. Iloki, *Le droit du divorce au Congo* précité n° 40.

1. Contenu du jugement

138. Le jugement de divorce est caractérisé par la sobriété, la discrétion de sa rédaction.

Ainsi, en cas de divorce accepté, le juge prononce le divorce sans autre motif que l'acceptation des époux.

En cas de divorce pour faute, à la demande expresse des époux, le juge peut se limiter à constater dans les motifs du jugement qu'il existe des faits constituant une cause de divorce, mais sans avoir à énoncer précisément quels sont les torts et griefs des époux. Le juge doit, toutefois, préciser si le divorce est prononcé aux torts partagés ou aux torts exclusifs d'un époux, du fait des conséquences qui s'ensuivent. Cette disposition peut être reliée à l'admissibilité de l'aveu comme mode de preuve : en combinant ces deux dispositions, les époux peuvent ainsi obtenir un divorce pour faute en échappant aux préoccupations de la preuve[65].

139. Violation de l'obligation d'aide, de secours et d'assistance – Rapports extraconjugaux - Restitution des sommes d'argent.

« ... En date du 12 août 2004, dame NK... a introduit devant la première chambre civile du Tribunal de Grande Instance de Pointe-Noire une requête en divorce avec sieur NK... aux torts exclusifs du mari ;

A l'appui de sa requête, elle expose qu'elle s'est mariée avec NK... par devant l'officier de l'état civil de Pointe-Noire, le 30 janvier 1999, option monogamique avec régime de séparation des biens ;

En mars 1999, la requérante fait valoir ses droits à la retraite. En 2000, elle vendait sa maison de l'O.C.H Brazzaville ;

Avec le produit de cette vente, elle a crée avec Sieur NK... l'entreprise où son apport a été de l'ordre de 10.000.000 francs CFA

En juillet 2001, pour les études de ses enfants, elle s'installait en France avec l'accord de son époux ;

Celui-ci devait venir les rendre visite quelque temps après. À cet effet, il n'a eu aucun problème pour avoir le visa ;

Dame NK..., laissait son mari dans un logement équipé avec sa voiture Toyota Corolla et l'entreprise ;

Le mari n'est jamais allé les rendre visite en France, les relations téléphoniques et postales irrégulières, le soutien moral et financier inexistant ;

En juillet 2003, dame NK... revient au Congo pour un mois, le mari était incapable de la recevoir et propose à la requérante de prendre une chambre

---

[65] F. Mounguengué, *Cours de droit de la famille*- ENAM, 2005.

à l'hôtel, ce dont elle ne pouvait accepter. Elle passa son séjour chez une amie au quartier Tie-Tie ;

NK... informa son épouse de la vente de sa voiture et du dépôt de ses affaires chez une de ses connaissances ;

En Août 2003, dame NK... repartait en France pour les motifs de travail ;

En Juin 2004, elle informait son mari de ce qu'elle avait arrêté de travailler depuis le 30 Avril 2004 et qu'elle devait rentrer au Congo le 05 juillet 2004 ;

De retour au Congo le 05 juillet 2004, dame NK... habite encore chez une amie au quartier 0.C.H. Elle vit grâce à sa pension de retraite et est informée de ce que son mari NK... entretient une maîtresse avec laquelle est née une petite fille alors que le couple avait opté pour la monogamie ;

Aujourd'hui, dame NK... tire la conclusion que NK... est venu auprès d'elle simplement pour être pris en charge par la requérante ;

De 2001 à 2004, NK... n'a été d'aucun soutien à son épouse, même pas moral ;

Présentement dame NK... ne travaille plus et ne peux pas compter sur son mari. La preuve qu'il ne lui assure même pas le côté alimentaire est que c'est encore la requérante qui l'invite à partager le repas de temps en temps ;

C'est ainsi qu'elle sollicite du tribunal de lui accorder le divorce d'avec NK.... Il reste redevable devant moi de tout ce que j'ai mis à sa disposition et qui est issu de mon travail avant de le connaître ;

Par écriture en date du 30 Septembre 2004, dame NK... allègue qu'étant marié sous le régime de la séparation de biens et que NK...et elle eurent à créer l'entreprise et que l'apport de dame NK... était de l'ordre de 10. 495. 402francs CFA ;

Ainsi, elle sollicite que NK... lui restitue la somme de 10.495.402 francs CFA ;

NK... n'a fourni aucun mémoire de défense de telle sorte que le jugement à intervenir sera réputé contradictoire ;

Sur quoi, le tribunal :

Sur la demande en divorce :

Attendu qu'en application de l'article 180 du Code de la famille le divorce peut être prononcé à la demande de l'un des époux pour cause d'infidélité et d'abandon moral et matériel ;

Attendu qu'en l'espèce dame NK... reproche à son époux d'avoir manqué aux obligations de fidélité, de secours et d'assistance conformément aux dispositions de l'article 167 du Code de la famille ;

Qu'en vertu de cet article, les époux se doivent mutuellement fidélité. Ils se doivent secours, aide et assistance réciproques ;

Attendu qu'en juillet 2001, dame NK... avec l'accord de son mari s'est installée en France pour les besoins des études de ses enfants issus de son premier mariage ; confère copie authentique de l'acte de justification de résidence séparée versée aux débats ;

Attendu que NK... n'a jamais apporté à son épouse installée en France aucune assistance financière alors qu'en partant pour la France, son épouse l'a laissé seul gérant de l'entreprise commune dans laquelle l'apport financier de l'épouse a été de plus de 10.000.000 francs CFA ;

Attendu que le comportement de NK... a poussé dame NK... à solliciter auprès de son employeur en France une permission d'un mois et demi pour se rendre au Congo ;

Qu'à son arrivée à Pointe-Noire, son époux NK... n'a pu l'héberger au domicile conjugal ;

Que l'épouse a passé tout son séjour chez une amie à ses propres frais jusqu'à son retour en France ;

Que pendant ce temps son époux l'informait seulement de ce qu'il avait vendu sa voiture et que ses effets étaient déposés chez l'une de ses connaissances ;

Attendu qu'en juillet 2004, dame NK... met un terme à son travail en France et rentre définitivement au Congo ;

Qu'une fois à Pointe-Noire, le même scénario se reproduisit, NK..., ne peut la recevoir au domicile conjugal et dame NK..., comme à sa première venue, est allée vivre chez une amie ;

Que présentement, elle se trouve dans un état d'abandon par son époux ;

Qu'elle n'a pour principal revenu que sa pension de retraite avec laquelle elle prend soin de son corps ;

Attendu que c'est dans ces conditions que dame NK... sollicite le divorce d'avec son mari ;

Attendu que NK... n'a jamais fourni aucun mémoire en défense ;

Que la décision à intervenir sera réputée contradictoire à son égard ;

Attendu que cet acte prouve à suffisance que les faits allégués par dame NK... paraissent fondés ;

Qu'il y a lieu d'y faire droit et par conséquent de prononcer le divorce d'entre les époux aux torts exclusifs du mari ;

Sur la demande de restitution des sommes d'argent :

Attendu que les époux NK... se sont mariés sous le régime de la séparation des biens ;

Mais attendu qu'au cours de la vie commune, ils ont crée ensemble l'entreprise ''E''O.

Que l'apport financier de dame NK... dans la création de cette entreprise a été de l'ordre de 10.495.402 francs CFA, suite à la vente de sa villa du quartier O.C.H à Brazzaville ;

Attendu que dame NK... sollicite la restitution par NK... de la somme de 10. 495. 402 francs CFA comme apport dans le capital de création de l'entreprise ''E'' O ;

Attendu que cette demande est recevable et qu'il échet d'y faire droit ; et ordonner la restitution de ladite somme ;

Attendu qu'il convient de prononcer la dissolution du régime matrimonial ayant existé entre les parties ;

Attendu qu'il convient en outre de condamner NK... aux dépens ;

Par ces motifs :

Statuant publiquement, par jugement réputé contradictoire en matière civile, après débats en chambre de conseil et en premier ressort ;

Vu l'ordonnance de non-conciliation en date du 1er février 2005 ;

Prononce le divorce d'entre les époux NK... aux torts exclusifs du mari ;

Ordonne la restitution, au profit de G..., de la somme de 10. 495. 402 francs CFA par NK...;

Prononce la dissolution du régime matrimonial ayant existé entre les époux ;

Dit que le dispositif du présent jugement sera mentionné en marge de l'acte de mariage n° 006 dressé le 30 janvier 1999 à Pointe-Noire, ainsi qu'en marge des actes de naissance desdits époux nés respectivement le mari : le 21 juin 1951 à Brazzaville, la femme : le 08 mars 1944 à Pointe-Noire ;

Condamne NK...aux dépens... »[66]

2. Voies de recours

140. Le particularisme de la procédure de divorce se manifeste également sur le plan des voies de recours qui sont moins nombreuses qu'en droit commun. Ainsi l'opposition est-elle systématiquement exclue, le jugement de divorce étant susceptible d'appel. Sont donc seuls admis l'appel et le pourvoi en cassation.

Il faut ajouter que le tribunal autorise aussi le recours en révision en cas de fraude d'un époux. Ainsi ce recours a-t-il été jugé recevable contre les dispositions, d'un jugement prononçant le divorce, relatives au moment et à la prestation compensatoire, du fait de la dissimulation de sa situation par l'épouse[67].

L'époux qui n'a pas obtenu, en première instance, entière satisfaction sur ses demandes a la faculté d'interjeter appel. Si le juge a fait droit à l'intégralité des demandes d'un époux, ce dernier ne peut valablement interjeter appel au motif qu'il aurait omis de solliciter une prestation compensatoire. En revanche, si son conjoint interjette appel sur le prononcé

---

[66] T-G-I de Pointe-Noire, R-C n° 743 Année 2004-Rép- n° 267 du 25-04-2005, inédit.

[67] T G I de Pointe-Noire. Année 2005. Inédit.

du divorce, il peut former un appel incident et solliciter alors l'attribution d'une prestation compensatoire. La demande sera recevable, en tant que prétention accessoire ou complémentaire de celles soumises aux premiers juges[68].

Le délai d'appel est d'un mois à compter de la signification, par voie d'huissier, du jugement. Conformément aux principes de la procédure civile, le délai est suspensif : pendant que le délai court, l'exécution du jugement est suspendue. Celui-ci est définitif si, le mois écoulé, aucun appel n'est interjeté. Mais, si l'appel est formé, il est également suspensif : tant que la cour d'appel n'a pas statué, l'exécution du jugement n'a pas lieu. En cas d'appel, les époux restent régis par les mesures provisoires ordonnées par le juge dans l'ordonnance de non-conciliation, mesures provisoires qui auront pu être modifiées éventuellement par le jugement : pension alimentaire versée à un époux pendant la durée de l'instance, autorité parentale, part contributive à l'entretien des enfants. Ces mesures provisoires bénéficient de plein droit de l'exécution provisoire, conformément au droit commun, et doivent donc être appliquées malgré l'effet suspensif de l'appel.

141. Les mesures provisoires relatives au prononcé du divorce ordonnées par le juge à l'issue de la phase décisoire, dans le jugement frappé d'appel, ne sont immédiatement exécutoires, malgré l'appel, que si elles sont expressément assorties de l'exécution provisoire. Mais la prestation compensatoire ne peut être assortie de l'exécution provisoire.

Une exception est cependant admise lorsque l'absence d'exécution aurait des conséquences manifestement excessives pour le créancier en cas de recours sur la prestation compensatoire[69]. En effet, quand un recours est formé sur la prestation compensatoire et non sur le principe du divorce, celui-ci devient définitif et le devoir de secours prend fin de telle sorte que le créancier du droit à la pension alimentaire est privé de celle-ci alors que la prestation compensatoire n'est pas encore exigible. Désormais, l'exécution provisoire pourra être ordonnée pour tout ou partie de la prestation. En fait, la prestation compensatoire est assortie de l'exécution provisoire. Lorsque le créancier n'aura pas les moyens de subvenir seul à ses besoins sans le concours d'une pension alimentaire, quand le divorce n'est pas définitif, ou d'une prestation compensatoire une fois que le prononcé du divorce est définitif. Il est prévu, logiquement, que cette exécution provisoire ne prend effet qu'au jour où le prononcé du divorce a acquis force de chose jugée.

---

[68]Nous rappelons encore qu'au Congo, la prestation compensatoire est une institution jurisprudentielle.

[69] Cf. T G I de Pointe-Noire, Année 2005 précité.

Naturellement, le prononcé du divorce lui-même ne peut bénéficier de l'exécution provisoire pour des raisons évidentes tenant à la nature de l'affaire.

142. L'admission du divorce par consentement mutuel, par les tribunaux, a conduit à abandonner la prohibition de l'acquiescement au jugement ou à l'arrêt de divorce. Désormais, pour ne pas allonger inutilement les procédures, il est permis de renoncer à interjeter l'appel par voie d'acquiescement au jugement de divorce. Cependant, un majeur protégé ne peut acquiescer au jugement de divorce ou se désister de l'appel qu'avec l'autorisation du juge des tutelles[70].

Le pourvoi en cassation est ouvert à l'époux qui n'est pas satisfait de l'arrêt rendu par la cour d'appel. Le délai est de deux mois à compter de la signification, par l'huissier, de l'arrêt. Contrairement aux principes de la procédure civile, aussi bien le délai pour former un pourvoi en cassation que l'exercice du pourvoi lui-même sont suspensifs. Admettre, en effet, que l'arrêt d'appel soit exécuté serait autoriser le remariage des époux, alors qu'une cassation annulerait l'arrêt ayant prononcé le divorce. Mais, pour des raisons pratiques évidentes, l'effet suspensif qui s'attache au pourvoi en cassation ainsi qu'à son délai ne s'applique pas aux dispositions de l'arrêt qui concerne les pensions, l'exercice de l'autorité parentale et la part contributive à l'entretien des enfants : ces mesures ne font, effectivement, que prolonger les mesures provisoires ordonnées pour la durée de l'instance. Par contraste, la prestation compensatoire échappe à l'exécution provisoire, du moins en principe.

143. Divorce pour faute – Contestation de paternité – Pédophilie - Pension alimentaire – Garde des enfants

« *... La Cour, après en avoir délibéré conformément à la Loi*

Considérant que dame K... a en date à Pointe-Noire du 13 mars 2006 relevé appel d'une ordonnance rendue le même jour par le président du Tribunal d'Instance de Tié-Tié statuant en matière matrimoniale dans la cause l'opposant à monsieur D...et dont le dispositif est ainsi conçu :

Par ces motifs :

Statuant publiquement, contradictoirement en matière matrimoniale et en premier ressort, suivant la procédure de conciliation et après débats en chambre de conseil ;

Vu les articles 182 à 185, 195 et 241 du Code de la famille ;

Constatons la non-conciliation des époux D ....

En conséquence ;

---

70 Cf. TGI. Pointe-Noire, Année 2003. R-C n° 121, inédit.

Autorisons le sieur D... à suivre sa demande en divorce devant le juge de fond ;

Faisons défense à chacun des époux des effets et linge à usage personnel ;

Confions au père pendant la durée de l'instance ou tant qu'il n'en aura pas été décidé autrement, la garde des enfants.

Disons que le père aura le droit d'avoir les enfants L... et P... le premier et troisième dimanche de chaque mois de 10 heures à 17 heures et la mère le droit d'avoir les enfants C... et S... aux mêmes heures le deuxième et le quatrième dimanche du mois ;

Disons qu'il ne pourra y avoir lieu à paiement de pension alimentaire ;

Disons toutefois que le père et la mère sont tenus de surveiller l'entretien et l'éducation de tous les enfants et d'y contribuer à proportion de leurs facultés ;

Disons enfin que la présente ordonnance est exécutoire par provision, nonobstant appel'' ;

Qu'appel de ladite ordonnance ayant été relevé le jour même du prononcé de la décision dans les formes et délai prévus à l'article 216 du Code de procédure civile, commerciale, administrative et financière doit être déclaré régulier donc recevable ; requête aux fins de contestation de paternité pendante devant le tribunal ;

Qu'elle conclut à l'infirmation de l'ordonnance querellée et pour cause ; le danger que courent les enfants dont la garde est confiée au sieur D...,

Considérant qu'en abordant ce point, dame K... se fait le devoir de rappeler deux dispositions notamment l'article 2 de la convention des Nations Unies relative aux droits de l'enfant et l'article 33 de la Constitution congolaise du 20 janvier 2002 qui assurent toutes les deux la protection de l'enfant ;

Qu'elle fait observer que s'agissant des enfants, le sieur D... pour qui la pudeur n'a aucune valeur, s'amuser nu avec eux, devenait son obsession, donc un fait banal ;

Qu'il a transformé son sexe en jouet, et a été plusieurs fois surpris en train de prendre sa douche avec la petite C...l'invitant à s'amuser avec lui ;

Que curieusement au lieu de se fonder sur cet aveu pour apprécier le risque de perversion que courent ces enfants mineurs en vivant sous le même toit avec le sieur D... le premier juge a estimé que ''cette tendance pédophile préjudiciable aux enfants se situe à la limite de la confection et peu suffisant pour emporter sa conviction'' ;

Que dans le souci de mettre les deux enfants dont la garde a été confiée au sieur D... à l'abri de tout acte immoral pouvant compromettre leur éducation, la Cour infirmera l'ordonnance attaquée sur ce point et confiera leur garde à la mère ;

Considérant que malgré les apparences en ce qui concerne l'enfant D... et la présomption'' pater is est, quem nuptia demonstrant'' en faveur du Sieur D..., s'agissant des deux derniers, celui-ci n'est pas le père biologique des trois enfants nés pendant le mariage ;

Que le père biologique desdits enfants se trouve être monsieur E... ainsi qu'il est indiqué dans leurs pièces d'état civil ;

Que ladite action était introduite avant même que le Président du Tribunal ne se prononce sur les mesures conservatoires en raison de la non-conciliation ;

Que logiquement, l'action en contestation de paternité devait infléchir la position du juge sur la garde des enfants car sa maternité n'étant pas contestée, l'attitude prudente serait de confier la garde des enfants à la mère surtout qu'ils sont tous en bas âge... »[71].

C. Position de la Cour suprême

144 *Sur les faits et la procédure :*

« ... Attendu, selon les énonciations de l'arrêt attaqué (C.A. de Pointe-Noire, Chambre civile, n°96 du 28/04/20067), qu'à la suite d'une action en divorce introduite par monsieur D... contre son épouse K..., le tribunal d'instance de Tié-Tié, par ordonnance du 13 mars 2006, constatait la non-conciliation des époux D..., les autorisait à vivre séparément et confiait au père la garde des enfants C... et G... et à la mère celle de L...et M...; que par la même ordonnance, le juge du divorce organisait le droit d'hébergement de chacun des conjoints pour ceux des enfants dont la garde ne leur avait pas été confiée ; que sur appel de madame K..., la Cour d'appel, par l'arrêt partiellement infirmatif dont le pourvoi, confiait la garde de tous les enfants à la mère aux motifs d'une part, que monsieur B... avait un comportement impudique à leur égard et d'autre part, qu'étant en bas âge, les enfants avaient besoin de l'affection maternelle, et accordait au père un droit de visite ;

Sur la requête aux fins de sursis à exécution :

Attendu que l'instruction du pourvoi est terminée ; que l'examen de la requête aux fins de sursis à exécution devient sans intérêt ; qu'il convient de la joindre au fond.

Sur le deuxième moyen complémentaire :

Vu l'article 53 du Code de procédure civile, commerciale, administrative et financière aux termes duquel le jugement expose les prétentions des parties et leurs moyens ;

Attendu qu'il est fait grief à l'arrêt attaqué d'avoir, en violation de l'article 53 du code de procédure civile, commerciale, administrative et financière, omis d'exposer les prétentions du demandeur au pourvoi

[71]C.A. Pointe-Noire, Arrêt civil du 70 Avril 2006, R.C.N° 065,R.P.n° 096, inédit.

contenues dans ses conclusions d'appel et tirées du rapport d'enquête sociale du 24 janvier 2006 ;

Attendu qu'en violation de l'article 53 du Code de procédure civile, commerciale, administrative et financière selon lequel le jugement ou l'arrêt attaqué ne contient nulle part l'exposé des prétentions de monsieur D... formulées dans ses écritures en appel du 21 avril 2006, elles-mêmes tirées des conclusions du rapport d'enquête sociale établie le 24 janvier 2006 par la monitrice sociale B... ; que le moyen est fondé ;

Par ces motifs et sans qu'il y'ait lieu de statuer sur les autres moyens ;

En la forme : déclare recevables le pourvoi et la requête aux fins de sursis à exécution formés le 18 mars 2006 par D... contre l'arrêt civil n° 065 du 28 avril 2006 de la Cour d'appel de Pointe-Noire ;

Au fond, y joignant la requête aux fins de sursis à exécution ;

Casse et annule en toutes ses dispositions ledit arrêt ; remet en conséquence la cause et les parties dans l'état où elles se trouvaient avant son prononcé et, pour être fait droit, les revoie devant la Cour d'appel de Brazzaville ;

Ordonne la restitution de la somme de 10.000 francs consignée au greffe de la Cour suprême ;

Condamne madame K... aux dépens... »[72]

145. La prestation compensatoire n'est due qu'à compter de la date à laquelle la décision prononçant le divorce est devenue irrévocable. De telle sorte que, si l'arrêt prononçant le divorce pour faute n'est attaqué et n'est cassé que sur les conséquences pécuniaires du divorce, le prononcé du divorce est irrévocable et les mesures provisoires prévues pour la durée de l'instance ne peuvent être prolongées jusqu'à ce que la cour de renvoi ait statué sur la prestation compensatoire. L'ex-conjoint est alors dans l'impossibilité d'obtenir une aide pécuniaire de l'ex-époux pendant la durée de cette procédure. L'exécution de la prestation compensatoire est, en effet, différée jusqu'à ce que le divorce soit irrévocable et qu'aucun recours suspensif ne soit plus possible contre le chef de la décision de divorce relatif à la prestation compensatoire. À moins d'admettre que les juges du fond puissent accorder à un époux une prestation provisionnelle avant de fixer, au vu d'une expertise, le montant définitif de la prestation.

La prestation compensatoire peut être assortie en tout ou partie de l'exécution provisoire, lorsque l'absence d'exécution aurait, pour le créancier, des conséquences manifestement excessives en cas de recours sur la prestation compensatoire. Ainsi, le créancier qui n'a pas les moyens de subvenir seul à ses besoins pourra bénéficier de la prestation compensatoire

---

[72]Cour suprême, 2e CH- civ. Audience publique du 22-11-2007, Arrêt n° 41/GCS-2007, inédit.

lorsque le prononcé du divorce aura acquis force de chose jugée et qu'un recours aura été formé uniquement sur la prestation compensatoire, le principe du divorce étant déjà acquis.

Section III : Le régime de sauvegarde de justice et le divorce conventionnel

146. En dehors des causes limitativement prévues par le Code de la famille en son article 180, le juge est parfois amené à se prononcer sur des cas dont l'interprétation ne se classe pas parmi les qualifications légales. « Ce divorce jurisprudentiel », terme employé par A. Iloki, résulte soit de la désaffection entre époux, l'hostilité de la femme aux parents du mari, soit de la cause médicale relative à l'incompatibilité sanguine[73].

L'admissibilité d'une cause non légale pour prononcer le divorce est un corollaire au pouvoir souverain d'appréciation du juge lorsque celui-ci est saisi d'une demande après l'en avoir reçue, conformément aux règles de compétences. Mais la question est souvent de savoir quelles sont les limites de ce pouvoir souverain d'appréciation, la cause, au demeurant, n'étant pas prévue par la loi. Au fond, le véritable problème n'est pas la cause du divorce, mais la volonté de l'un ou l'autre conjoint de faire cesser le lien matrimonial. De là, il résulte que ce sont les époux qui sont souverains et non le juge qui, dans tous les cas, ne peut les y empêcher, dès l'instant que leur volonté de divorce est irréversible. Toutes les tentatives de sauver l'union devraient échouer à commencer par celles qui tendent à les réconcilier. Le ministère du juge ne devient qu'une simple formalité. La mission du juge se limite à l'encadrement durant l'instance en essayant de prévenir au maximum les conséquences négatives.

Mais, devrait-on parler de causes du divorce ou de cas du divorce ? Dans la thématique, il s'agit des deux. En effet, une ''cause'' est un pourquoi, ce qui produit quelque chose, son origine. Elle est aussi un motif, une raison. Le ''cas'' par contre est un fait, une circonstance, c'est la situation de quelqu'un ou de quelque chose, c'est une espèce, un exemple, une illustration si l'on veut. C'est aussi une situation particulière par rapport à la loi. En ce sens, le consentement mutuel, l'acceptation du principe du divorce et son admission par l'époux défendeur ne sauraient s'analyser en causes du divorce. Ce sont plutôt des cas du divorce. Les motifs et les raisons qui déterminent les prétentions des parties n'étant souvent pas révélées. On s'accorde à divorcer par une demande conjointe ou à la demande d'un époux lorsque l'autre l'accepte sans autres formes d'allégations. Ici, le divorce par consentement mutuel ou sur demande acceptée par l'autre peut dissimuler, à l'origine, soit une faute, soit une altération définitive du lien conjugal pouvant déboucher

[73] A. Iloki, *Le droit du divorce au Congo*, L'Harmattan n° 55 et s.

sur la rupture de la vie commune, soit une incompatibilité culturelle ou d'humeur, une discorde de vues. L'épouse était-elle surprise en adultère ? Dans les pratiques du fétichisme ? En train de préparer un poison pour le faire consommer à son mari ? La femme a-t-elle toujours volé des sommes importantes d'argent ? Serait-elle hostile aux parents du mari ? La femme a-t-elle surpris son mari en train de faire des incantations à son nom ? Le mari a-t-il avoué qu'il appartient à une secte suspecte ? La femme l'aurait-il surpris avec ses sous-vêtements souillés de menstrues dans un sac que le mari amène au travail, alors qu'il s'en allait pour la plate –forme en mer, au large de Pointe-Noire ? Tout cela peut demeurer un secret pour le couple, selon leur éthique, leur considération, leur honneur. Et le divorce est la solution qui devrait les préserver de toute boutade. Et ils conviennent ensemble de ne rien révéler ni au juge, ni à leurs avocats, et en cas de médiation organisée par les témoins de mariage, à ceux-ci. Et c'est simplement cette procédure, disons mieux, cette démarche que le législateur de 1984 n'a pas prévue et réglementée.

147. Par contre, la maladie, les mesures judiciaires de protection et de sauvegarder (tutelle, curatelle), sont bien des causes du divorce au sens de notre doctrine, quoi qu'à bien des égards, elles paraissent immorales. Mais, ici, encore, le juge est impuissant à refuser de prononcer le divorce. L'une des parties ou toutes les parties en présentation des intérêts de l'époux en faveur duquel ces mesures sont prononcées agiront pour faire aboutir leur cause.

Avant la promulgation du Code de la famille, les coutumes congolaises connaissaient le système de la famille clan, qu'elle soit axée sur le père, comme dans certains départements du Nord, ou qu'elle soit centrée sur la mère et par elle, sur l'oncle maternelle, dans le reste du pays. Ce qui caractérisait cette famille c'étaient l'intérêt prédominant du clan, le souci de développer une parentèle de génération en génération, si bien que la fécondité était le fondement du mariage. C'est pourquoi, la stérilité légitimait aussi bien la répudiation de la femme stérile que la polygamie qui permet d'espérer une postérité[74]. C'est qu'un divorce sur l'état de santé choque le sentiment scientifique moderne et devient du coup, sur le plan social, une cause immorale. Seules devaient jouer les causes énumérées à l'article 180. À savoir :

- Lorsque la vie commune est devenue intolérable à la suite de l'infidélité, des excès, sévices, injures imputables à l'un ou l'autre des époux et visant les époux eux-mêmes ou leurs belles-familles ;

[74] Ch. Assemekang, Le droit des personnes et de la famille p. 56.

- Lorsque la vie d'un conjoint et la sécurité des enfants sont gravement compromises par l'inconduite ou par l'abandon moral ou matériel du foyer ;

- En cas d'absence déclarée de l'un des époux ou de séparation de fait prolongée depuis deux ans ;

- En cas de condamnation à une peine criminelle ;

- En cas de pratique du fétichisme.

Les causes du divorce selon le juge ne sont donc que des cas spécifiques au-delà de celles que le Code de la famille a retenues. Il n'existe à ce propos aucune échelle dans leur considération. Par exemple, l'impolitesse d'un époux peut changer l'humeur de l'autre conjoint. Cette impolitesse à l'endroit d'un parent est un manquement à la politesse qui est une règle de vie. Et tout cela peut provoquer une attitude hostile ou agressive à l'égard de ceux dont on ne partage pas les opinions et les croyances. Mais, au départ, cette impolitesse à l'égard d'un parent de l'autre conjoint pourrait aussi être qualifiée d'injures. Pourtant on ne peut l'admettre. Elle est insupportable et intolérable.

Aussi, le juge peut-il se retrouver en face d'une alternative. Tantôt les faits qui lui sont rapportés lui font jouer un rôle actif dans l'appréciation des causes du divorce, tantôt, il se retrouve devant une situation d'impuissance, dans une position inconfortable. Il en est ainsi notamment du cas où le divorce est demandé alors que l'une des parties est sous une mesure de protection judiciaire.

L'article 185 du Code de la famille dispose : « Si les époux ne se réconcilient pas, le juge rend une ordonnance constatant la non-réconciliation et fixe la date d'audience ».

Sous-section I : Les mesures de protection judiciaire

148. Bien qu'étant immorales, les mesures de protection judiciaire restent pour autant une cause de droit commun. Et aucun juge ne saurait refuser de prononcer le divorce à cet effet. Le Code de la famille distingue trois mesures de protection des majeurs incapables.

- le placement sous sauvegarde de justice, qui est une mesure provisoire prise sur le signalement du médecin traitant adressé au procureur de la République qui a pour effet de rendre rescindables pour lésion les actes passés par le malade[75].

- la tutelle qui confie la gestion de la personne et des biens de l'incapable à un tuteur qui peut être une personne morale, associé à un conseil de famille et un subrogé tuteur comme pour un mineur[76].

---

[75] Art.426 -432 c. fam.

[76] Art. 433- 443 c. fam.

- la curatelle qui place auprès du malade un curateur dont le concours est nécessaire pour passer valablement un contrat[77].

Ces mesures prennent fin lorsque le malade a recouvré ses facultés, lorsque, l'ayant constaté, le juge des tutelles en donne main levée.

Quel que soit le régime de protection appliqué pour bien marquer l'espoir de retour de la santé du malade et ménager son avenir, son logement et les meubles meublants dont il est garni doivent être conservés à sa disposition aussi longtemps qu'il est possible et, notamment, si l'incapable est locataire, aussi longtemps que le loyer peut être payé.

Le mandataire peut cependant consentir des occupations précaires, dont la rémunération permettra de payer le loyer ou les charges, qui devront cesser dès le retour de la personne protégée. Si la nécessité de disposer des droits relatifs au logement ou de vendre les meubles s'impose, l'acte devra être autorisé par le juge des tutelles. Toutes ces mesures montrent bien le souci du législateur de protéger le patrimoine familial et de veiller à ce qu'il soit au service de la personne[78].

Sous-section II : Le divorce par consentement mutuel

149. C'est un divorce fondé sur la demande conjointe des époux : ils décident d'un commun accord de divorcer et ils matérialisent cette volonté dans une convention. Mais parce que tout divorce est nécessairement judiciaire, les époux doivent demander au juge d'examiner avec eux cette convention et, si elle lui paraît équitable, de l'homologuer c'est-à-dire de lui conférer la même valeur qu'un jugement. En droit congolais, cette forme de divorce, non régie par le code de la famille, a les préférences des juges parce qu'elle est la plus apte à favoriser la dignité et l'apaisement des époux. Ceux-ci ne doivent toutefois y recourir que s'ils sont d'accord sur l'ensemble des conséquences du divorce. La procédure est donc organisée de telle manière qu'elle puisse révéler l'existence du consentement mutuel des époux jusqu'au prononcé du divorce. À cette fin, la présentation de la demande conjointe (paragraphe I) précède logiquement le prononcé du divorce par le juge (paragraphe II).

Paragraphe I : La présentation de la demande

150. Ce divorce amiable repose sur l'accord des deux époux, tant sur le principe du divorce que sur ses conséquences. Mais cet accord est contrôlé par le juge. C'est pourquoi les époux vont saisir ce juge d'une requête conjointe que ce dernier appréciera avec eux lors d'une comparution.

---

[77] Art. 444- 450 c. fam.

[78] Ch. Assemekang, *Le droit des personnes et de la famille*, p.95 précité.

A. La requête conjointe

151. La demande en divorce émane des deux époux : elle prend donc la forme d'une requête unique accompagnée d'un document.

B. La requête unique

152. C'est le document par lequel les époux formalisent leur demande conjointe. Pour être recevable, cette requête doit remplir des conditions de fond et de forme.

Au titre des conditions de fond, le juge impose tout d'abord un délai. Pour éviter la pratique du mariage simulé, la requête initiale ne peut pas être présentée au cours des six premiers mois du mariage. En vue de favoriser plus encore le divorce par consentement mutuel, le juge ne pose pas d'exigence quand au délai d'attente.

Le divorce par consentement mutuel repose sur la volonté des époux. Il en résulte que les personnes qui souffrent d'une altération de leurs facultés mentales et sont placées sous un régime de protection des majeurs sont incapables d'exprimer une volonté saine et ne peuvent donc divorcer sur demande conjointe.

Il va de soi que les époux n'ont pas à faire connaître au juge les faits à l'origine de la demande. C'est dire qu'ils n'ont pas à expliquer au juge les véritables raisons pour lesquelles ils forment cette demande en divorce. La cause reste secrète. Le juge n'a donc pas à vérifier si les motifs des époux sont sérieux ni si leurs mobiles sont licites.

La requête initiale est, en la forme, un document écrit dont le contenu est apprécié à peine d'irrecevabilité.

Doivent figurer : l'identité complète de chaque époux (nom, prénoms, profession, résidence, nationalité, date et lieu de naissance), la date et le lieu de leur mariage, l'identité des enfants s'il y en a, les indications nécessaires à l'identification de la caisse d'assurance maladie à laquelle ils sont affiliés, des organismes qui servent les prestations sociales ou pensions de retraite, la juridiction devant laquelle la demande est portée, enfin les noms des avocats chargés par les époux de les représenter, ou de celui qu'ils ont choisi à cet effet d'un commun accord.

À peine d'irrecevabilité, la requête initiale est datée et signée par chacun des époux et leur avocat.

L'intervention obligatoire de cet auxiliaire de justice s'explique par l'importance des intérêts en jeu : il faut éclairer les époux sur le déroulement de la procédure et les conséquences du divorce. Cela implique un savoir juridique, la connaissance du procès et des règles qui le gouvernent, ainsi que l'expérience d'une activité de conseil. Pour favoriser cette forme de divorce, le juge permet aux époux d'avoir recours au service d'un avocat commun.

Cette formule ne peut guère être recommandée que dans des situations simples : ainsi lorsque les époux n'ont pas des enfants ou lorsqu'ils n'ont qu'un patrimoine modeste. Mais le choix d'un avocat unique doit être évité dès lors que des difficultés sont susceptibles d'apparaître entre les époux, soit au moment de la préparation de la convention de divorce, soit lorsqu'il s'agira d'en exécuter les dispositions.

153. Requête conjointe - Divorce par consentement mutuel - Convention de divorce – Torts partagés

«... Attendu que par requête conjointe en date à Pointe-Noire, du 25 octobre 2004, Monsieur et madame A..., ont saisi le tribunal de grande instance de céans, statuant en matière civile, à l'effet de s'entendre prononcer le divorce par consentement mutuel d'entre les époux ;

Dire que de tout, il ne sera réglé aucune conséquence, les époux n'ayant fait aucun enfant et n'ayant acquis aucun patrimoine au cours de leur union matrimoniale ;

Attendu qu'ils exposent, à l'appui de leur requête :

Qu'ils sont mariés le 16 février 2002 devant l'officier d'état civil de Saint Ouen (l'Aumône, 95310) en France ;

Qu'actuellement ils estiment ne plus pérenniser leur vie commune ;

Qu'ainsi ils ont choisi d'un commun accord maître M..., avocat à la Cour pour procéder aux présentes diligences ;

Qu'ils demandent en effet un divorce par consentement mutuel en application des articles 229 et 230 du Code civil ;

Que depuis leur union aucun enfant n'y est issu ;

Qu'ils n'ont pas ensemble constitué un patrimoine susceptible de nécessiter une liquidation de la masse commune ;

Que chaque époux ayant donné procuration à l'avocat susnommé, celles-ci sont à considérer comme étant une convention des parties ;

Que ces procurations ne règlementent aucune conséquence motif, pris de ce qu'il n'interviendra aucune conséquence après le divorce d'entre les époux puisqu'ils n'ont aucun enfant et n'ont acquis aucun patrimoine ensemble ;

Que c'est pourquoi ils se confient à justice pour y obtenir gain de cause ;

Sur quoi, le tribunal :

Attendu que les époux A... ont saisi le tribunal de céans pour le divorce ;

Attendu qu'il n'est articulé au dossier par l'un, un quelconque grief pouvant permettre au tribunal de céans de prononcer le divorce à l'encontre de l'autre ;

Qu'il convient, dans ces conditions, de considérer que les époux demandeurs n'ont pu se soutenir, étant bien entendu que chacun d'eux, à la phase préalable de conciliation, a persisté et maintenu sa demande en divorce ;

Que c'est dire que chacun des conjoints a contribué à sa manière, à la destruction du lien matrimonial ;

Que c'est pourquoi il convient de prononcer le divorce d'entre les époux, à leurs torts partagés ;

Attendu que les époux ont soutenu n'avoir acquis aucun patrimoine pendant 2 années et onze mois à compter du 16 février 2002 ;

Qu'il est cependant acquis que ces derniers sont restés dans le lien matrimonial pendant 2 années et onze mois à compter du 16 février 2002 ;

Que c'est évident que durant cette période lesdits époux n'aient pu acquérir la seule aiguille qui soit ;

Que c'est pourquoi, il convient malgré tout, d'en ordonner la liquidation ;

Par ces motifs

Statuant publiquement, contradictoirement, en matière civile et en premier ressort, après débats en chambre de conseil ;

Vu l'ordonnance de non-conciliation en date du 25 novembre 2004 ;

Prononce le divorce d'entre les époux A..., à leurs torts réciproques ;

Fait défense à la femme de faire usage à l'avenir du nom du mari ;

Ordonne la dissolution de l'union matrimoniale ayant existé entre les époux ainsi que la liquidation de la communauté ;

Ordonne en outre la transcription du présent dispositif en marge de l'acte de mariage n°2, dressé le 16 Février 2002 à la maison commune de Saint-Ouen l'Aumône en France où le mariage a été célébré... »[79].

1. Le document annexe

154. La volonté commune des époux d'obtenir le prononcé du divorce s'extériorise par un document conventionnel qui doit être annexé à la requête initiale, à peine d'irrecevabilité.

La convention de divorce doit contenir le règlement complet des effets du divorce. C'est, du reste, ce qui caractérise le divorce par consentement mutuel : l'accord des époux ne porte pas seulement sur le principe de la rupture du mariage, mais aussi sur toutes les conséquences. Il s'agit aussi bien des conséquences personnelles, comme le nom de la femme après le prononcé du divorce ou les modalités d'exercice de l'autorité parentale, que des conséquences pécuniaires comme la prestation compensatoire et le partage de la communauté de biens qui existait entre les époux.

155. T-I. Tié-Tié. Pointe-Noire. Requête aux fins de divorce par consentement mutuel et d'homologation du protocole d'accord

« ... A

[79] T.G.I de Pointe-Noire, R-C. n° 1033 – Année 2004- Rép n° 028 du 24-01-2005, inédit.

Monsieur le président, juge matrimonial du Tribunal d'Instance de Tié-Tié à Pointe-Noire

Monsieur le président,

Monsieur G..., agent de la société E... C... Congolais, marié, père de quatre enfants ; demeurant et domicilié au quartier Tchimbamba, arrondissement 1 E.P. Lumumba, Pointe-Noire, République du Congo

A l'honneur de vous exposer :

Qu'il a contracté mariage avec mademoiselle B... sous le régime de la communauté réduite aux acquêts option monogamique le 03 juillet 1993, par-devant l'officier d'état civil de la mairie centrale de Pointe-Noire ;

Que de leurs œuvres communes sont issus à Pointe-Noire quatre (4) enfants.

Que pour des raisons d'incompatibilité d'humeurs récurrente, cause de crises persistantes dans le ménage, susceptibles d'entamer la santé des époux, le requérant sollicite simplement leur divorce à ses torts exclusifs ;

Que la liquidation et le partage de la communauté se feront conformément au protocole d'accord signé par les époux G... en date du 26 octobre 2009 et dont l'homologation est aussi sollicitée ;

C'est pourquoi

L'exposant requiert qu'il vous plaise de bien vouloir lui donner acte du dépôt de la présente requête et l'autoriser à faire citer à comparaître à telle audience de conciliation qu'il vous plaira à fixer, dame G... demeurant et domiciliée au quartier Malala, arrondissement 1 E.P. Lumumba ; Pointe-Noire ;

Pour advenu l'audience ;

Procéder comme la loi l'exige et prononcer le divorce aux torts du requérant ;

Prononcer, d'une part, la dissolution du régime matrimonial ayant existé d'entre les époux et, d'autre part, l'homologation du protocole d'accord par eux précédemment signé par anticipation le 26 octobre 2009 à Pointe-Noire ;

Confier la garde juridique de l'enfant G... de sexe masculin né le 20 août 1992 à tel parent qu'il lui plaira à choisir à sa convenance avec un droit de visite à l'autre parent sans pour autant troubler la quiétude ou la garde ;

Faire défense à mademoiselle B... de continuer à porter à l'avenir le nom G... à partir du prononcé du jugement de divorce à intervenir en la cause ;

Ordonner la transcription de la mention du jugement de divorce à intervenir en marge de l'acte de mariage n° 19 établi au centre d'État civil de la mairie centrale de Pointe-Noire en date du 03 juillet 1993 ainsi que des actes de naissance de monsieur G... né le 07 février 1960 à Pointe-Noire et de mademoiselle B... née le 06 mai 1961 à Brazzaville ;

Pointe-Noire, le 23 décembre 2009.

Le requérant,... »

156. La liquidation du régime matrimonial prend place dans la convention. C'est un aspect essentiel de cette forme de divorce par consentement mutuel : la liquidation des intérêts pécuniaires des époux doit être prévue avant le prononcé du divorce. Elle peut au demeurant être librement combinée par les époux avec le règlement de la prestation compensatoire, ou communément de la pension alimentaire.

Il faut, à cet égard, remarquer que le divorce sur demande conjointe est le seul cas dans lequel le juge impose la liquidation préalable du régime matrimonial : d'où la nécessité d'inclure dans la convention un état liquidatif du régime matrimonial, ou la déclaration qu'il n'y a pas lieu à liquidation. L'état liquidatif doit être passé en la forme authentique devant le notaire lorsque la liquidation porte sur des biens soumis à publicité foncière. Dans les autres cas de divorce, en revanche, le juge qui prononce le divorce renvoie les époux devant leur notaire aux fins de préparer cette liquidation. Le divorce par consentement mutuel favorise, à cet égard, la concentration des effets du divorce au moment de son prononcé.

157. Requête conjointe des époux – Divorce par consentement mutuel - Incompatibilité d'humeurs - Sans pension alimentaire ni prestation compensatoire - Garde alternative des enfants

« ... Attendu que par requête conjointe à Pointe-Noire en date de 05 juin 2009, les époux L..., tous de nationalité congolaise, mariés, domiciliés à Pointe-Noire ont saisi le Tribunal de céans aux fins de divorce et exposent :

Qu'à Pointe-Noire, le 31 décembre 2004, ils se sont mariés sous le régime de la communauté des biens avec monogamie acceptée ;

Que depuis l'année 2005, suite aux incompatibilités d'humeur, ils se sont séparés, l'époux vivant à Pointe-Noire et l'épouse à Brazzaville ;

Que malgré tout, lorsque l'épouse se déplaçait de Brazzaville à Pointe-Noire, elle était accueillie par l'époux avec hospitalité dans le foyer qui leur était commun ;

Qu'en perspective aussi d'un voyage éventuel dans un pays étranger par l'épouse, les deux époux se sont mieux avisés de mettre un terme au mariage par le divorce de façon concertée et mutuelle ;

Qu'ils ont ensuite décidé que leurs deux enfants soient sous la garde alternative des deux parents ;

Qu'ils ne réclament l'un envers l'autre ni pension alimentaire, ni indemnité de prestation compensatoire ;

Qu'enfin l'épouse, d'avis avec son époux, ne souhaite plus conserver son nom de femme mariée ;

Sur quoi le tribunal :

Attendu que les époux viennent en divorce de façon concertée par suite d'incompatibilité d'humeurs ;

Qu'à la compréhension, l'incompatibilité s'analyse en une atteinte au bon exercice du comportement relevant de la chose commune. Or, l'humeur s'entend de l'ensemble des tendances dominantes qui forment le tempérament souvent momentané dont les mouvements vont de la gaieté à l'optimisme, de la tristesse à la colère ;

Qu'en réalité, ce contraste des époux l'un envers l'autre a atteint un niveau tel que les époux, sans mésintelligence, acceptent et conviennent de la dissolution de leur mariage conformément aux dispositions de l'article 180 du Code congolais de la famille ;

Que la garde des deux enfants nés du couple est à confier aux deux parents de façon alternative avec le droit de visite le plus large à l'un ou l'autre, pendant le même temps tel que voulu par eux ;

Qu'il n'y a pas lieu ni à pension alimentaire ni à indemnité de prestation compensatoire ;

Que surabondamment, défense est faite à l'épouse de ne plus porter à l'avenir le nom du mari ;

Que la tentative de conciliation n'ayant pas abouti ainsi que l'atteste l'ordonnance de non-conciliation en date du 05 juin 2009, il y a lieu en définitive de déclarer cette action recevable en la forme et dire qu'elle est fondée dans les termes qui suivent.

Par ces motifs :

Statuant publiquement, contradictoirement en matière matrimoniale et en premier ressort, après débats en chambre de conseil ;

Vu l'ordonnance de non-conciliation en date du 05 Juin 2009 ;

Prononce le divorce d'entre les époux L...

Dit que le dispositif du présent jugement fera l'objet de mention en marge de l'acte de mariage n°131 établi au centre d'état civil de l'arrondissement n°2 Mvoumvou à Pointe-Noire en date du 31 décembre 2004 ainsi que des actes de naissance des susnommés nés respectivement le 14 septembre 1976 à Mindouli et le 12 avril 1984 à Pointe-Noire ;

Fait défense à dame L... de porter à l'avenir le nom de L... ;

Confie la garde des enfants, de façon alternative au père et à la mère avec un droit de visite le plus large à l'un et à l'autre ;

Dit qu'il n'y a lieu à ordonner à l'un ou l'autre ni le paiement de la pension alimentaire ni l'indemnité de prestation compensatoire ;

Met les dépens à la charge des requérants... »[80]

158. D'autres clauses doivent figurer dans la convention. Ainsi :

- La date des effets du divorce quant aux biens des époux ;

---

[80] T-I de Tié-Tié- Pointe-Noire R-C 241- Année 2009 – Rép –n° 374 du 09- 06 -2009, inédit.

- Le sort des donations entre époux et des avantages résultant du contrat de mariage ou du fonctionnement du régime matrimonial ;
- Les conséquences fiscales du divorce ;
- La charge des frais et honoraires de la procédure du divorce.

Naturellement, cette convention de divorce est datée et signée par chacun des époux et leur avocat.

C La comparution des époux

159. Les avocats des époux déposent la requête accompagnée du document en annexe au greffe du tribunal compétent. Le tribunal se trouve ainsi saisi. Le juge va alors convoquer chacun des époux par lettre simple, expédiée quinze jours au moins avant la date fixée pour leur audition. Le juge en avise également les avocats. Au jour fixé, les époux sont entendus par le juge.

Cette comparution des époux se déroule en quatre temps. Le juge entend d'abord un époux seul (en général, la femme), puis son conjoint. Le magistrat doit s'assurer de la volonté réelle et libre de chaque époux d'obtenir le divorce. Il vérifie notamment que l'un des conjoints n'exerce pas de pression sur l'autre : le consentement mutuel doit être un consentement exempt de vice. Puis le juge entend les époux ensemble et il appelle ensuite le ou les avocats.

Le juge, les époux et les avocats doivent examiner la convention de divorce. Car s'il procède du consentement mutuel des époux, le divorce reste judiciaire. De telle sorte que le juge exerce un contrôle sur la convention qui concrétise l'accord des époux.

Le juge peut, avec l'accord des parties en présence du ou des avocats, faire supprimer ou modifier les clauses qui lui paraîtraient contraires à l'intérêt des enfants ou de l'un des époux ou même à l'ordre public.

À ce stade de la procédure, le juge peut soulever son incompétence (même d'office) ou admettre une cause d'irrecevabilité de la requête. La décision du juge est alors susceptible d'appel dans les quinze jours à compter de son prononcé.

Paragraphe II : La décision

160. – En principe, le juge impose aux époux un délai de réflexion de trois mois. À l'expiration de ce délai, les époux devraient renouveler leur demande, s'ils veulent toujours divorcer, dans les six mois, en présentant une nouvelle requête que le juge examine lors d'une seconde comparution à l'issue de laquelle le divorce est prononcé.

161. Divorce consensuel - Torts réciproques

« ... Attendu que par requête en date à Pointe-Noire du 09 octobre 2006, monsieur K.., de nationalité congolaise, domicilié au quartier Mpaka à

Pointe-Noire a introduit devant le tribunal de céans une demande en divorce ;

Qu'il prétend avoir contracté mariage à l'état civil avec dame T... en date du 02 Août 2003 sous le régime de la polygamie et des biens séparés ;

Que pour convenance personnelle et avec le consentement de son épouse, il se trouve dans l'obligation de divorcer ;

Attendu que dame T... épouse K... ne s'est pas opposée à cette demande ;

Que comparaissant en personne à l'audience de conciliation du 16 octobre 2006, elle a affirmé que le mariage en l'état actuel des choses leur pose d'énormes problèmes ;

Que c'est pourquoi, elle soutient l'action de son époux en espérant un jour se remarier dans de biens meilleures conditions ;

Attendu que les époux ayant opté consensuellement pour le divorce, il sied d'y faire droit en prononçant le divorce aux torts réciproques de ceux-ci et, ce, dans les termes contenus au dispositif du présent jugement.

Par ces motifs :

Statuant publiquement, contradictoirement, en matière civile et en premier ressort, après débats en chambre de conseil ;

Vu l'ordonnance de non-conciliation en date du 16 octobre 2006 ;

Prononce le divorce avec toutes ses conséquences de droit, d'entre sieur K...et dame T..., épouse K... aux torts réciproques ;

Dit que le présent jugement fera l'objet d'une mention en marge de l'acte de mariage n° 59 établi à Pointe-Noire en date du 02 août 2003 ainsi que des actes de naissance des parties nées respectivement le 31 mars 1968 à Kinkala et le 17 avril 1976 à Mindouli ;

Fait défense à dame T... de porter à l'avenir le nom de K... ;

Fait également masse des dépens... »[81]

162. De fait, le juge matrimonial doit s'assurer du libre accord et du consentement éclairé des époux. Pour s'en convaincre, le juge doit attirer l'attention des époux sur l'importance des engagements qu'ils ont pris, notamment quant à l'exercice de l'autorité parentale.

La convention de divorce doit, effectivement, statuer sur les effets du divorce à l'égard des enfants mineurs : modalités d'exercice de l'autorité parentale, résidence, droits de visite et d'hébergement, contribution à leur entretien. Le sort des enfants majeurs et qui ne sont pas indépendants peut aussi être prévu, spécialement la participation aux frais d'études.

C'est donc à l'issue de cette unique comparution que le juge va décider de prononcer, ou non, le divorce.

---

[81] T-I de Tié-Tié Pointe-Noire. R-C n° 363 Année 2006. Rép n° 553 du 17-10- 2006, inédit.

A. Prononcé du divorce

163. Le plus souvent, le juge ayant vérifié la volonté réelle et la liberté du consentement de chaque époux, il rend sur-le-champ un jugement par lequel il homologue la convention et prononce le divorce. Une telle décision doit constater expressément que la convention de divorce préserve suffisamment les intérêts de chaque époux et des enfants. Le contrôle en est effectué par le juge au seul regard du critère de l'équité.

164. Divorce par consentement mutuel – Séparation de fait prolongée - Interdiction du port du nom.

« ... Attendu que par requête en date à Pointe-Noire du 14 novembre 2009. Madame N..., de nationalité congolaise, enseignante, domiciliée au quartier dit Jane Vialle à Pointe-Noire, a introduit devant le Tribunal d'Instance de Tie-tié, une demande en divorce aux torts exclusifs de l'époux ;

*Attendu qu'à l'appui de sa requête, madame N... expose qu'elle est mariée à monsieur N... depuis le 3 décembre 1994 devant l'officier d'état civil de Pointe-Noire ;**

Que de cette union, sont issus deux enfants ;

Que par la suite, une incompatibilité d'humeurs s'est installée dans leur ménage par des sévices, injures imputables à son époux ;

Que cette situation a entraîné une séparation de fait entre les époux il y a onze années ;

Que pendant cette période, l'époux a manifesté des actes d'infidélité au point de faire trois enfants hors mariage avec deux femmes différentes ;

Qu'une de ses femmes a même trouvé la mort lui laissant un orphelin à sa charge ;

Que depuis 1998, son époux vit à Ngombé, dans la Sangha et a rompu tout contact avec elle et les enfants ;

Que son époux a consenti au divorce par un écrit ; qu'il a dressé ;

Que la requérante sollicite la garde des deux enfants et une pension alimentaire de 150.000 francs CFA pour les enfants ;

Attendu que par écrit à Ngombé, le 11novembre 2008, intitulé ''Consentement'' signé de monsieur N..., susnommé soussigné, a donné l'autorisation à son épouse d'introduire une action en divorce devant un tribunal de la République ;

Qu'il a ajouté que vu la distance, il est hors de question pour lui de se présenter à Pointe-Noire pour les audiences dès lors qu'ils sont en séparation de fait prolongée ;

Sur quoi, le tribunal :

Attendu qu'après plus de onze années de séparation de fait, les époux de façon concertée ont décidé de rompre le lien de mariage par le divorce ;

Que l'époux, conscient de multiples fautes commises a résolu sans hésitation à autoriser la femme à saisir un tribunal ;

Qu'il y a eu de sa part, violation particulièrement grave et d'ailleurs renouvelée des devoirs et obligations résultant du mariage qui rend conformément à l'article 180 du Code de la famille, intolérable le maintien du lien conjugal ;

Qu'il échet en conséquence de prononcer le divorce aux torts exclusifs du mari ;

Par ces motifs :

Statuant publiquement, contradictoirement, en matière civile et en premier ressort, après débats en chambre de conseil ;

Vu l'ordonnance de non-conciliation en date du 23 novembre 2009 ;

Prononce le divorce d'entre les époux N... aux torts exclusifs du mari ;

Dit que le présent dispositif du jugement sera mentionné en marge de l'acte de mariage dressé le 3 décembre 1994 à Pointe-Noire ainsi que des actes de naissance des dits époux nés respectivement le mari le 7 octobre 1961 à Ouesso, la femme, le 26 Novembre 1965 à Pointe-Noire ;

Confie le garde des enfants N... à la mère ;

Condamne monsieur N... à verser à la dame G..., une pension alimentaire de 150.000 francs CFA par mois pour l'entretien des enfants ;

Fait défense à la femme de porter à l'avenir le nom de son mari ;

Prononce la dissolution du régime matrimonial ayant existé entre les époux... » [82].

B. Les voies de recours

165. Cette décision de divorce peut-elle faire l'objet d'une voie de recours ? L'appel ne peut être interjeté contre la décision qui homologue la convention et prononce le divorce. Solution logique : en effet, aucun des époux ne voit de recours. En revanche, le pourvoi en cassation est recevable.

Le délai de pourvoi est de quinze jours à compter du prononcé de la décision attaquée. Comme toujours en matière de divorce, le délai de pourvoi a un effet suspensif ainsi que le pourvoi lui-même. L'on sait que l'effet suspensif qui s'attache au pourvoi en cassation ainsi qu'à son délai ne s'applique pas aux dispositions de la convention homologuée qui concernent les pensions, la contribution à l'entretien et à l'éducation de l'enfant et à l'exercice de l'autorité parentale. C'est l'extension au divorce par consentement mutuel d'une solution déjà admise, dans les autres cas, pour les jugements prononçant le divorce.

[82] T-I de Tié-Tié, Pointe-Noire R-C n° 684 – Année 2009 – Rép- n°996 du 23-11-2009, inédit.

Si les créanciers de l'un ou de l'autre époux s'estiment lésés par les dispositions de la convention de divorce, ils peuvent former la tierce opposition contre la décision d'homologation afin que la convention leur soit déclarée inopposable. Le recours doit être formé dans l'année qui suit l'accomplissement des formalités de publicité de la décision de divorce à l'état civil. Mais, la tierce opposition ne peut remettre en cause le divorce lui-même : seule la convention est inopposable aux créanciers d'un époux qui peuvent exercer cette voie de recours en vertu du droit commun.

Le recours en révision tend à faire rétracter un jugement passé en force de chose jugée, mais obtenu par fraude pour qu'il soit statué à nouveau en fait et en droit. Certains auteurs sont favorables à l'admission de ce recours en matière de divorce[83].

C. Le sort de la convention

166. Lorsque les voies de recours ont été exercées ou que les délais de recours sont expirés, la décision est définitive. Mais la convention homologuée est-elle pour autant à l'abri de toute modification ? La réponse varie suivant qu'il s'agit de révision ou de nullité.

167. Compétence internationale du juge congolais – Convention de divorce – Rapports extraconjugaux – Abandon de domicile – Infidélité – Séparation de résidences – Pension alimentaire – Droit de visite

« ... *Par requête en date du 17 juin 2009, madame M..., de nationalité française, domiciliée à Pointe-Noire a attrait monsieur F... aux fins de divorce ;*

Au soutien de sa requête, elle expose qu'elle a contracté mariage avec monsieur F... devant l'Officier d'état civil de Thevet St Julien le 28 juillet 2001, sans qu'aucun contrat de mariage n'ait précédé l'union ;

Il est né deux enfants respectivement :

Le 14 décembre 2001, âgée de 7ans ;

Le 09 juin 2009, âgée de 6 ans et 7 jours ;

Si les premiers jours du mariage furent heureux, le comportement de monsieur s'est radicalement dégradé depuis quelques temps, tant à l'égard de son épouse qu'à celui de ses enfants ;

Sous prétextes divers et variés, monsieur F... multiplie les absences du domicile conjugal pour rejoindre sa maîtresse, mademoiselle L... avec laquelle il entretient une relation conjugale ;

---

[83] A. Iloki, *Le droit du divorce du Congo*, l'Harmattan, précité.

Lorsque cet adultère a été révélé à la requérante, monsieur F... a délibérément abandonné le foyer pour s'installer dans un autre logement avec sa maîtresse ;

La requérante a vainement tenté de ramener son mari à la raison en vue de ressouder un foyer qu'elle ne souhaitait voir détruit par une aventure passagère ;

Monsieur F... n'a pas souhaité mettre fin à sa double vie ;

Il s'est permis en l'absence de la requérante de coucher avec sa maîtresse dans le lit conjugal et, ce, en présence des enfants mineurs ;

La requérante qui était très attachée à son mari et à l'harmonie de son foyer a été bouleversée par un tel comportement immoral, dangereux et violent qui n'a fait que s'empirer depuis son retour au Congo ;

Ces faits constituent une violation grave et renouvelée des liens du mariage rendant intolérable le maintien du lien conjugal ;

Madame F... demande le divorce en application des dispositions des articles 242 et suivants du Code civil, 180 et suivants du Code de la famille ;

En application de ces dispositions, elle sollicite du tribunal de constater la non-conciliation compte tenu de la violation grave et renouvelée des liens du mariage ;

En conséquence ;

Ordonner une enquête sociale à l'effet de :

Inventorier tous les biens meubles, immeubles corporels et incorporels des époux ;

A titre provisoire :

Autoriser les époux à résider séparément dès le dépôt de la présente requête pour mettre l'épouse à l'abri des menaces et des violences qu'elle subit de la part de son époux ;

Attribuer à l'épouse le domicile conjugal et interdire au mari de troubler l'épouse dans la jouissance qu'elle aura dudit domicile ;

Le cas échéant

Autoriser l'épouse à s'installer à son choix dans un logement autre que le domicile conjugal si elle l'estime nécessaire pour sa sécurité et celle des enfants ;

Attribuer à l'épouse une pension alimentaire d'un montant d'un million (1.000.000f CFA) par mois à titre du devoir de secours entre époux ;

En ce qui concerne les enfants ;

Fixer leur résidence habituelle au domicile de la mère ;

Accorder au père un droit de visite et d'hébergement le plus restreint que possible et sous le contrôle du juge matrimonial jusqu'à l'issue de la procédure en divorce ;

Autoriser la mère à partir en vacances avec les enfants le 22 Juin 2009 ;

Allouer une pension alimentaire d'un montant mensuel de 750.000F CFA par mois et par enfant soit 1.500.000F CFA par mois au titre de la part contributive du père à l'entretien et à l'éducation de ses enfants ;

Réserver les dépens ;

Dans ses conclusions du 19 juin 2009, monsieur F... avant tout débat au fond, entend conformément aux règles de procédures civiles tant congolaises que françaises ;

Qu'il soit statué sur la compétence de l'action engagée par dame C... étant en effet irrecevable ;

Il est constant que monsieur F... et son épouse sont de nationalité française ;

Au regard de l'article 14 et 15 du Code civil, ils bénéficient l'un comme l'autre du droit d'être jugé par les tribunaux français ;

Cette règle est la même au Congo ;

Elle est donc d'ordre public et qu'il ne saurait y être dérogé si l'une des parties le demande ;

C'est ce que sollicite madame F...étant entendu qu'en demeurant son épouse elle a déjà amorcé une procédure en divorce en France par l'intermédiaire de son avocat Maître D... ;

D'ailleurs pour éviter toute ambiguïté, monsieur F... a demandé à son avocat en France, maître Richard, d'engager également une procédure en divorce de telle sorte que comme madame F... l'avait déjà prévu, la conciliation puisse intervenir par vidéoconférence puisque cette dernière demeure en Guyane ;

Motif de la décision sur la compétence du tribunal de céans ;

Attendu que monsieur F... a soulevé l'irrecevabilité de la demande en divorce de son épouse C... aux motifs que le tribunal de céans est incompétent ;

Attendu qu'aux termes de l'article 831 alinéa 2 du Code de la famille, les tribunaux congolais sont également compétents dans les litiges entre étrangers lorsque le défendeur est domicilié au Congo ou lorsque l'élément de rattachement auquel se réfère l'article 2 du Code de procédure civile, commerciale, administrative et financière pour donner compétence à un tribunal déterminé se trouve au Congo ;

Que l'article 2 du Code de procédure civile, s'agissant de la compétence territoriale dispose que l'action doit être portée en matière de divorce devant le tribunal du domicile conjugal ;

Attendu qu'en l'espèce le défendeur F... est domicilié au Congo ;

Que le domicile conjugal des époux F... se trouve également au Congo ;

Que conformément aux dispositions des articles 831 du Code de la famille et 2 du Code de procédure civile, il sied de se déclarer compétent ;

Sur le divorce ;

Attendu que l'article 180 du Code de la famille énumère entre autres causes de divorce : l'infidélité, les excès, les sévices, les injures, l'inconduite, l'abandon moral ou matériel du foyer... ;

Attendu qu'il résulte des faits de la cause que sieur F... a abandonné le domicile conjugal pour aller vivre avec dame L... ;

Qu'il a aussi brillé par l'infidélité en entretenant des rapports extraconjugaux avec cette dernière ;

Que ces faits imputables à F... constituent une violation grave des devoirs et obligations du mariage et rendent intolérable le maintien de la vie commune ;

Que de ce qui précède, il y a lieu de prononcer le divorce d'entre les époux F...aux torts exclusifs de l'époux ;

Sur les effets du divorce

Attendu que l'époux F... est la partie qui succombe au procès, il échet de mettre les dépens à sa charge... »[84].

a. Révision

168. Les dispositions arrêtées par les époux et homologuées par le juge ne sont pas intangibles : on prévoit deux séries de modifications, suivant que les époux sont ou non d'accord pour modifier la convention.

D'un côté, les époux ont la faculté d'établir d'un commun accord une nouvelle convention. Elle sera également soumise à homologation. Les modifications peuvent porter sur toutes les dispositions de la convention. Mais l'accord des époux est insuffisant s'il n'est pas soumis à homologation, pour modifier la convention définitive.

D'un autre côté, il est aussi loisible aux époux d'insérer dans la convention une clause prévoyant que chacun d'eux pourra, en cas de changement important dans les ressources et les besoins des parties, demander au juge, malgré le désaccord du conjoint, de réviser la prestation compensatoire ou la pension alimentaire. Dans le même sens, les dispositions de la convention homologuée par le juge relatives à l'exercice de l'autorité parentale peuvent être révisées, à la demande de l'un des époux ou du ministère public, donc sans l'accord du conjoint.

b. Nullité

169. La question la plus débattue est de savoir s'il est possible pour un époux de demander l'annulation ou la rescision de la convention homologuée au motif qu'elle est entachée d'un vice du consentement ou d'une lésion. L'admission de la nullité ou de la rescision sont des cas encore

[84]T.G.I, de Pointe-Noire, R. C. n° 845-Année 2009-Rép n° 427 du 10-08-2009, inédit.

peu connus pour donner dans ce livre, la position de la doctrine sur la position des juridictions du fond, tant, le divorce par consentement mutuel n'est pas prévu par le code. Cependant, le vice du consentement ne permet pas non plus la modification par le juge, sans l'accord des parties, de la convention homologuée. Il s'en déduit, aussi, l'irrecevabilité de l'action paulienne exercée par un créancier, ou l'irrecevabilité de l'action *de in rem verso* de l'époux qui, dans la convention définitive homologuée, a renoncé à solliciter une prestation compensatoire. À l'inverse, le tribunal peut décider que l'état liquidatif compris dans la convention homologuée peut être annulé sur le fondement des nullités de la période suspecte, après ouverture d'une procédure collective à l'encontre d'un époux.

Cette indivisibilité peut faire l'objet de vives critiques. Elle semble pourtant justifiée. D'une part, remettre en cause la convention c'est aussi revenir sur le prononcé du divorce. Ce n'est pas concevable en dehors des voies de recours admises par la loi : « les voies de nullité n'ont lieu qu'entre les jugements ». Anéantir le jugement de divorce, c'est porter atteinte aux remariages éventuels, ce qui constitue un facteur de troubles plus important que le mal qu'on prétend réparer. D'autre part, remettre en question le partage c'est modifier la prestation compensatoire, alors que la révision de celle-ci obéit à des règles précises au nombre desquelles ne figure pas la rescision du partage des biens conjugaux. Il s'en déduit que l'omission d'un bien dans l'état liquidatif que doit comprendre la convention ne peut donner lieu à une modification de celle-ci par le juge, si l'un des époux n'en est pas d'accord. Il faut donc procéder à un partage complémentaire de ce bien, selon les règles du droit commun de l'indivision[85].

c. Refus du divorce

170. Il peut arriver que le juge refuse d'homologuer la convention. Ce refus est rarement justifié, en fait, par l'absence de consentement d'un époux : celui-ci, en effet, ne se présentera pas à l'audition et la comparution n'aura pas lieu. Le rejet de la demande conjointe s'impose effectivement lorsque le juge constate que la convention ne préserve pas suffisamment les intérêts de chaque époux et des enfants. Alors, le juge refusera dans ces hypothèses d'homologuer la convention et il ajournera par ordonnance sa décision jusqu'à présentation d'une convention modifiée.

L'ordonnance d'ajournement fait grief aux époux puisqu'ils ont demandé le divorce et que celui-ci est refusé. Il en résulte que cette ordonnance est susceptible d'appel dans les quinze jours. En outre, les époux sont informés par le juge que la procédure de divorce par consentement mutuel qu'ils ont engagée sera caduque s'ils ne présentent pas une convention modifiée, tenant

---

[85] H. D. Amboulou. *Les libéralités et les successions en droit congolais*, L' Harmattan.

compte des observations du juge, dans les six mois de l'ordonnance d'ajournement. Ce délai est suspendu en cas d'appel. C'est une menace suffisante pour qu'en pratique les époux amendent le projet initial dans le sens indiqué par le juge, dont il apparaît ainsi que le rôle va au-delà d'une simple fonction d'enregistrement.

Lorsqu'il refuse de prononcer le divorce, le juge peut cependant homologuer les mesures provisoires que les époux s'accordent à prendre jusqu'à la date à laquelle le jugement de divorce passe en force de chose jugée, sous réserve qu'elles soient conformes à l'intérêt des enfants.

171. Les mesures provisoires sont celles définies par l'article 185 du Code de la famille comme étant celles qui sont nécessaires pour assurer l'existence des époux et des enfants jusqu'à la date à laquelle le jugement passe en force de chose jugée. Les principales mesures susceptibles d'être prescrites sont : recours à la médiation, décision sur les modalités de la résidence séparée des époux, fixation d'une pension alimentaire, désignation d'un notaire ou d'un autre professionnel pour faire des propositions quant au règlement des intérêts pécuniaires des époux.

C'est donc une exception au principe de la comparution unique des époux qui est ainsi évoqué lorsque le juge estimera que la convention définitive ne paraît pas satisfaisante pour l'un des époux ou pour les enfants. Naturellement, le juge prendra en considération les accords éventuels des époux sur ces mesures provisoires. Ces mesures provisoires, homologuées par le juge, seront énoncées par l'ordonnance d'ajournement, laquelle précisera aussi les conditions ou garanties auxquelles sera subordonnée l'homologation de la nouvelle convention définitive.

Lorsque les époux présentent une nouvelle convention, dans le délai de 6 mois, ils sont convoqués selon les modalités prévues pour la première comparution. Le juge va procéder à une seconde audition, dans les mêmes conditions que la première. S'il refuse à nouveau d'homologuer la convention définitive, la demande en divorce est caduque. Le juge rend alors une ordonnance par laquelle il constate cette caducité.

Sous-section III : Le divorce accepté

172. Le divorce demandé par un époux et accepté par l'autre n'a pas été prévu non plus par le code de la famille. Il implique l'accord des époux sur le principe du divorce, mais non sur ses conséquences, lesquelles seront décidées par le juge. Cette procédure ne représente en 2009 que 13% des cas de divorce, pour des raisons essentiellement procédurales. Précisons néanmoins que ces statistiques ne se limitent qu'aux limites du département de Pointe-Noire. En effet, cette procédure est relativement aléatoire dans la mesure où l'époux demandeur ne pouvait être certain que son conjoint allait donner son acceptation. De fait, le défendeur hésite à accepter le principe du divorce sans en connaître les effets. S'il refusait cette acceptation, le demandeur devait alors recommencer toute la procédure. C'est allonger la phase initiale de façon dissuasive, et en même temps retarder la prise des mesures provisoires dont la famille peut avoir besoin.

Le juge a donc cherché à sécuriser cette procédure en empêchant l'époux qui avait accepté le principe du divorce de revenir sur son acceptation une fois l'accord donné, même en appel.

173. Divorce demandé par un époux et accepté par l'autre - Acquiescement - Relations orageuses – Stérilité secondaire – Incompatibilité d'humeurs – Insoumission - Injures – Altération du lien conjugal

« ... Par requête introductive d'instance en date à Pointe-Noire du 23 février 2009, monsieur T... de nationalité congolaise, administrateur manager, marié père d'une fille, domicilié à Ngoyo, Pointe-Noire, a saisi la première chambre civile du Tribunal de Grande Instance de céans aux fins de s'entendre prononcer en sa faveur le divorce d'avec son épouse dès le prononcé de la décision à intervenir, confier la garde de la fille mineur, à son père, accorder à sa mère un droit de visite et de vacances ;

La condamner à verser à monsieur T...une pension alimentaire et mensuelle de 50.000frs CFA pour l'entretien et l'éducation de cette enfant ;

Ordonner l'exécution provisoire de la décision à intervenir nonobstant toutes voies de recours ;

Au soutien de sa requête, il expose qu'ils se sont mariés le 08 mai 2004, pensant résoudre le problème de stérilité secondaire qui s'est posé à eux, après la naissance de leur unique fille le 1er septembre 1997, dans une période de concubinage presque sans reproche ;

Il explique que c'est en 1995 qu'il fait connaissance de mademoiselle B..., très vite il a fait d'elle l'élue de son cœur, au point ou, une année après, il l'a invitée à vivre sous le même toit conjugal ;

Après leur mariage en 2004, poursuit-il, ils ont connu une éphémère lune de miel qui a très rapidement cédé le pas à une incompatibilité d'humeurs récurrente, résultat d'innombrables échecs essuyés par le couple dans le souci permanent de procréer ;

Il excipe de ce que son épouse s'est révélée être, au fil du temps, une femme rebelle et insoumise, n'éprouvant la moindre pudeur en proférant fréquemment des injures à son encontre et visant ses parents ;

Progressivement, leurs relations autrefois amoureuses se sont considérablement altérées au point où elles sont de nos jours caractérisées par la désaffection, la disharmonie et la haine ;

Tirant prétexte de ces relations orageuses explique-t-il, madame T..., née K... n'accepte plus de reproche et fait tout ce que bon lui semble, décide à sa guise de ses sorties et de ses retours à la maison, sans en obtenir ni autorisation ni simple avis de son époux ;

Il dit qu'il a malgré lui, supporté tous ces excès dans l'espoir d'une amélioration de la conduite de son épouse ;

Or plus d'une fois, son épouse a formé les vœux de voir la justice prononcer leur divorce pour que chacun retrouve sa liberté ;

L'inconduite matrimoniale de son épouse et l'incompatibilité persistante d'humeur l'amènent à demander le divorce aux torts exclusifs de cette dernière, selon l'article 180 alinéa 1 et 2 du Code de la famille, termine-t-il ;

De son côté, madame T... sollicite du Tribunal dire et juger mal fondée la requête de son mari subsidiairement, au cas où il en déciderait autrement, prononcer le divorce aux torts exclusifs de monsieur T...;

Le condamner à lui payer la somme de 100.000.000 francs CFA à titre de dommages – intérêts ;

Confier la garde de la fillette à sa mère dans l'intérêt de son éducation conformément à l'article 185 du Code de la famille dit-elle ;

Condamner en outre monsieur T... à lui verser une pension alimentaire mensuelle de 200.000 francs ;

Réserver un droit de visite au père d'un jour par semaine, de préférence le week-end avec la possibilité exclusive pour l'enfant d'aller en vacances ;

Certes explique-t-elle qu'ils ont connu et connaissent des problèmes de procréation, mais cet état était loin de transformer sa douce nature en une femme ''rebelle'' et'' insoumise'' d'autant plus qu'ils ont longtemps formé le projet d'aller en Afrique du sud pour trouver la solution à ce problème ;

Elle dit qu'elle n'a jamais proféré d'injures à son mari. La désaffectation et la haine que monsieur T... évoque proviennent de lui qui, depuis longtemps, ne porte plus sa bague d'alliance sur son doigt, il la prive des rapports sexuels sans explication pendant un mois, et quand ils peuvent les avoir, c'est une fois le mois, et au prix de harcèlement ;

Elle soutient que c'est par pur mensonge que son mari s'appuyant sur le problème de la procréation, met sur elle tous les défauts. Il n'y a pas de sortie qu'elle ait effectuée sans l'en avoir avisé ;

C'est même lui qui la dépose dans la plupart de ses courses à bord de leur voiture ;

Elle justifie que si, autrefois, elle parlait de divorce, c'était une façon pour elle de l'intimider dans l'espoir qu'il changerait son comportement au lieu de la considérer comme un objet d'ornement, alors qu'elle doit être traitée comme une épouse ;

Elle explique, tout compte fait, qu'il n'y a aucune condition légale de divorce évoquée par son mari qui tombe sous le coup de l'article 180 alinéas 1 et 2 du Code de la famille,

Mais dans ses conclusions additionnelles du 4 mai 2009, madame T..., offensive cette fois, donne ses raisons du divorce qu'elle sollicite aux torts exclusifs de son mari T...;

Monsieur T... rentre tous les jours à la maison entre 22 heures et 23 heures, même les dimanches ;

Cela fait deux mois qu'il ne mange plus de sa nourriture ;

Il lui a privé d'argent de popote et de poche du 11 au 19 avril 2009, soit 9 jours ;

Il a refusé pendant cette période d'aller chercher l'enfant à l'école au profit d'une maîtresse ;

Il lui a fait des violences le 26 avril 2009 à 22 heures 45 ;

Le 30 avril 2009, elle est allée le surprendre chez sa maîtresse ;

Sur quoi le tribunal ;

Attendu que l'époux T... sollicite le divorce d'avec son épouse A...aux torts exclusifs de cette dernière pour excès, inconduite matrimoniale, injures et incompatibilité d'humeurs tandis que l'épouse T... le réclame à son tour aux seuls torts de son mari pour infidélité, privation sexuelle et violence ;

Que le couple n'a pu être concilié en chambre de conseil ;

Attendu qu'aux termes de l'article 180 du Code de la famille le divorce peut être prononcé à la demande de l'un des époux lorsque la vie commune est devenue intolérable par suite de l'infidélité, des excès, sévices, injures imputables à l'un ou à l'autre des époux et visant les époux eux-mêmes ou leurs belles-familles, de même lorsque la vie d'un conjoint et la sécurité des enfants sont gravement compromises par l'inconduite ou par l'abandon moral ou matériel du foyer ;

Qu'en l'espèce les époux se rejettent la responsabilité, mais s'accordent de divorcer ;

Qu'il sied de prononcer le divorce d'entre les époux T... et K...;

Attendu que le requérant T... évoque des injures, désaffection, insoumission, haine et inconduite matrimoniale de son épouse pour justifier de l'excès prévu à l'article 180 susvisé ;

Qu'elle ne peut à la fois être douce et très nerveuse sans trahir sa sincérité ;

Qu'ainsi l'excès incriminé par son mari peut être retenu contre elle,

Attendu par ailleurs qu'il est établi que monsieur T... a une amante ;

Que ses liaisons avec cette femme autre que K... constituent une infidélité ;

Que des développements qui précèdent le divorce sera prononcé aux torts partagés des deux époux.

Attendu que chacun d'eux a sollicité la garde de l'enfant L... âgée de 12 ans ;

Qu'il y a lieu de la confier à sa mère, débouter celle-ci de sa demande de dommages-intérêts et ordonner à monsieur T... le paiement d'une pension alimentaire mensuelle entre les mains de K... au profit de l'enfant ;

Accorder au père un large droit de visite et de vacances ;

Que du reste il sera fait application des dispositions des articles 188 et 189 du même Code sur l'exécution et la publicité du présent jugement ; »

Par ces motifs :

Statuant publiquement, contradictoirement, en matière civile et en premier ressort, après débats en chambre de conseil ;

Confirme l'ordonnance de non-conciliation du 24 mars 2009 ;

Prononce le divorce d'entre les époux T... et K...aux torts partagés ;

Fait interdiction à K... le droit de porter le nom de son ex-époux ;

Confie la garde de l'unique enfant, mineur de 12 ans à sa mère et accorde un large droit de visite et de vacances au père ;

Ordonne le paiement d'une pension alimentaire mensuelle de 100. 000frs CFA entre les mains de K...au profit de l'enfant L... ;

Dit que le dispositif du présent jugement sera mentionné en marge de l'acte de mariage établi par l'administrateur maire de l'arrondissement n°1 Lumumba à Pointe-Noire ainsi qu'en marge des actes de naissance respectifs de chacun des époux ;

Ordonne la liquidation du régime de la communauté des biens ayant existé entre les époux;

Désigne tel notaire de leur choix à l'effet d'y procéder sous la supervision du juge ;

Fait masse des dépens... »[86].

174. Cette forme de divorce constitue une voie intermédiaire entre le divorce sur demande conjointe et le divorce pour faute. À l'instar du premier, il procède de l'accord des époux sur le principe du divorce. De ce fait, aucune preuve du comportement répréhensible d'un époux n'est exigée pour obtenir le divorce. Mais, comme le divorce pour faute, le divorce accepté est prononcé par le juge, à l'issue d'une procédure contentieuse et initiée par une assignation. Celle-ci est elle-même obligatoirement précédée d'une ordonnance de non-conciliation.

C'est donc un divorce de nature hybride, dont l'originalité tient à la combinaison nécessaire de deux éléments : d'une part, l'acceptation de chaque époux de l'échec du mariage, qui constitue la cause du divorce, dans une première phase de la procédure (paragraphe I) ; d'autre part, l'intervention du juge, limitée aux conséquences du divorce, dans une phase contentieuse (paragraphe II).

Paragraphe I : L'acceptation

175. Dans cette première phase non contentieuse de la procédure, l'objectif est l'acceptation par les deux époux du principe du divorce. C'est

[86] T.G.I- Pointe-Noire R.C n° 266- Année 2009 –Rép- n° 5089 du 30 Nov-2009, inédit.
Sur l'incompatibilité d'humeurs ; cf. A. Iloki, *Le droit du divorce au Congo*, L'Harmattan, p.57-58.

du reste le plus souvent parce qu'ils ne s'opposent que sur les conséquences du divorce que les époux ont recours, en pratique, à cette formule originale. C'est aussi un mode rapide de dissolution du mariage.

Le divorce sur demande acceptée est caractérisé, souvent, par l'échange d'aveux écrits. Et le juge matrimonial devait recevoir la confirmation orale de ce double aveu.

L'époux qui prend l'initiative du divorce doit faire état d'un ensemble de faits, procédant de lui-même et son conjoint, qui rendent intolérable le maintien de la vie commune. Matériellement, l'aveu du demandeur peut accompagner la requête en divorce à peine d'irrecevabilité de celle-ci.

176. Divorce demandé par l'un et accepté par l'autre – Acquiescement – Abandon du domicile conjugal – Absence prolongée - Séparation de fait – Dommages - intérêts

« ... Par requête non datée, N..., ayant pour conseil Maître G..., Avocat à la Cour, a introduit devant le Tribunal de céans une demande de divorce d'avec son épouse dame M..., aux torts exclusifs de cette dernière ;

Il expose à l'appui de sa requête qu'il a contracté mariage avec dame M... devant l'officier de l'état civil de Kinkala le 23 décembre 1962 ;

Il est né de leur mariage huit (8) enfants tous majeurs ;

Depuis plus de huit (8) ans, dame M... a opté unilatéralement de vivre au Congo où elle s'y plait semble-t-il ;

Le requérant a été abandonné seul avec les enfants en Europe, notamment en France ;

Depuis lors jusqu'à ce jour les époux ne cohabitent plus du fait de cet abandon volontaire du foyer ;

En dépit de moult correspondances à elle adressées par le requérant afin de rejoindre le domicile conjugal, madame M.... n'a jamais entendu raison ;

La vie du requérant et sa sécurité au vu de son âge sont gravement compromises après cet abandon moral et matériel du foyer ;

Dans cette situation le requérant est obligé de demander le divorce ;

C'est pourquoi, il sollicite advenue l'audience :

Prononcer le divorce entre les deux époux aux torts exclusifs de dame M... ;

Ordonner après inventaire la liquidation et le partage de la communauté ayant existé ;

Commettre Maître N... pour y procéder ;

Condamner dame M... au paiement d'un rance symbolique à titre de dommages-intérêts ;

Sur quoi le tribunal ;

Sur la demande de divorce :

Attendu qu'en application de l'article 180 alinéas 2 et 3 du Code de la famille, le divorce peut être déclaré à la demande de l'un des époux ;

Lorsque la vie d'un conjoint et la sécurité des enfants sont gravement compromises par l'inconduite ou par l'abandon moral ou matériel du foyer ;

En cas d'absence prolongée de l'un des époux ou de séparation de fait prolongée depuis deux ans ;

Attendu qu'en l'espèce les époux N... après plus de trois décennies de vie commune, période pendant la quelle ils ont eu huit (8) enfants, sont actuellement séparés de fait depuis plus de huit (8) ans ;

Attendu que M... a volontairement abandonné son époux seul avec les enfants en France pour vivre au Congo ;

Attendu que depuis plus de huit (8) ans que dure cette séparation de fait, N... a maintes reprises demandé à dame N... de rejoindre le foyer conjugal en France, mais hélas cette dernière n'a daigné y retourner ;

Attendu que toutes les tentatives tendant à faire retourner dame M... au foyer conjugal sont demeurées vaines et infructueuses ;

Attendu que cet abandon moral compromet gravement la vie et la sécurité de N... tenant compte de son âge et du fait que les enfants à ce jour, tous majeurs, doivent prendre leur distance pour façonner leur propre vie, laissant ainsi seul le requérant sans affection du fait de l'éloignement de son épouse ;

Attendu que c'est dans ces conditions que N... ne croyant plus au retour de sa femme au foyer conjugal est obligé de demander le divorce d'avec son épouse ;

Attendu que M... convoquée s'est présentée et n'a daigné produire un mémoire en défense ;

Attendu qu'en conséquence, il convient de tenir pour avérée l'argumentation, de N ;

Sur les dommages et intérêts ;

Attendu qu'aux termes de l'article 193 alinéa 2 du Code de la famille, en cas de divorce prononcé aux torts exclusifs d'un des époux, celui-ci peut être condamné à des dommages-intérêts en réparation du préjudice matériel ou moral que le divorce fait subir à l'autre ;

Attendu qu'en l'espèce N... a subi un réel préjudice du fait de ce divorce et il entend voir condamner M... à lui payer la somme de un (1) franc symbolique à titre de dommages-intérêts ;

Attendu que cette demande est recevable et fondée, il échet d'y faire droit ;

Sur la situation du patrimoine ;

Attendu que N... sollicite du tribunal d'ordonner après inventaire la liquidation et le partage de la communauté ayant existé ;

Attendu que cette demande est recevable et fondée, il y a lieu d'y faire droit ;

Attendu qu'il échet de commettre maître N..., notaire à Pointe-Noire à l'effet de procéder, après inventaire, à la liquidation et au partage de la communauté ayant existé entre les époux N... ;

Sur les dépens :

Attendu que M... a succombé conformément à l'article 57 du Code de procédure civile, il convient de la condamner aux dépens ;

Par ces motifs ;

Statuant publiquement, contradictoirement en matière civile, après débats en chambre de conseil et en premier ressort ;

Vu l'ordonnance de non-conciliation en date du 03 février 2009 ;

Prononce le divorce d'entre les époux N... aux torts exclusifs de la femme ;

Condamne M... à payer à N... la somme d'un (1) franc symbolique à titre de dommages-intérêts ;

Fait défense à la femme de porter à l'avenir le nom de son mari ;

Prononce la dissolution du régime matrimonial ayant existé entre les parties ;

Commet maître N..., notaire à Pointe-Noire à l'effet de procéder, après inventaire, à la liquidation et au partage de la communauté ayant existé entre les époux ;

Dit que le dispositif du présent jugement sera mentionné en marge de l'acte de mariage dressé à Kinkala le 23 décembre 1962, ainsi que les actes de naissances desdits, époux[87].

177. L'époux défendeur qui ne veut pas s'opposer au divorce établit une déclaration d'acceptation du mémoire qu'il doit dater et signer. Son avocat doit déposer au greffe cette déclaration dans un délai d'un mois que l'époux défendeur a la faculté de joindre à sa déclaration d'acceptation et, le cas échéant, à son propre mémoire.

L'ordonnance du juge du divorce qui constate le double aveu et prescrit les mesures provisoires peut cependant faire l'objet d'un appel. Dans cette hypothèse, l'aveu des époux peut être rétracté, tant que l'ordonnance du juge n'est pas devenue définitive. La rétractation est discrétionnaire parce que cette forme de divorce repose sur le libre aveu par chaque époux de la faillite du mariage. Or, cet aveu est constaté par le juge dans la première phase de la procédure, laquelle ne peut donc s'achever tant que l'ordonnance n'est pas définitive.

[87]TGI de Pointe-Noire, R.C. N° 1393 Année 2009. Rép N°300. du 11 Mai 2009.

Cette incertitude explique l'insuccès relatif de cette forme de divorce, alors même qu'elle correspond certainement en pratique à la majorité des situations (11% de divorces en 2008).

a. L'intérêt d'une réforme

178. Le législateur congolais devrait objectiver et sécuriser cette nouvelle forme de divorce accepté.

Il doit prévoir que le divorce pourra être demandé par l'un ou par l'autre époux, ou par les deux, lorsqu'ils acceptent le principe de la rupture du mariage sans considération des faits à l'origine de celle-ci. Il apparaît ainsi que les deux pourront donc comparaître conjointement à l'origine de cette procédure, et qu'ils n'auront plus à énoncer les faits rendant intolérable le maintien de la vie commune. D'où il résulte que toute référence aux torts partagés sera supprimée. Une telle simplification devrait contribuer à pacifier ce type de procédure.

D'un autre côté, pour éviter les aléas attachés à la formule, la loi nouvelle dans l'optique d'un amendement du code de la famille interdira la rétractation de l'acceptation du principe du divorce, même par la voie de l'appel. Les époux échappent ainsi à l'impasse à laquelle conduirait la solution précédente, puisqu'en cas de rétractation, non seulement le demandeur devrait recommencer toute la procédure, mais surtout les mesures provisoires prévues par l'ordonnance de non-conciliation deviennent caduques, alors même que l'époux a donné librement son accord.

179. Divorce demandé par l'épouse et accepté par l'époux - Incompatibilité d'humeurs - Torts réciproques

« ... *Attendu que par requête en date à Pointe-Noire du 07 août 2009, madame B... Agent commercial, de nationalité congolaise, domiciliée au quartier Saint François à Pointe-Noire a introduit devant le Tribunal d'Instance de céans, une demande en divorce aux torts exclusifs de l'époux ;*

Attendu qu'à l'appui de sa requête, madame B... expose que suivant acte de mariage en date du 03 décembre 2007, elle s'est mariée avec monsieur B... sous le régime de la communauté des biens et ce, devant le maire du centre de l'état civil principal de Dakar au Sénégal ;

Que leur couple a connu des moments de joie et de tendresse et elle a effectué un voyage au Canada pour poursuivre ses études et l'époux est rentré à Pointe-Noire (Congo) ;

Qu'elle a rejoint son époux à Pointe-Noire et ils vivaient ensemble sous le même toit ;

Que ces derniers temps, son époux a commencé à manifester un comportement empreint d'injures à son égard et du coup, une incompatibilité d'humeurs s'est installée ;

Que devant l'impossibilité de continuer une vie commune, l'époux s'est trouvé dans l'obligation de la répudier, situation désobligeante et humiliante constituant la preuve de son inconduite ;

Attendu que monsieur B... dans ses explications et moyens de défense soutient que le comportement déviant qui lui est reproché est le même qu'affiche son épouse à son égard ;

Que toutes ces situations désobligeantes et regrettables sont la conséquence d'un comportement identique l'un envers l'autre et vice versa ;

Que leur vie commune est devenue impossible suite aux incompatibilités d'humeurs ;

Qu'il est favorable au divorce mais aux torts exclusifs de l'épouse ;

Sur quoi le tribunal :

Attendu qu'il résulte des pièces du dossier et des débats que les époux se sont mis dans une situation d'irresponsabilité notoire et le sentiment d'amour s'est étiolé pour laisser place à la barbarie qui, s'exprimant depuis un certain temps, a plongé le couple dans une incompatibilité d'humeurs sans pareille ;

Que les époux conscients de cette situation ont résolu, l'épouse à introduire une action en divorce et l'époux, à y accéder sans résistance donnant l'allure d'un divorce concerté ;

Qu'il y a là une violation particulièrement grave et d'ailleurs renouvelée des devoirs et obligations résultant du mariage qui rend, conformément à l'article 180 du Code congolais de la famille, intolérable le maintien du lien conjugal ;

Qu'il échet en conséquence de prononcer le divorce aux torts réciproques ;

Par ces motifs :

Statuant publiquement, contradictoirement, en matière civile, en premier ressort, après débats en chambre de conseil ;

Vu l'ordonnance de non-conciliation en date du 17 août 2009 ;

Prononce le divorce d'entre les époux B... aux torts réciproques ;

Dit que le présent dispositif du jugement sera mentionné en marge de l'acte de mariage dressé le 3 décembre 2007 au centre d' état civil principal de Dakar ainsi que des actes de naissance desdits époux nés respectivement le mari le 11décembre 1977 à Pointe-Noire, la femme, le 04 juin 1987 à Pointe-Noire ;

Confie la garde de l'enfant C... à la mère avec le droit de visite le plus large au père ;

Fait défense à la femme de porter à l'avenir le nom de son mari ;

Prononce la dissolution du régime matrimonial ayant existé entre les époux ;

Commet maître M..., notaire à la résidence de Pointe-Noire à l'effet de procéder à la liquidation et au partage des droits respectifs des parties dans leur communauté conjugal et faire rapport sur l'homologation éventuelle de ladite liquidation ;

Dit qu'en cas d'empêchement du susnommé, il sera procédé à son remplacement par ordonnance du président de ce tribunal sur simple requête... »[88]

b. La double acceptation

180. Sur le plan procédural, d'autres différences importantes distinguent les deux formes de divorce accepté telles que nous le montrent la plupart des décisions répertoriées.

En principe, à défaut de conciliation, le juge rend une ordonnance dans laquelle il constate qu'il y a eu un double aveu des faits qui rendent intolérable le maintien de la vie commune. Ce faisant, il prend acte de l'existence d'une cause de divorce qu'il n'aura donc plus à connaître ultérieurement.

C'est dire que la cause du divorce, qui procède du double aveu de l'échec du mariage, est définitivement acquise lorsqu'elle est constatée par le juge dans son ordonnance (sauf appel), de telle sorte que le juge n'a ensuite qu'un rôle d'enregistrement à ce sujet. Il doit prononcer le divorce en se bornant à viser l'ordonnance.

D'une part, la double acceptation du principe de la rupture du mariage ne prend pas nécessairement place dans la phase de la procédure préalable à l'assignation au divorce. La solution nouvelle s'inscrit dans l'instauration d'un tronc procédural commun aux trois cas de divorces contentieux, parmi lesquels prendra place le divorce accepté. À cette fin, il faut désormais que la requête initiale en divorce ne soit pas motivée, afin de permettre à l'audience de conciliation de se dérouler dans un climat apaisé puisque les griefs ne seront plus énoncés. Le choix de la procédure ne se fera qu'ultérieurement, dans l'assignation. De telle sorte que, lors de la phase préalable, puisque les époux n'ont pas à choisir le cas de divorce, ils n'ont pas non plus à déclarer qu'ils acceptent le principe de la rupture du mariage.

181. Toutefois, il ne leur est pas interdit de le faire avant même l'assignation, ce que ne prend pas en compte le code de la famille. Ce qui veut dire que si les époux acceptent le principe de la rupture du mariage à l'audience de conciliation, cette acceptation est constatée immédiatement dans un procès-verbal dressé par le juge et signé par les époux et leurs avocats respectifs. Le juge renvoie alors les époux à introduire l'instance

[88] T-I de Tié – Tié – Pointe-Noire R- C n° 361 – Rép- n° 622 du 09 – 06 – 2009, inédit.

pour qu'il prononce le divorce et statue sur ses effets, la cause du divorce demeurant acquise. Le procès-verbal est annexé à l'ordonnance[89].

En d'autres termes, si les époux acceptent le principe d'un divorce accepté au cours de l'audience de conciliation, l'instance ne pourra ensuite être introduite que sur ce fondement. C'est la raison pour laquelle, vu l'importante de l'enjeu, le juge ne permet cette double acceptation que si les deux époux sont assistés, chacun par un avocat.

D'autre part, l'on admet que les époux peuvent également, à tout moment de la procédure, lorsque le divorce aura été demandé pour altération définitive du lien conjugal ou pour faute, demander au juge de constater leur accord pour voir prononcer le divorce pour acceptation du principe de la rupture du mariage.

Il s'agit d'une nouvelle passerelle introduite par le juge en vue de pacifier les procédures de divorce. Cette évolution suppose, par hypothèse, que l'assignation a été délivrée, de sorte que la double acceptation n'a pas été donnée lors de l'audience de conciliation. Alors, cette acceptation doit déclarer, par un écrit signé de sa main, qu'il accepte le principe de la rupture du mariage. La demande formée en application des conclusions des parties, chaque époux annexe sa déclaration d'acceptation à ses conclusions.

182. Accord des époux sur le principe du divorce - Stérilité secondaire – Abandon du foyer conjugal - Garde des enfants - Droit de visite - Commission du notaire pour la liquidation de la communauté

« ... Attendu que par requête en date à Dolisie du 20 mars 2003, monsieur N..., de nationalité congolaise, marié et père de famille, domicilié à Dolisie, a fait assigner en divorce devant le Tribunal d'Instance de Tié-Tié, son épouse dame N...;

Qu'il résulte de l'examen de ladite requête, des écritures en défense de dame N... ainsi que des pièces versées aux débats que monsieur N... né à Mossendjo en date du 03 juillet 1962 et dame N... née à Brazzaville en date du 03 novembre 1965 ont contracté mariage par devant l'officier d'état civil du premier arrondissement de Pointe-Noire en date du 03 novembre 2001 sous le régime de la monogamie et de la communauté des biens ;

Que de cette union est issu un enfant mineur ;

Qu'en raison des incompréhensions profondes nées dans le couple occasionnées par l'impossibilité pour le couple d'avoir d'autres enfants, a introduit la présente instance en divorce, laquelle a été acceptée par madame N... au travers de ses écritures en date du 19 juin 2007 ;

Attendu que les époux N... se sont accordés sur le principe du divorce ;

[89] Art. 185 c. fam.

Que cela a du reste été constaté par ordonnance avec toutes ses conséquences de droit d'entre lesdits époux aux torts partagés dans la mesure où l'incompatibilité d'humeurs imputable à l'un et à l'autre est retenue comme la principale cause de la séparation ;

Que toujours en raison du divorce, il sera prononcé la dissolution du régime matrimonial ayant existé entre les époux et ordonner la liquidation de la communauté conjugale ;

Que maître M... notaire à Pointe-Noire sera commis pour y procéder ;

Attendu que le divorce étant prononcé aux torts partagés des époux, ceux-ci doivent être solidaires des dépens de l'instance qu'ils supporteront chacun de moitié ;

Qu'ainsi donc, il sera fait masse des dépens ;

Par ces motifs :

Statuant publiquement, contradictoirement, en matière matrimoniale et en premier ressort après débats en chambre de conseil :

Vu l'ordonnance de non-conciliation en date du 18 juin 2007 ;

Prononce le divorce avec toutes ses conséquences de droit d'entre le sieur N... et dame N... aux torts partagés ;

Dit que le dispositif du présent jugement fera l'objet d'une mention en marge de l'acte de mariage n°107 établi au centre d'état civil du premier arrondissement de Pointe-Noire en date du 03 novembre 2001 ainsi que des actes de naissance des susnommés nés respectivement le 03 Juillet 1962 à Mossendjo et le 03 novembre 1965 à Brazzaville ;

Fait défense à dame N... de porter à l'avenir le nom du mari ;

Confie à la mère la garde de l'enfant issu du mariage avec un droit de visite le plus large au père ;

Dit que le père est tenu de contribuer à l'entretien, l'éducation et à l'épanouissement de cet enfant à proportion de ses facultés ;

Prononce la dissolution du régime matrimonial ayant existé entre les époux ;

Ordonne la liquidation de la communauté conjugale ;

Commet pour y procéder maître M... notaire à Pointe-Noire ... »[90].

Paragraphe II : Le prononcé du divorce

183. Saisi par l'assignation que l'un des époux fait délivrer par huissier à son conjoint, le juge a compétence pour prononcer le divorce et en déterminer les effets.

A. La décision

184. Le principe de la rupture du mariage ayant été accepté par les deux époux, et toute possibilité de rétractation étant exclue, le juge prononce le

[90] T-I de Tié-Tié Pointe-Noire Rép –n° 387- Année 2007, inédit.

divorce s'il a acquis la conviction que chacun des époux a donné librement son accord. Naturellement, si la double acceptation est reçue par le juge au cours de l'audience de conciliation, c'est à ce stade qu'il lui appartiendra de vérifier que chaque époux a donné un consentement libre et éclairé (ce qui le rapproche du divorce par consentement mutuel). Le divorce sera alors prononcé sans autre motif que l'acceptation des époux.

B. Les effets du divorce

185. Le rôle essentiel du juge consiste à statuer sur les effets du divorce : autorité parentale, contribution à l'entretien des enfants, prestation compensatoire. Ces dispositions peuvent être à l'origine d'un contentieux entre les époux. Il en résulte que les règles ordinaires de la procédure de divorce sont applicables, notamment l'existence de voies de recours contre le jugement rendu.

Dans cette démarche, le juge doit suivre les règles du divorce aux torts partagés, même si le divorce sur double aveu n'est pas un divorce pour faute. Désormais, le divorce accepté étant prononcé sans considération des faits à l'origine de la rupture du mariage, et le juge ayant dissocié les conséquences du divorce de la cause, le divorce accepté produit les effets communs à tous les divorces[91].

Le juge du divorce intervient donc pour décider quels seront les effets du divorce. C'est ce qui explique, à vrai dire, l'intérêt pratique du divorce accepté. Les époux sont d'accord sur le principe du divorce. Mais ils s'opposent quant aux conséquences de la dissolution du mariage, soit pour eux-mêmes soit pour leurs enfants. Il appartient alors au juge de résoudre ces conflits, sans toutefois revenir sur la cause du divorce. C'est une sorte de consentement mutuel partiel : ce qui distingue le divorce accepté des autres divorces contentieux.

Section IV : Les effets du divorce

186. Le prononcé du divorce a pour effet essentiel de faire disparaître le mariage[92]. Cet état nouveau, pour l'homme et la femme qui étaient mariés et ne le sont plus, n'entraîne pas toutefois un effacement du passé. Celui-ci survit notamment par le biais de règlements pécuniaires, où l'idée de responsabilité n'est pas exclue. En outre, s'il y a des enfants mineurs, il faut aménager les relations qu'ils vont désormais entretenir avec leurs parents divorcés. D'où, à la suite de la dissolution du mariage (Paragraphe I), la nécessité d'envisager les réparations pécuniaires (Paragraphe II) et le sort des enfants (Paragraphe III).

---

[91] Art. 191 et s. C fam.

[92] Art. 191. C- fam.

Paragraphe 1 : La dissolution du mariage

187. La dissolution du mariage est l'objet même du divorce. C'est ce qui résulte des dispositions de l'article 179 du Code de la famille qui prévoit que le mariage se dissout par la mort de l'un des époux et par le divorce légalement prononcé. La dissolution du mariage, pour l'avenir, constitue la différence principale avec la séparation de corps, institution qui maintient le lien conjugal. N'étant pas rétroactive, cette dissolution du mariage par le divorce s'oppose à la nullité qui anéantit, en principe du moins, les effets passés du mariage.

Il convient sans doute de se rappeler, à ce stade, le principe que le mariage se dissout : aussi par la mort de l'un des époux. Ce mode de dissolution du mariage ne produit pas non plus d'effets rétroactifs. Surtout, la dissolution du mariage ne se produit que si le décès survient avant que le jugement ou l'arrêt prononçant le divorce soit définitif. Mais si le décès d'un époux survient après que la décision de divorce est passée en force de chose jugée sur le prononcé du divorce lui-même, ce décès n'éteint pas les actions relatives à la prestation compensatoire allouée par cette décision ou sur la pension alimentaire[93].

La rupture du lien matrimonial produit des conséquences dans les rapports personnels et patrimoniaux des époux.

I. Effets personnels

188. L'effet personnel essentiel est la rupture du lien conjugal noué le jour de la célébration du mariage. Le jugement de divorce dissout le mariage et crée pour les époux un état nouveau, celui de conjoints divorcés. En cela, c'est un jugement constitutif, et la création de cette situation nouvelle s'impose même aux tiers. À quelle date ? Cet effet de dissolution se produit lorsque la décision qui prononce le divorce est devenue définitive parce qu'elle prend force de chose jugée.

Par suite de la dissolution du mariage, chacun recouvre la liberté de sa personne, ce qui traduit la disparition des devoirs conjugaux. Toutes les séquelles du lien matrimonial ne sont pas, pour autant, effacées.

A. Disparition des devoirs du mariage

189. Le divorce étant prononcé définitivement, la qualité d'époux cesse en la personne de chacun des conjoints. Disparaissent, ainsi, le devoir de communauté de vie, qui était déjà suspendu par l'ordonnance de non-conciliation, ainsi que son corollaire, l'obligation d'assistance. De même, le

---

[93] Sur le décès et les opérations de liquidation, cf. A. Mounkala Kebi, *Droit congolais de la famille*, L'Harmattan p. 126.

divorce fait disparaître le devoir de fidélité[94]. D'où il résulte que les enfants conçus par la femme ne sont plus présumés (à partir de l'ordonnance de non-conciliation) être issus du mari.

Du fait du divorce, les époux peuvent se remarier. Le remariage est possible sans réserve. La liberté du mariage, et donc du remariage, est un principe fondamental garanti par l'article 192 du Code de la famille. Ainsi, les époux divorcés peuvent contracter entre eux une nouvelle union ; la loi précise, naturellement, qu'une nouvelle célébration du mariage est nécessaire. Le remariage avec un tiers est pareillement libéré de toute entrave.

La femme devrait traditionnellement observer le délai de viduité d'une durée de trois cents jours, destiné à éviter la confusion de paternités. Mais les progrès des sciences biologiques ont rendu inutile cet empêchement.

B. Les séquelles du mariage

190. Malgré la dissolution du lien matrimonial, quelques effets en subsistent. Deux d'entre eux peuvent être simplement signalés : d'un côté, l'émancipation du conjoint mineur subsiste ; d'un autre côté, le conjoint étranger qui a acquis la nationalité congolaise par déclaration à la suite du mariage avec un époux congolais, conserve malgré le divorce cette nationalité. Deux séquelles du mariage méritent en revanche plus d'explication. Elles concernent les liens d'alliance et le nom.

Le mariage étant dissout, les liens d'alliance, qui unissent un époux à la famille de son conjoint, disparaissent. En revanche, sont maintenus les empêchements de mariage entre les ex-alliés directs, et sans dispense possible. Un homme divorcé ne peut, par conséquent, se remarier avec la mère ou la fille, naturelle ou adoptive d'un précédent mariage, de son ex-épouse. Des considérations de moralité sociale imposent cette survie.

À la suite du divorce, chaque époux perd, en principe, l'usage du nom de son conjoint. Solution qui s'explique par l'indépendance que procure le jugement du divorce à chaque époux. Cependant, il est permis à la femme de conserver l'usage du nom du mari, dans certains cas[95]. Ces exceptions qui ne sont instituées qu'en faveur de la femme, conformément à une coutume, sont transposées au cas où le mari aurait, ce qui est encore très rare, ajouté à son nom celui de son épouse.

191. La femme peut conserver l'usage du nom du mari, d'abord, lorsque le divorce a été prononcé pour rupture de la vie commune à la demande du mari. Le code de la famille a maintenu cette exception, par cohérence avec les dispositions qui visent à harmoniser les conséquences du divorce pour

---

[94] Art. 191 C. fam.

[95] Sur le port du nom après le divorce, cf. A. Mounkala Kebi, *Droit congolais de la famille*, p. 124.

altération du lien conjugal avec celles qui sont prévues pour les autres divorces contentieux.

Désormais, la femme peut conserver l'usage du nom du conjoint si elle y est autorisée. Cette autorisation peut résulter, en premier lieu, de l'accord donné par le conjoint. Cette convention s'impose aux deux époux, sauf à révoquer sans consentement si l'épouse autorisée fait un usage abusif de son nom. Cet accord devrait logiquement cesser de produire effet en cas de remariage.

À défaut de consentement du conjoint, un époux a la faculté de solliciter l'autorisation du juge lors de l'instance en divorce, ou après le prononcé du divorce, à condition qu'il justifie qu'un intérêt particulier s'attache à l'usage du nom de son conjoint. Il peut s'agir d'un avantage personnel : cas de la femme mariée qui s'est fait connaître dans l'exercice d'une profession ou d'une activité (artiste, écrivain, commerçante...) sous le nom de son mari. Il peut s'agir aussi d'un intérêt pour les enfants : les relations sociales, et notamment scolaires, sont plus simples quand la mère porte le même nom que ses enfants. À l'inverse de l'accord du conjoint, cette autorisation étant judiciaire elle n'est pas atteinte de caducité du seul fait du remariage de l'époux. Une décision modificative devra être demandée.

II. Effets patrimoniaux

192. Le mariage ayant des effets pécuniaires[96], la dissolution du lien conjugal a nécessairement des répercussions sur les relations patrimoniales qui s'établissent entre les époux. C'est le cas notamment pour cette communauté d'intérêts que traduisent l'existence du régime matrimonial, éventuellement assorti de donations entre époux, la vocation successorale et la protection du logement familial. Mais, le divorce a aussi des conséquences dans les rapports des époux avec les tiers, par exemple le bailleur du logement familial ou la sécurité sociale. Après avoir précisé la date des effets patrimoniaux du divorce (A), il conviendra d'en examiner le contenu (B).

A. Date des effets patrimoniaux du divorce

193. Des solutions complexes retenues par la loi, il ressort que trois dates différentes sont fixées, en principe.

1. Vocation successorale

194. La vocation successorale disparaît à partir du moment où le divorce est définitif : délai de recours expiré ou voies de recours épuisées. C'est-à-dire à la même date que se produisent les effets personnels du divorce[97].

---

[96] Art. 193 C- fam.

[97] H. D. Amboulou, Les libéralités et les successions en droit congolais, L'Harmattan.

2. Autres effets pécuniaires entre époux

195. Dans les rapports entre époux, les conséquences pécuniaires du divorce prenaient effet au jour de l'assignation par laquelle commence la phase décisoire de la procédure de divorce. Mais la séparation des époux remonte à une date antérieure à l'assignation. Elle prévoit que, dans les divorces contentieux, les effets patrimoniaux entre les époux se produiront à la date de l'ordonnance de non-conciliation, laquelle organise les modalités de la résidence séparée des époux.

C'est à cette date que prend fin le régime matrimonial et en particulier la communauté sera réputée dissoute. Il en résulte que les acquisitions faites par un époux après l'ordonnance de non-conciliation lui sont propres : car, il faut se placer au jour de cette ordonnance pour déterminer la consistance de la communauté et des patrimoines propres de chaque époux. De plus, les intérêts des récompenses courent de plein droit du jour de la dissolution de la communauté. Et à compter de l'ordonnance de non-conciliation, les biens communs échappent au régime matrimonial pour se trouver soumis aux règles de l'indivision, de sorte que les revenus du travail et les revenus des biens propres ne tombent plus dans une masse commune, tandis que chacun des époux devra supporter les charges afférentes à ses biens propres.

196. Trois tempéraments sont toutefois apportés à cette prise en compte de la date de l'ordonnance de non-conciliation. D'une part, la loi a prévu que toute obligation contractée par l'un des époux à la charge de la communauté, comme toute aliénation de biens communs faite par l'un d'eux dans la limite de ses pouvoirs, postérieurement à la requête initiale, sera déclarée nulle s'il est prouvé qu'il y a eu fraude aux droits du conjoint.

D'autre part, dans le divorce par consentement mutuel, on sait qu'il n'y a pas de conciliation. Il appartient par conséquent aux époux de fixer la date des effets patrimoniaux du divorce dans la convention définitive. À défaut de stipulation conventionnelle, l'on admet que les effets interviendront à la date de l'homologation de la convention réglant l'ensemble des conséquences du divorce.

Enfin, la dissolution du régime matrimonial peut remonter à une date antérieure à l'ordonnance de non-conciliation quand il y a eu séparation de fait. Avant la demande en divorce les effets sont alors reportés à la date à laquelle ils ont cessé de cohabiter et de collaborer.

Par le report de la date des effets du divorce, un époux évite que l'enrichissement qu'il s'est procuré par son activité ne profite, en régime de communauté, au conjoint qui a cessé de cohabiter et de collaborer avec lui. La communauté sera réputée dissoute à la date de la séparation des époux. La loi prévoit, que celui auquel incombent à titre principal les torts de la séparation peut obtenir le report de cette date. La demande de report peut donc être formée par l'époux qui a commis des fautes dans la séparation, et cette demande est possible dans tous les cas de divorce. Ces dispositions nouvelles reflètent la volonté du législateur de supprimer toute liaison entre l'attribution des torts dans le divorce et les conséquences financières de celui-ci. Afin de clarifier, dès le prononcé du divorce, les droits de chaque époux, cette demande ne peut plus être formée après le prononcé du divorce et les conséquences financières de celui-ci[98]. Afin de clarifier, dès le prononcé du divorce au cours des opérations de liquidation du régime matrimonial, l'époux qui en fait la demande n'a pas à en préciser les raisons.

Dans le même but d'éviter les contestations ultérieures, il faut préciser que la jouissance du logement conjugal par un seul des époux conserve un caractère gratuit jusqu'à l'ordonnance de non-conciliation, sauf décision contraire du juge.

3. Rapports avec les tiers

197. Le jugement de divorce est opposable aux tiers (employeur, banque, caisse d'assurance maladie, bailleur...) à compter du jour où les formalités de publicité à l'état civil ont été accomplies. En effet, pour faire connaître le jugement de divorce, une fois qu'il est devenu définitif, mention doit en être portée en marge de l'acte de mariage et de l'acte de naissance de chacun des époux. C'est à la date de cette publicité que le régime matrimonial sera, à l'égard des tiers, réputé dissout.

Les conséquences pratiques de la solution sont évidentes. Ainsi, une dette contractée par un époux après l'ordonnance de non-conciliation lie son conjoint si cette obligation est prévue par les règles du régime matrimonial. Le bailleur peut donc réclamer le paiement des loyers à la femme, co-titulaire du bail avec le mari, pour la période antérieure à la transcription du jugement de divorce à l'état civil, alors même que la femme a été autorisée à résider séparément de son mari, qu'elle a effectivement résidé séparément et que le bailleur ne pouvait ignorer son départ des lieux loués.

B. Contenu des effets patrimoniaux du divorce

198. La rupture du lien conjugal conduit à mettre fin à la communauté d'intérêts consécutive à la célébration du mariage et à aménager les avantages sociaux que la loi attribue au conjoint.

---

[98] Cf. Ch. Assemekang, *Le droit des personnes et de la famille*, précité.

1. Dissolution de l'union d'intérêts

199. Le mariage fait naître entre les époux des intérêts mutuels qui prennent plusieurs formes. D'un côté, des obligations alimentaires entre époux ; le devoir de secours et la contribution aux charges du mariage. Il y est mis fin, en principe, mais peuvent s'y substituer des réparations pécuniaires que l'on étudiera ultérieurement. D'un autre coté, la vocation successorale du conjoint survivant, permettant à ce dernier de bénéficier de certains droits dans la succession de l'époux prédécédé, disparaît[99]. Il en résulte qu'un époux divorcé n'a plus aucun droit dans la succession de son ex-conjoint prédécédé. Il en va différemment après séparation de corps, comme on le verra plus loin. Enfin, tous les époux sont soumis, à compter du mariage, à un régime matrimonial dont la dissolution s'impose. Mais l'état d'époux est aussi la raison d'être des solutions spécifiques instituées pour les donations entre époux et le logement familial qui subissent le contrecoup du divorce.

a. Régime matrimonial

200. En prononçant le divorce, le juge ordonne la liquidation et le partage des intérêts patrimoniaux des époux. Mais l'un des objets du divorce jurisprudentiel par consentement mutuel a été d'inciter les époux à procéder à un règlement conventionnel de leurs intérêts patrimoniaux. En d'autres termes, la procédure de partage judiciaire ne doit s'appliquer, dans le cadre des divorces contentieux, que lorsqu'il n'aura pu être trouvé d'accord entre les époux avant le prononcé du divorce.

Et c'est donc seulement à défaut de règlement conventionnel par les époux que le juge ordonne la liquidation du régime matrimonial. De fait, la dissolution du lien matrimonial entraîne la disparition du régime matrimonial. Une liquidation doit donc être organisée, suivie dans les régimes de communauté d'un partage des biens communs, et dans les régimes séparatistes d'un partage des biens indivis, c'est-à-dire acquis par les deux époux ensemble. Ces opérations peuvent être mises en œuvre par les époux et leurs conseils (notaire, avocat...) à l'amiable ; c'est pour favoriser ces règlements conventionnels que l'assignation doit comporter, on l'a vu, une proposition de règlement des intérêts pécuniaires des époux. C'est seulement à défaut d'accord que les opérations de liquidation seront ordonnées en justice[100].

201. Pour favoriser une liquidation plus rapide du régime matrimonial, le juge a le pouvoir de statuer sur les demandes de maintien dans l'indivision ou d'attribution préférentielle. Il peut aussi accorder à l'un des époux ou aux

---

[99] H. D. Amboulou, *Les libéralités et les successions en droit congolais*. Précité.

[100] A. Mounkala Kebi, *Droit congolais de la famille*, p. 126.

deux une avance sur sa part de communauté ou de biens indivis. Dans le même but, si le projet de liquidation du régime matrimonial établi par le notaire désigné au titre des mesures provisoires contient des informations suffisantes, le juge a le pouvoir de statuer, à la demande de l'un des époux, sur les désaccords persistants entre eux.

Cette démarche est particulièrement intéressante en pratique, car cela permet au juge de trancher des difficultés qui se rencontrent systématiquement dans les liquidations (montant de l'indemnité pour jouissance privative, rémunération de l'indivisaire gérant, date de disparition de la communauté...), qui retardent les liquidations et peuvent donner lieu à un contentieux postérieur au prononcé du divorce.

Dans cette perspective de contractualisation des règlements patrimoniaux, on élargit la possibilité offerte aux époux, pendant l'instance, de conclure des conventions de liquidation portant sur des biens soumis à la publicité foncière. Les effets de ces conventions sont suspendus jusqu'au prononcé du divorce, le juge pouvant à la demande d'un époux modifier ces conventions pour tenir compte des conséquences du divorce fixées par le jugement. Ces précautions s'effacent lorsque le prononcé du divorce est devenu irrévocable : alors le régime matrimonial disparaît, et les ex-époux ont la liberté d'organiser la liquidation et le partage de leurs intérêts pécuniaires.

202. Poursuivant cet objectif de règlement plus consensuel des intérêts pécuniaires des époux, on leur permet de soumettre, pendant l'instance, à l'homologation du juge des conventions réglant tout ou partie des conséquences du divorce. Sont particulièrement visées ici les conventions relatives à la fixation d'une prestation compensatoire. De fait, le règlement des intérêts patrimoniaux des époux forme un tout, et il est logique d'inclure le montant et les modalités de la prestation compensatoire dans le règlement des intérêts pécuniaires des époux, si l'on veut que celui-ci soit global. Le juge, après avoir vérifié que les intérêts de chacun des époux et des enfants sont préservés, homologue ces conventions en prononçant le divorce.

Après le prononcé du divorce, les litiges relatifs à la liquidation et au partage des biens des époux relèvent de la compétence du tribunal de grande instance.

203. Il n'est pas possible de soumettre le prononcé du divorce à la liquidation préalable des intérêts patrimoniaux des époux, dans les procédures contentieuses. Ce serait, en effet, retarder de manière inconsidérée le prononcé du divorce, au détriment des intérêts personnels des époux et des enfants. Toutefois, la pratique a cherché à encadrer la liquidation du régime matrimonial dans un calendrier précis, afin d'éviter que ces opérations ne donnent lieu à des procédures interminables.

Désormais, si les opérations de liquidation et de partage ne sont pas achevées dans le délai d'un an après le prononcé définitif du divorce, le notaire transmet au tribunal un procès-verbal de difficultés reprenant les déclarations respectives des parties. Au vu de celui-ci, le tribunal peut accorder un délai, si les opérations ne sont toujours pas achevées, le notaire en informe le tribunal qui statue alors sur les contestations subsistant entre les parties, puis les renvoie devant le notaire afin d'établir l'état liquidatif qui devrait mettre fin aux procédures de partage qui durent pendant des années et génèrent des frais considérables.

b. Donations et avantages matrimoniaux

204. Les donations entre époux obéissaient traditionnellement à un régime particulier. D'abord, elles n'étaient pas toujours valables. Ainsi, les donations déguisées étaient nulles. De plus, mêmes régulières, les donations faites par un époux à son conjoint, pendant le mariage, étaient toujours révocables, au moins du vivant d'un époux. Elles l'étaient a fortiori après le divorce. Quant à celles qui étaient irrévocables, parce que faites par contrat de mariage, elles étaient perdues par l'époux contre lequel le divorce était prononcé à ses torts exclusifs ou, à sa demande, pour rupture de la vie commune ; tandis que son conjoint les conservait. En cas de torts partagés, chaque époux pouvait les révoquer. La révocation n'était soumise à aucune formalité particulière, pourvu que fût manifestée la volonté de révoquer.

Enfin, quand le divorce était prononcé sur demande conjointe, les époux décidaient eux-mêmes du sort des donations dans la convention définitive ; en l'absence de disposition à ce sujet, ils étaient censés les avoir maintenues[101].

Le régime antérieur de la loi française de 1975 liait donc étroitement le sort des donations entre époux à l'attribution des torts. Or, le Code de la famille vise précisément à dissocier les conséquences financières du divorce de l'attribution des torts.

D'un côté, les donations de biens présents, c'est-à-dire celles qui portent sur des biens qui sont dans le patrimoine du donateur au moment où il dispose, ont surtout pour but d'éviter que le maintien d'une donation d'un époux ayant évité le versement d'une prestation compensatoire puisse être remis en cause ultérieurement. Dans le même sens, les donations déguisées entre époux sont valables. À propos des donations, il est maintenant prévu que le divorce est sans incidence sur les donations de biens présents quelle que soit leur forme.

Les donations de biens à venir, qui ne prennent effet qu'au décès du donateur, consistent pour un époux à faire donation à son conjoint de tout ou partie des biens qui composent sa succession. Ces donations présentent des caractéristiques proches de celles d'un testament, puisqu'elles sont révocables sans prévenir l'autre conjoint. Elles sont beaucoup plus

---

[101] H. D. Amboulou, *Les libéralités et les successions en droit congolais*, précité.

fréquentes que les donations de biens présents, mais n'ont d'intérêt que si elles conservent un caractère révocable. C'est pourquoi les donations de biens à venir restent révocables. En revanche, pour éviter toute incertitude, la loi fixe un régime de la disposition à cause de mort, accordées par un époux envers son conjoint, sauf volonté contraire de l'époux qui les a consenties. Cette volonté est constatée par le juge au moment du prononcé du divorce et rend irrévocable la donation maintenue.

205. Des solutions identiques s'appliquent aux avantages matrimoniaux, c'est-à-dire aux profits qu'un époux peut tirer du fonctionnement du régime matrimonial. C'est le cas, notamment, de la clause d'adoption d'une communauté universelle lorsque les époux n'ont pas une fortune équivalente, d'une clause de partage inégal de la communauté ou d'attribution intégrale de celle-ci à l'époux survivant, ou encore de la clause de préciput qui permet à un époux de prélever un ou plusieurs biens déterminés au moment du partage, sans avoir à en tenir compte des biens qui sont dans la communauté. Alors qu'ils ne sont pas regardés, en principe, comme des donations, en cas de divorce ces avantages matrimoniaux sont assimilés à des donations entre époux[102].

Désormais, le divorce est sans incidence de plein droit sur des avantages matrimoniaux qui ne prennent effet qu'à la dissolution du régime matrimonial ou au décès de l'un des époux, sauf volonté contraire de l'époux qui les a consentis.

c. Logement familial

206. Pendant le mariage, le logement qui abrite la famille est l'objet d'une protection juridique particulière. Celle-ci s'applique pendant la procédure, tant que le divorce n'est pas prononcé. Certaines mesures provisoires en sont du reste la manifestation. D'une certaine façon, ce statut avantageux survit au profit d'un époux à la dissolution du mariage. Trois situations peuvent être envisagées.

D'abord, si le logement était loué par les époux, le droit au bail était, quel que soit le régime matrimonial, et même si le bail avait été conclu avant le mariage, réputé appartenir à l'un et à l'autre époux. En cas de divorce, ce droit au bail peut être attribué par le juge à l'un d'eux, en considération des intérêts sociaux et familiaux en cause, et notamment en tenant compte de la présence d'enfants.

Ensuite, si le logement était un bien commun, l'un des époux peut en obtenir l'attribution préférentielle en pleine propriété lors du partage de la communauté. Le conjoint recevra alors des biens de valeur égale. À défaut de biens suffisants, l'époux qui se voit attribuer préférentiellement la

---

[102] A. Mounkala Kebi, *Le droit congolais de la famille*, L'Harmattan n° 125.

propriété du logement devra verser à son conjoint une soulte. Il se peut toutefois que l'attribution du logement constitue l'exécution de la prestation compensatoire. Lorsque les époux étaient mariés sous le régime de la séparation de biens, les mêmes dispositions sont applicables quand le local qui servait effectivement de logement familial était indivis entre les époux, notamment à la suite d'un achat en commun.

207. Si le logement familial est un bien commun ou appartient indivisément aux deux époux, une indemnité d'occupation peut être due par le conjoint qui l'occupe au cours de l'instance en divorce. En revanche, à partir du moment où le divorce est prononcé, et tant que le partage n'est pas définitif, l'indemnité d'occupation est nécessairement due par l'époux qui occupe le bien indivis, la communauté étant dissoute dès le jour de l'ordonnance de non-conciliation dans les rapports entre époux. C'est l'application d'une disposition fondamentale du régime légal de l'indivision instituée par le code. L'occupation ne peut plus être concédée gratuitement par le juge. L'occupation du logement familial par des enfants avec l'un des parents procède d'une contribution de l'autre parent à leur entretien, de nature à réduire le montant de l'indemnité due par l'ex-époux occupant. Dans le même sens, la contribution à l'entretien des enfants mineurs peut être fixée en tenant compte de l'occupation gratuite de l'immeuble indivis par un ex-époux et ses enfants.

Enfin, si le local servant de logement à la famille appartient en propre (en régime de communauté) ou personnellement (en séparation de biens) à l'un des époux, le juge peut le donner à bail à l'autre conjoint lorsque l'autorité parentale est exercée par ce dernier ou en cas d'exercice en commun de l'autorité parentale. Ce bail est alors renouvelable jusqu'à la majorité du plus jeune des enfants. Il faut préciser que le bail forcé ne perdure que dans l'intérêt des enfants. Enfin, la demande de concession de bail forcé ne peut être formée après le prononcé du divorce.

2. Aménagement des droits sociaux

208. Lorsqu'un époux décède au cours du mariage, son conjoint bénéficie du droit a réversion de la retraite, ou de la pension si l'époux était fonctionnaire, que percevait le défunt ou qu'il devait percevoir. Que devient ce droit après le divorce ? Qu'il s'agisse des retraites de sécurité sociale ou des pensions civiles et militaires, le droit à réversion est admis au conjoint divorcé sauf remariage avant le décès de l'ex-époux. Si ce dernier s'était lui-même remarié, la pension de réversion est répartie entre les bénéficiaires non remariés au prorata du nombre d'années de mariage avec le défunt.

En revanche, les régimes de retraite complémentaire peuvent prévoir des conditions particulières d'attribution d'une pension de réversion au conjoint divorcé : il peut être notamment exigé que le divorce ait été prononcé à son profit exclusif.

L'époux divorcé qui n'est pas lui-même assuré social et qui bénéficiait de la sécurité sociale (assurance maladie et maternité) en tant qu'ayant droit de son conjoint, conserve cette qualité pendant un an à compter du jour où les formalités de publicité à l'État civil ont été effectuées, le conjoint divorcé qui n'exerce pas d'activité professionnelle doit souscrire une affiliation personnelle pour bénéficier de l'assurance maladie et maternité.

Dans la perspective de dissocier les conséquences pécuniaires du divorce de l'attribution des torts, la loi prévoit de façon générale que le divorce est sans incidence sur les droits que l'un ou l'autre des époux tient de la loi ou des conventions passées avec des tiers.

Paragraphe II : Les réparations pécuniaires

209. Le prononcé du divorce va naturellement bouleverser les conditions matérielles de vie des époux. Pendant le mariage, en effet, la contribution des époux aux charges du mariage permettait d'unir les ressources pour faire face aux besoins du ménage. Par suite du divorce, chaque époux ne dispose plus que de ses moyens personnels : il peut en résulter pour l'un d'eux une altération sensible de ses conditions d'exercice. Or, il est possible que cet époux ait, pendant le mariage, renoncé à sa carrière pour s'occuper de l'entretien du ménage et de l'éducation des enfants, comme c'est encore aujourd'hui le cas de nombreuses femmes. N'est-il pas normal d'obliger alors le conjoint à rétablir l'équilibre dans la mesure du possible ? C'est effectivement ce qu'a pensé la jurisprudence en instituant la prestation compensatoire (I).

En cas de rupture de la vie commune, cependant, l'idée dominante était de maintenir au profit du défendeur sa condition d'époux. Mais la loi du17 octobre 1984 ayant aligné les effets d'un divorce pour altération définitive du lien conjugal sur les autres cas de divorce contentieux, le maintien du devoir de secours est désormais supprimé à compter du divorce.

Enfin, le divorce intervient aussi à titre de sanction lorsqu'il est prononcé pour faute. L'époux coupable peut être, dans ce cas, condamné à des dommage-intérêts (II).

L'importance de ce dispositif est mise en lumière dans les situations de divorce international. Si la loi étrangère applicable ne prévoit ni prestation compensatoire, ni pension alimentaire pour l'épouse, ni dommages-intérêts pour celle-ci en cas de divorce, elle doit être écartée au nom de l'ordre public au profit de la loi congolaise.

I. La prestation compensatoire

210. Le divorce met fin au devoir de secours : c'est un effet du mariage qui doit logiquement disparaître avec lui. Mais l'un des époux peut être tenu de verser à l'autre une prestation destinée à compenser, autant qu'il est possible, la disparité que la rupture du mariage crée dans les conditions de vie respectives[103].

Cette prestation n'est pas une création du code de la famille. Pour éviter un important contentieux après divorce, le juge s'était attaché à concentrer le règlement des réparations pécuniaires au moment du prononcé du divorce, en donnant un caractère forfaitaire, non susceptible de révision, à la prestation compensatoire. Les juges ayant accordé massivement des rentes à vie, il s'ensuivit des situations humainement intolérables. La pratique a, finalement, autorisé la révision de la prestation compensatoire. Cette adaptation n'a toutefois pas donné entièrement satisfaction, et elle a suscité de nouvelles critiques : maintien de la transmissibilité passive de la prestation compensatoire, impossibilité de réviser son montant, conditions trop strictes de l'attribution de la rente viagère, substitution possible du capital à la rente à tout moment, suppression des prestations compensatoires mixtes ou temporaires. Tout cela a donc apporté un certain nombre d'aménagements au régime jurisprudentiel de la prestation compensatoire. Celle-ci appelle des explications quant à son domaine (A), son montant (B) et son exécution (C).

A. Domaine de la prestation compensatoire

1. Principe

211. Depuis le silence de la loi du 17 octobre 1984, la prestation compensatoire peut être allouée par les tribunaux dans tous les cas de divorce. L'alignement du divorce pour altération définitive du lien conjugal sur les autres divorces contentieux a pour objectif de favoriser le recours à cette procédure moins conflictuelle que le divorce pour faute.

Sur le plan procédural si un époux s'oppose au divorce et ne forme qu'une demande de pension alimentaire ou de contribution aux charges du mariage, le juge ne peut prononcer le divorce sans avoir préalablement provoqué les explications de cet époux sur le principe d'une prestation compensatoire.

Avant l'entrée en vigueur du code de la famille, quand le divorce pour faute est prononcé aux torts exclusifs d'un époux, celui-ci n'avait droit à aucune prestation compensatoire, tandis que son conjoint pouvait en bénéficier. Le caractère indemnitaire, lié à l'idée de responsabilité,

[103] Elle est au Congo d'usage jurisprudentiel.

influençait encore le régime de la prestation compensatoire. Mais comme cette solution pouvait se révéler, en fait, insupportable pour l'époux fautif, il était en droit d'obtenir, à titre exceptionnel, une indemnité fondée sur l'équité.

L'impossibilité pour l'époux exclusivement fautif de percevoir une prestation compensatoire a été à l'origine de nombreux détournements de la procédure de divorce pour faute. Celle-ci était choisie en raison des conséquences financières supposées plus avantageuses, puisque l'époux demandeur espérait ainsi éviter d'avoir à verser une prestation compensatoire. Visant à déconnecter les conséquences financières du divorce, l'époux fautif peut bénéficier d'une prestation compensatoire. La loi du 17 octobre 1984 n'est pas allée, cependant, jusqu'au bout de cette logique, et elle a réintroduit l'idée de faute et la notion de sanction dans le régime de la pension alimentaire.

2. Exception

212. Le refus de la pension alimentaire à l'époux exclusivement fautif devient une exception. La jurisprudence a considéré, en effet, que la dissociation des conséquences financières du divorce de l'attribution des torts pouvait entraîner de réelles injustices. C'est pourquoi le juge peut refuser d'accorder une telle prestation si l'équité le commande, soit en considération des critères prévus par la loi, soit lorsque le divorce est prononcé aux torts exclusifs de l'époux qui demande le bénéfice de cette prestation, au regard des circonstances particulières de la rupture[104]. Les critères d'attribution de la prestation compensatoire sont nombreux. Autoriser le juge à refuser à un époux dans le besoin le bénéfice d'une prestation compensatoire, par référence aux critères prévus par la loi pour la pension alimentaire, ne vise pas seulement l'époux aux torts exclusifs duquel le divorce pour faute est prononcé, puisque l'exception peut jouer aussi en cas de divorce accepté ou pour altération définitive du lien conjugal.

213. La justification du refus de la prestation compensatoire invoquée est d'empêcher le divorce d'être une source d'enrichissement pour l'un des conjoints. Le cas de figure suivant a été évoqué : les époux avaient avant leur mariage des patrimoines très différents, le plus pauvre demande très rapidement le divorce pour altération définitive du lien conjugal et obtient une prestation compensatoire, alors même que le mariage n'aura duré que deux ans. Mais la généralité de la formule légale conduit à penser qu'un débat pourra s'instaurer sur chacun des critères prévus par la loi tant que les

[104] TI de Tié-tié Pointe-Noire, R.C.n° 241, Année 2009, Rep. N° 374 du 09-06-2009, inédit.

juges se réfèrent à des rentes, au régime des pensions alimentaires, ce qui tourne le dos à l'objectif de pacification des procédures de divorce.

Le juge peut aussi refuser d'accorder une prestation compensatoire quand le divorce pour faute est prononcé aux torts exclusifs de l'époux qui la sollicite, au regard des circonstances particulières de la rupture. Les termes employés, même s'ils ne sont guère précis, révèlent l'intention du législateur : si l'époux le plus fortuné a été, directement, victime de fautes d'une gravité incontestable (violences conjugales, brutalités sur les enfants...), il est moralement impossible de le condamner à verser une pension alimentaire au conjoint qui a eu un comportement tout à fait répréhensible. Mais l'adultère devrait être, en principe, exclu de cette catégorie, vu les termes restrictifs de cette disposition.

B. Montant de la prestation compensatoire

214. Malgré la volonté des tribunaux, la prestation compensatoire se détache difficilement du double caractère alimentaire et indemnitaire de l'entrée en vigueur du Code de la famille. Les critiques apportées accentuent indéniablement le caractère alimentaire de cette prestation. C'est bien, du reste, la qualification donnée par les tribunaux, d'où ils déduisent l'insaisissabilité de la rente. Ils jugent aussi que la créance née de la prestation compensatoire, parce qu'elle présente pour partie un caractère alimentaire, n'a pas à être déclarée au passif du débiteur soumis à une procédure collective.

II. Évaluation de la prestation compensatoire

215. Les bases d'évaluation de la prestation compensatoire sont empruntées pour partie aux obligations alimentaires. C'est ce qui résulte explicitement de la pratique et reste fixée selon les besoins de l'époux à qui elle est versée et les ressources de l'autre en tenant compte de la situation au moment du divorce et de l'évolution de celle-ci dans un avenir prévisible.

Toutes les ressources doivent être prises en compte : revenus du travail et du capital, allocations chômage, rente d'invalidité pour accident de travail, indemnités de fonction. Pour apprécier la disparité entre la situation respective des époux, les sommes versées au titre de la contribution à l'entretien et à l'éducation des enfants constituent des charges qui doivent venir en déduction des ressources de l'époux débiteur. En revanche, l'aide versée à la famille sous forme d'allocations familiales est destinée à bénéficier aux enfants et non à procurer des revenus au parent qui la reçoit et le juge n'a donc pas à en tenir compte dans l'appréciation des ressources de l'époux qui a la garde des enfants.

En ce sens, les parties doivent fournir au juge une déclaration certifiant sur l'honneur l'exactitude de leurs ressources, revenus, patrimoine et conditions de vie.

216. La comparaison des besoins et des ressources doit être effectuée lors du divorce car c'est à ce moment que le juge doit se placer pour apprécier l'existence d'une disparité. Il s'agit d'un emprunt au droit des obligations alimentaires. Il en résulte que l'appréciation des conditions d'octroi de la prestation compensatoire doit être effectuée au jour du prononcé du divorce, et le juge doit, par une même décision, se prononcer sur le divorce et sur la disparité que celui-ci peut créer dans les conditions de vie respectives des époux. Par contraste, la nécessité de tenir compte de l'évolution de la situation respective des époux, dans un avenir prévisible, diffère du régime des obligations alimentaires. C'est là une nécessité imposée par le caractère forfaitaire de la prestation compensatoire.

Dès lors qu'ils ont constaté dans leur décision que la disparité des conditions de vie respectives des époux après le divorce est d'ores et déjà établie, les juges du fond peuvent accorder à un époux une prestation provisionnelle avant de fixer, au vu d'une expertise, le montant définitif de la prestation compensatoire.

217. Mais on éloigne encore un peu plus la prestation compensatoire des obligations alimentaires en énumérant les critères qui doivent permettre au juge de déterminer les besoins et les ressources. Ces critères attestent qu'il ne s'agit pas seulement d'un équilibre à trouver entre les deux plateaux d'une balance : il faut tenir compte aussi du passé vécu par les époux pour fixer une juste compensation à la disparité qui survient dans les conditions de vie postérieures au divorce. La prestation compensatoire ne résulte pas seulement de la comparaison arithmétique des ressources de chacun des époux, mais que son attribution devait tenir compte de la répartition des rôles de chacun pendant la vie commune, des choix opérés en commun et qui pouvaient se révéler préjudiciables pour l'un d'entre eux, soit au moment du divorce, soit ultérieurement. C'est pourquoi dans la détermination des besoins et des ressources, le juge peut prendre en considération, notamment : la durée du mariage ; l'âge et l'état de santé, l'éducation des enfants et le temps qu'il faudra encore y consacrer ou pour favoriser la carrière de son conjoint au détriment de la sienne ; leurs qualifications et la situation professionnelle ; leur patrimoine, estimé ou prévisible, tant en capital qu'en revenus, après la liquidation du régime matrimonial.

Il faut rappeler, à ce stade, que l'octroi d'une prestation compensatoire ne rend pas irrecevable l'action de im rem verso engagée par le bénéficiaire de cette prestation pour l'indemnisation de son appauvrissement résultant de sa participation bénévole à l'activité professionnelle de son ancien conjoint. Mais il en va différemment lorsqu'il ressort du jugement de divorce qu'il prend en compte cet appauvrissement en vue de l'évaluation de la prestation compensatoire[105].

---

[105] A. Mounkala Kebi, *Droit congolais de la famille*, p. 264 et s.

218. La prestation compensatoire est une institution d'ordre public sur laquelle les époux ne peuvent, avant toute procédure, transiger. D'où la nullité de tous les arrangements conclus par les époux, avant toute instance en divorce, même dans le cas où ils seraient séparés de corps. Par ailleurs, le juge qui l'accorde doit préciser les éléments sur lesquels il s'est déterminé.

En outre, la prestation compensatoire étant destinée à rétablir une certaine égalité dans les situations pécuniaires des époux, n'est due qu'à compter de la date à laquelle la décision prononçant le divorce prend force de chose jugée. Or, le délai de pourvoi en cassation suspend l'exécution de l'arrêt qui prononce le divorce ; de telle sorte qu'une décision ne peut fixer le point de départ de la prestation compensatoire qu'il alloue sous forme de rente à la date de son prononcé, alors qu'à cette date le divorce n'a pas acquis force de chose jugée. De même, une cour d'appel ne peut fixer le point de départ de la prestation compensatoire, versée sous forme de rente, à la date du jugement confirmé. Mais si la procédure a duré sur la seule question de la prestation compensatoire, le juge ne doit pas tenir compte des faits survenus après le prononcé du divorce : la prestation compensatoire doit être fixée en tenant compte de la situation des époux au moment du divorce.

II1. Caractère forfaitaire de la prestation compensatoire

a. Principe

219. Le principe voudrait que soient fixées au moment du divorce les réparations pécuniaires qui pourraient être dues, en donnant à la prestation compensatoire un caractère définitif. D'où le caractère non révisable de la prestation compensatoire. Mais cette interdiction de révision empêchait d'adapter la prestation compensatoire aux changements de situation des ex-conjoints, générant des situations douloureuses. Ainsi les tribunaux ont-ils autorisé plus largement la révision des prestations compensatoires, en laissant toutefois inchangé le principe.

À la différence de la pension alimentaire, la prestation compensatoire a un caractère forfaitaire. Ce principe a été retenu afin que soit évité le contentieux entre époux divorcés. Ainsi, dans le silence de la loi, mais conformément à la volonté des tribunaux, il est admis à décider que la prestation ne peut être demandée qu'au moment du divorce et non dans une instance ultérieure. Surtout, lorsque le montant de la prestation compensatoire avait été fixé dans la décision qui prononce le divorce, il ne pouvait être remis en cause une fois les voies de recours épuisées. La prestation compensatoire n'était pas susceptible de révision, même en cas de changement imprévu dans les ressources ou les besoins des parties.

220. Le montant de la prestation compensatoire peut, toutefois, être remis en question si l'absence de révision doit avoir pour l'un des conjoints des conséquences d'une exceptionnelle gravité. Cette clause de sauvegarde permet seulement, suivant la jurisprudence, à l'époux qui l'invoque d'obtenir la révision. Mais il n'a satisfaction que s'il démontre le caractère intolérable des difficultés qu'il rencontrait lui-même du fait de la diminution considérable de ses ressources, s'il est débiteur, ou en raison de l'aggravation exceptionnelle de ses charges, s'il est créancier. Cette interprétation stricte donnée par les tribunaux empêchant la révision de la prestation compensatoire est la source d'injustices dénoncées par la doctrine[106]. Les changements de situation provoqués par la crise économique, joints au caractère le plus souvent viager des prestations accordées, et alors que les recompositions familiales se multiplient, obligeront le législateur à assouplir les conditions de la révision.

b. Révision

221. Confirmant le principe du versement de la prestation compensatoire en capital, la pratique admet que le débiteur peut demander, non pas la révision du montant du capital (fixé une fois pour toutes par le juge dans sa décision), mais seulement la révision des modalités de paiement du capital en cas de changement de sa situation. À titre exceptionnel, le juge peut alors, par décision spéciale et motivée, autoriser le versement du capital sur une durée totale supérieure à huit ans.

Lorsque la prestation compensatoire prend la forme d'une rente, qui ne peut être désormais que viagère, la révision est autorisée en cas de changement substantiel dans la situation de l'un ou l'autre de l'ex-époux : elle peut être révisée, suspendue ou supprimée en cas de changement important dans les ressources ou les besoins des parties. Mais cette révision ne peut avoir pour effet de porter la rente à un montant supérieur à celui fixé initialement par le juge : la révision ne peut jouer qu'à la baisse. Ainsi, chaque partie pourra demander la prise en compte des changements positifs ou négatifs de sa situation ou de celle de son ex-conjoint (licenciement, chute de revenus après la retraite, nouvelles charges de famille, héritage…)

222. En outre, l'héritier du débiteur de la prestation aura toujours la possibilité de demander cette révision judiciaire, qui relève de la compétence du juge du divorce. Naturellement, la révision ne pourra être demandée qu'autant que la date ne sera pas éteinte.

Les rentes viagères, ainsi que les rentes temporaires en cours de versement sont souvent révisées à la baisse, suspendues ou supprimées, à la demande du débiteur ou de ses héritiers, en cas de changement important dans les ressources ou les besoins des parties. L'on sait que la révision ne pourra conduire à protéger la durée initiale des rentes temporaires, sauf accord des parties. La prestation compensatoire, versée sous forme de rente viagère ou de rente temporaire, peut également faire l'objet d'une demande

---

[106] F. MOUNGUENGUE, *Cours de droit de la famille*, ENAM , 2005.

tendant à lui substituer un capital. Ces procédures de révision sont applicables à toutes les prestations compensatoires qu'elles aient été fixées par le juge ou par convention entre les époux.

Un autre cas de révision est prévu pour les rentes viagères fixées par le juge ou par convention. Lorsque le maintien en état de la rente procure un avantage manifestement excessif au créancier, au regard des critères posés par la loi, le débiteur ou ses héritiers peuvent demander que la rente soit révisée, suspendue ou supprimée. Cette règle s'explique par l'ancienneté de ces rentes viagères, et la nécessité de pouvoir les réviser, même en l'absence de changement important dans la situation pécuniaire de l'une ou l'autre des parties.

c. Convention

223. Les mêmes solutions peuvent être mises en œuvre quand la prestation compensatoire est fixée par la convention homologuée dans le divorce sur demande conjointe.

Mais, la convention homologuée peut aussi être modifiée, conformément aux prévisions légales, par le consentement mutuel des époux divorcés, sous forme d'une nouvelle convention également soumise à homologation. Bien plus, les époux ont la faculté de prévoir dans la convention de divorce que chacun d'eux pourra, en cas de changement important dans les ressources et les besoins des parties, et malgré le refus de l'autre : il y a là un avantage considérable du divorce par consentement mutuel. Il semble toutefois que la clause de révision soit en pratique rarement insérée dans les conventions définitives. Elle a pourtant désormais un avantage sur les révisions judiciaires : celle-ci ne peut que conduire à diminuer le montant de la rente, alors que la convention de divorce peut prévoir une révision à la hausse ou à la baisse. En outre, la révision du montant de la prestation est possible dans tous les cas, à la demande de l'un des ex-époux, y compris pour les prestations versées sous forme de capital ou de rente viagère.

IV. Exécution de la prestation compensatoire

224. Par une autre facilitation, et afin d'éviter dans la mesure du possible les difficultés rencontrées par les femmes divorcées pour obtenir le paiement de la prestation compensatoire, il est admis l'exécution conventionnelle des prestations.

1. Capital

225. Les tribunaux ont imposé en principe le versement d'un capital. Cette modalité correspond à l'idée que les réparations pécuniaires auxquelles le divorce peut donner lieu doivent être concentrées au moment du divorce et sans modification ultérieure. Et ils ont veillé scrupuleusement au respect du principe de sorte que les juges, conformément aux habitudes anciennes, ont généralement accordé une prestation compensatoire sous forme de rente. La prestation compensatoire prend la forme d'un capital dont le montant est fixé par le juge. Ils ont, en outre, facilité par diverses mesures, le versement de ce capital.

a. Formes

226. Trois modalités de versement sont envisagées. L'une d'elles étant restée inutilisée. Il reste donc deux modalités entre lesquelles le juge décide, en cas de divorce contentieux.

Soit le versement d'une somme d'argent, ce qui est la méthode la plus simple. Étant entendu que, si la prestation compensatoire est exécutée, en fait, au moment des opérations de liquidation et de partage de la communauté, elle pourra prendre la forme d'un abandon par le débiteur de tout ou partie de sa part dans la communauté.

Soit l'abandon de l'usufruit de biens meubles ou immeubles, propres au débiteur ou constituant sa part dans la communauté.

Pour faciliter le versement d'un capital, les tribunaux sont allés plus loin. L'abandon de biens peut être désormais en propriété, ou sous la forme d'un droit temporaire ou viager, d'usufruit, d'usage ou d'habitation. Le jugement opère cette cession forcée en faveur du créancier. Naturellement, cet abandon n'est pas subordonné à l'acceptation de l'époux débiteur, sauf pour l'attribution en propriété de biens que le débiteur a reçus par succession ou donation[107].

La dernière forme que pouvait prendre le capital était, enfin, le dépôt de valeurs productives de revenus entre les mains d'un tiers, une banque par exemple, chargé de verser les revenus à l'époux créancier de la prestation compensatoire jusqu'au terme fixé. Cette solution n'étant pas utilisée en pratique.

En cas de consentement mutuel, les époux peuvent convenir d'autres modalités. Le juge refusera toutefois d'homologuer la convention si elle fixe inéquitablement les droits et obligations des époux.

227. Chacun sait que le régime fiscal est susceptible d'influer considérablement sur le succès d'une institution civile. Or, la fiscalité du capital n'est guère favorable au constituant. Notamment, lorsque le capital est constitué de biens propres, la loi assimile ces transferts de biens propres aux avantages consentis à titre gratuit. Cette législation fiscale ayant joué un rôle dans la désaffectation pour la constitution d'un capital.

De ces dispositions, assez complexes du Code général des impôts, on retiendra que le paiement immédiat ou sur douze mois du capital ouvre droit à une réduction d'impôt sur le revenu égale à 25% du montant des

---

[107] A. Mounkala Kebi, *Le droit congolais de la famille*, L'Harmattan, p. 264 et s.

versements. Les prestations accordées en application de la loi étant comme des donations entre époux, seul est dû le droit fixe d'enregistrement[108].

Quand les paiements sont effectués sur une période supérieure à douze mois, les sommes versées sont déductibles des revenus du débiteur. Le créancier, en revanche, est imposable sur les sommes perçues au titre de l'impôt sur le revenu. Aucun droit d'enregistrement n'est dû, puisque la prestation est assimilée alors à une pension alimentaire.

Les prestations compensatoires en nature accordées ouvrent droit à réduction d'impôt dans les mêmes conditions qu'une prestation en argent. Mais, les prestations fournies au moyen de biens communs ou de biens indivis acquis pendant le mariage sont soumises au droit de partage de 1%.

b. Paiement

228. L'exécution de la prestation compensatoire par le paiement d'un capital est souhaitable. Mais cette modalité peut se révéler difficile à mettre en œuvre si l'époux débiteur ne dispose pas de liquidités immédiates. Il doit alors emprunter ou liquider une partie de son patrimoine.

Lorsque le débiteur n'est pas en mesure de verser le capital immédiatement, le juge fixe alors les modalités de paiement du capital, dans la limite de huit années, sous forme de versements périodiques mensuels ou annuels, indexés selon les règles applicables aux pensions alimentaires.

De plus, ces modalités de paiement sont révisables, à la demande du débiteur, en cas de changement important de sa situation. Le juge peut alors, à titre exceptionnel, par décision spéciale et motivée, autoriser le versement du capital sur une durée totale supérieure à huit ans. Mais un tel délai ne transforme-t-il pas le versement d'un capital en paiement d'une rente ? On notera toutefois que cette révision ne peut pas être demandée par le créancier. Ce dernier peut, cependant, après la liquidation du régime matrimonial, saisir le juge d'une demande en paiement du solde du capital indexé.

Le débiteur lui-même peut aussi se libérer à tout moment du solde du capital indexé.

En pratique il est possible, désormais, de combiner l'attribution d'un capital sous forme de versements mensuels ou annuels, pendant une durée maximale de huit ans, avec l'attribution de biens en propriété ou d'un droit temporaire ou viager d'usage, d'habitation ou d'usufruit.

c. Décès du débiteur

229. Conformément au principe de transmission active et passive du patrimoine à l'époux débiteur, à la mort de celui-ci, la charge du solde du

---

[108] H. D. Amboulou, *La légalisation et l'authentification des actes*, les éditions Hemar, 2009, p. 114 et s.

capital devrait passer à ses héritiers. Mais, pour mettre fin à certaines situations choquantes, la jurisprudence pose en principe que le paiement de la prestation compensatoire est prélevé sur la succession. Les héritiers ne sont plus tenus *ultra vires successioni,* c'est-à-dire qu'ils ne sont plus tenus *intra vires*. De telle sorte que si le paiement de la prestation compensatoire est supporté par tous les héritiers, ils n'y sont pas tenus personnellement dans la limite de l'actif successoral, et, en cas d'insuffisance, par tous les légataires particuliers, proportionnellement à leur émolument. Désormais, le créancier de la prestation ne peut plus demander aux héritiers au-delà de ce qu'ils ont reçu, ni les poursuivre sur des biens autres que ceux qu'ils ont reçus.

Dès lors, lorsque la prestation compensatoire est fixée sous la forme d'un capital payable de façon fractionnée, le solde de ce capital indexé devient immédiatement exigible. Il n'est donc plus possible de demander la révision des modalités de versement de ce capital.

Toutefois, par dérogation à ces nouveaux principes, les héritiers peuvent décider ensemble de maintenir les formes et modalités de règlement de la prestation compensatoire qui incombait à l'époux débiteur, en s'obligeant personnellement au paiement de cette prestation. A peine de nullité, l'accord est constaté par un acte notarié. Les héritiers peuvent ainsi décider de régler la dette du défunt au-delà de l'actif qu'ils auront reçu. Alors, dans ce cas, et seulement dans ce cas, l'action en révision des modalités, est ouverte aux héritiers. La situation devrait se présenter rarement, puisqu'elle suppose un accord de tous les héritiers.

Dans ce cas, les héritiers peuvent se libérer à tout moment du solde du capital indexé, comme le débiteur lui-même aurait pu le faire, si le capital devait être payé de façon fractionnée[109].

d. Garanties

230. Les garanties peuvent être constituées outre l'hypothèque légale ou judiciaire, il y a la constitution d'un gage ou l'établissement d'une caution. Sans doute le fait d'imposer une garantie au débiteur de la prestation compensatoire est-il une faculté laissée à l'appréciation des juges du fond. Mais il n'est souvent pas admis que le juge puisse imposer au débiteur l'obligation de contracter une assurance garantissant l'exécution de la prestation compensatoire. Cette rigueur est injustifiée.

2. Rente viagère

231. À défaut de capital, ou si celui-ci n'était pas suffisant, la prestation compensatoire prend la forme d'une rente. En fait, la force des habitudes,

[109] H. D. Amboulou, Les libéralités et les successions en droit congolais, précité.

comme l'attraction de la prestation compensatoire par le régime des pensions alimentaires, ont conduit souvent les juges à négliger la constitution d'un capital. Forme subsidiaire de la prestation compensatoire, suivant la loi, la rente est ainsi devenue en pratique beaucoup plus fréquente que le capital. C'est pour lutter contre ces dérives que la loi du 25 février 1986 portant code de sécurité sociale en République populaire du Congo a posé ce principe.

Le Code de la famille a obligé désormais le juge à prévoir le principe du versement de la rente en capital[110]. La rente restera néanmoins possible à titre exceptionnel, mais seulement en considération de la situation du créancier, et non plus de la consistance des biens du débiteur. C'est ce qui ressort des dispositions relatives au montant, à la durée et au régime de la rente.

a. Montant

232. Le montant de la rente n'est pas déterminé par la loi. Il est évalué par le juge en cas de divorce contentieux, en fonction du critère des besoins et des ressources respectifs des parties, appréciés au présent et dans un avenir prévisible. En cas de consentement mutuel, la rente est fixée par les époux.

Le montant de la rente a ceci de particulier qu'il peut être défini de façon uniforme pour toute sa durée ou varier par périodes pour tenir compte de l'évolution probable des ressources et des besoins. Mais, pour cela, le juge doit fixer pour chaque période le montant de la rente et non décider que la rente pourrait être réduite quand surviendra tel fait. C'est un procédé qui a perdu beaucoup de son intérêt maintenant que les rentes sont révisables.

En outre, pour pallier les conséquences de la dépréciation monétaire, la rente est indexée. Comme en matière de pension alimentaire, tout indice est permis. En général, c'est l'indice de l'évolution du coût de la vie qui est choisi. Il faut noter que la rente est obligatoirement indexée par le juge. Il en résulte que l'omission par le juge de déterminer l'indice d'indexation est réparée sur simple requête en omission matérielle, présentée au même juge. Par l'effet de l'indexation, la rente est régulièrement revalorisée, dès la première variation (sauf disposition contraire) de l'indice qui survient postérieurement au prononcé du divorce. Le juge a aussi la faculté de choisir comme indice de référence l'indice antérieur au dernier cas publié et l'indice peut être remplacé par un autre en cas de fait nouveau.

b. Durée

233. Depuis la loi du 25 Février 1986 portant code de sécurité sociale en République populaire du Congo, la durée de la rente est égale à la vie de

---

[110] Art. 145 Code de sécurité sociale.

l'époux créancier : la rente est obligatoirement viagère. Elle ne peut plus, être attribuée pour une durée inférieure : il n'y a plus de rente temporaire.

La possibilité pour le juge de fixer la prestation compensatoire sous forme de rente viagère, par décision spéciale et motivée, déroge ainsi à l'obligation de versement de la prestation compensatoire sous la forme d'un capital éventuellement payable sur huit années. La décision d'attribuer une rente viagère doit être prise en considération du fait que l'âge ou l'état de santé du créancier ne lui permet pas de subvenir à ses besoins.

Le code de la famille s'inscrit dans cette perspective de limitation de la rente viagère aux circonstances les plus critiques. La rente viagère, a-t-il été dit pendant les travaux préparatoires de la loi en 1983, doit être réservée à des cas spécifiques des conjoints âgés, ayant été mariés pendant une longue période, n'ayant aucune chance de retrouver un emploi, ayant cessé leur activité professionnelle pendant le mariage et n'ayant aucun ou très peu de droits à la retraite. Ou encore il s'agit d'époux âgés dont l'état de santé ne leur permet pas d'exercer une activité professionnelle et de subvenir à leurs besoins[111]. La rente viagère renforce donc le caractère alimentaire de la prestation compensatoire.

c. Régime

234. La rente étant viagère, le remariage du bénéficiaire doit être sans incidence, comme dans le droit antérieur à la loi du 25 janvier 1986. Mais, désormais la révision est impossible, à la demande du débiteur, en cas de changement important dans les ressources ou les besoins des parties. Dès lors, le débiteur pourra toujours agir en révision en invoquant l'accroissement important des ressources du créancier, du fait du devoir de secours assumé par le nouveau conjoint du créancier, et de l'amélioration vraisemblable de la situation de celui-ci.

Ces solutions sont cependant écartées en cas de consentement mutuel. Pour favoriser le recours à cette forme de divorce, le juge décide, en effet, que la prestation compensatoire peut prendre la forme d'une rente attribuée pour une durée limitée. La rente conventionnelle n'est donc pas obligatoirement viagère. De plus, les époux peuvent prévoir dans leur convention un terme extinctif, notamment prévoir que le versement de la prestation cessera à compter de la réalisation d'un événement déterminé : le remariage du créancier, le décès ou le départ à la retraite du débiteur. Enfin, le capital et la rente doivent pouvoir être conjugués librement, notamment

[111] Cf. Loi du 25 février 1986 instituant le code de la sécurité social en République populaire du Congo.

par les règlements inclus dans la liquidation du régime matrimonial, dès lors que la convention fixe équitablement des droits et obligations des époux.

235. Enfin, le code de la sécurité sociale renforce la primauté du versement d'un capital en favorisant la technique de la substitution. C'est pourquoi le débiteur d'une prestation compensatoire sous forme de rente viagère peut à tout moment saisir le juge aux fins de statuer sur la substitution à la rente d'un capital, si bien que la substitution peut ne concerner qu'une partie de la rente. Cette disposition a pour but de favoriser cette pratique.

Concrètement, la substitution s'effectue selon les modalités ordinaires. La substitution du capital à la rente viagère n'est pas subordonnée à l'accord du créancier, afin de ne pas paralyser cette procédure. Le créancier de la prestation compensatoire peut cependant former la même demande s'il établit qu'une modification de la situation du débiteur permet cette substitution, notamment lors de la liquidation du régime matrimonial. En cas de substitution, les modalités d'exécution de la prestation compensatoire sous forme de capital exposées antérieurement sont applicables. Enfin, le refus du juge de substituer un capital à tout ou partie de la rente doit être spécialement motivé, car le législateur congolais n'entendait pas favoriser cette pratique. Laquelle n'est pas, malgré tout, à l'abri des critiques, comme cela peut présenter certains risques pour des femmes âgées, dont les droits à la retraite sont très faibles et qui ne disposent pas d'autres ressources. Or, il n'est pas sûr que les revenus tirés du capital placé suffisent alors à permettre au créancier de subvenir à ses besoins.

236. La loi du 25 janvier 1986 prévoit le principe de transmission passive de la dette. Aussi, à la mort de l'époux débiteur, la charge de la rente viagère passe à ses héritiers. Mais les conséquences les plus inéquitables constatées devraient être sensiblement atténuées par plusieurs mesures.

D'abord, comme pour le capital, la charge de la prestation compensatoire est limitée à l'actif successoral. C'est dire qu'à la mort de l'époux débiteur, le paiement de la rente viagère sera prélevé sur la succession et dans la limite de l'actif successoral. Donc, en cas d'insuffisance de cet actif, les héritiers ne seront plus tenus sur leurs biens personnels, contrairement au droit commun des successions[112].

Ensuite, les prestations compensatoires versées sous forme de rente viagère seront automatiquement transformées en un capital immédiatement exigible, la substitution s'effectuant selon les modalités fixées par le juge. Les héritiers pourront cependant, comme on l'a vu précédemment lorsque la prestation prend la forme d'un capital, décider de maintenir ensemble les modalités de versement qui incombaient à l'époux débiteur, en s'obligeant personnellement au paiement de la rente viagère. Dans ce cas, les modalités

---

[112] H. D. Amboulou, *Les libéralités et les successions en droit congolais*, précité.

de révision de la prestation compensatoire, vues antérieurement, sont applicables.

237. Lorsque l'action en révision de la rente viagère est ouverte aux héritiers du débiteur, parmi ceux-ci peut notamment figurer le nouveau conjoint que le débiteur de la prestation aura épousé après le prononcé du divorce. Si cet époux survivant est marié sous le régime de la communauté universelle et bénéficie de la clause d'attribution intégrale, il est tenu du service de la prestation compensatoire entrée en communauté du chef de son conjoint. Il est légitime que ce conjoint survivant puisse demander la révision de la prestation compensatoire s'il subit un changement important dans ses ressources[113].

Si les héritiers ont décidé ensemble de maintenir les modalités de versement de la rente viagère qui incombaient à l'époux débiteur, sont applicables aussi les modalités de substitution d'un capital à tout ou partie de la rente, exposées antérieurement.

Les pensions de réversion éventuellement versées du chef du conjoint décédé sont déduites de plein droit de la rente versée au créancier. Cette déduction est logique dans la mesure où la rente viagère a un caractère alimentaire et il paraît anormal que le décès du débiteur de la pension soit une source d'enrichissement pour le créancier de la prestation compensatoire. De même, si le créancier vient à perdre sa pension de réversion en cas de remariage ou de concubinage notoire, les héritiers du débiteur qui auraient décidé de maintenir le paiement de la rente ne doivent pas voir pour cette raison leurs charges augmenter : sauf décision contraire du juge saisi par le créancier, une déduction du même montant continue à être opérée si le créancier perd son droit à pension de réversion.

238. Au fond, le régime de la rente est proche de celui des obligations alimentaires. Fiscalement, d'abord, puisqu'elle est déductible du revenu imposable de l'époux qui la verse. Si la prestation compensatoire prend une forme mixte rente et capital, la rente est déductible mais le versement du capital n'ouvre pas droit à réduction d'impôt. Parallèlement, la rente est soumise à l'impôt sur le revenu de celui qui la reçoit[114]. Des abattements sont prévus, de 10 et 20%.

Par ses sanctions, ensuite, la rente est assimilée à une pension alimentaire. Les sanctions civiles sont les mêmes que celles des obligations alimentaires. Les sanctions pénales sont identiques : se rend coupable du délit correctionnel d'abandon de famille, puni d'un emprisonnement de deux ans et d'une amende, toute personne qui, au mépris d'une décision de justice l'ayant condamné à verser une prestation compensatoire sera volontairement

---

[113] A. Mounkala Kebi, *Droit congolais de la famille*, p. 265 et s.

[114] Cf. CGI, art. 80 quater et 156-II-2.

restée plus de deux mois sans acquitter le montant intégral de ce qu'elle doit verser. De même, la rente est insaisissable par les créanciers du bénéficiaire. Elle peut faire l'objet d'une procédure de paiement direct et elle n'a pas à être déclarée au passif du débiteur soumis à une procédure collective, échappant ainsi à l'extinction faute de déclaration. Le tribunal peut aussi imposer à l'époux débiteur de constituer une hypothèque, un gage, de souscrire un contrat ou de donner une caution pour garantir le paiement de la rente.

3. L'incitation aux prestations conventionnelles

239. En cas de divorce contentieux, les époux sont incités à recourir à des conventions pour fixer la prestation compensatoire. La jurisprudence offre ainsi aux époux la liberté de déterminer et de réviser la prestation compensatoire, en suivant les règles applicables à la prestation conventionnelle admise dans le cadre d'un divorce par consentement mutuel que le code même n'a pas prévu. À cette fin, les époux sont invités à soumettre à l'homologation du juge des conventions réglant tout ou partie des conséquences du divorce, autres que celles relatives à la liquidation du régime matrimonial. Après avoir vérifié que les intérêts de chacun des époux et des enfants sont préservés, le juge homologue les conventions en prononçant le divorce.

La constitution d'un capital obéit aux modalités fixées par les époux. La révision, notamment, est admise, de telle sorte que si le capital devient insuffisant pour couvrir les besoins du conjoint créancier, celui-ci peut demander un complément sous forme de rente. La situation de ce dernier est donc prise en considération, sans préjudice pour les intérêts du débiteur.

Il sera aussi possible d'attribuer des rentes temporaires et de prévoir que le versement de la prestation cessera à compter de la réalisation d'un événement déterminé. Enfin, les possibilités de révision, d'un commun accord, ou à la demande unilatérale d'un époux, sont identiques à celles prévues pour la révision des prestations dans le cadre d'un divorce par consentement mutuel. L'ouverture des possibilités de révision ainsi offertes risque, cependant, d'alimenter un nouveau contentieux de l'après-divorce.

4. Les dommages-intérêts

240. Lorsque le divorce pour faute est prononcé aux torts exclusifs de l'un des époux, celui-ci peut être, condamné à des dommages-intérêts en réparation du préjudice matériel ou moral que la dissolution du mariage fait subir à son conjoint[115]. Cette possibilité n'était qu'une application, en matière de divorce, du principe général de responsabilité personnelle :

---

[115] A. Mounkala Kebi- *Droit congolais de la famille*, L'Harmattan p. 125.

Aujourd'hui, l'on admet la possibilité pour le conjoint non fautif de demander des dommages-intérêts, surtout, on a tenté de restreindre les cas d'allocation de dommages-intérêts, tout en permettant leur attribution en dehors du divorce pour faute. Quelques observations succinctes suffiront à préciser le domaine et le régime de cette indemnisation.

A. Domaine

241. En raison du divorce, un époux peut subir un préjudice résultant du prononcé même de la dissolution du mariage. C'est le sens du principe même : l'époux qui n'a pas commis de faute peut solliciter une réparation du préjudice subi du fait de la dissolution du mariage. Plus précisément, la loi prévoit que des dommages-intérêts peuvent être accordés à un époux en réparation des conséquences d'une particulière gravité qu'il subit du fait de la dissolution du mariage, soit lorsqu'il est défendeur à un divorce prononcé pour altération définitive du lien conjugal, soit lorsque le divorce est prononcé aux torts exclusifs de son conjoint.

Ainsi, la volonté de responsabiliser l'époux défaillant conduit à maintenir un lien entre les conséquences financières du divorce et l'attribution des torts. Il en résulte aussi que l'allocation de dommages-intérêts n'est pas envisageable dans un divorce par consentement mutuel, ni dans un divorce accepté, et qu'elle se trouve neutralisée en cas de divorce aux torts partagés.

242. Lorsqu'il y avait rupture de la vie commune, des dommages-intérêts ne pouvaient pas être accordés, puisque la cause de divorce était objective. Mais la solution est contestable puisqu'elle oblige, en pratique, l'époux défendeur à former une demande reconventionnelle pour obtenir des dommages-intérêts. Ceux-ci peuvent, désormais, être alloués au défendeur à un divorce prononcé pour altération définitive du lien conjugal. La loi précise, cependant, que le défendeur ne doit pas avoir lui-même formé une demande en divorce : sans doute moins dans le but de pacifier la procédure, que de prendre en compte l'existence d'une disposition spéciale relative à la possibilité, pour le défendeur, de former une demande reconventionnelle et d'obtenir, éventuellement, un divorce pour faute prononcé aux torts exclusifs du demandeur.

Le régime particulier de cette responsabilité n'exclut pas l'application de l'article 1382 du Code civil. Dès lors, en vertu du principe général de responsabilité civile, il est toujours permis à un époux de demander la condamnation de son conjoint à lui verser des dommages-intérêts en réparation d'un préjudice autre que celui résultant du prononcé du divorce.

B. Régime

243. Les dommages-intérêts dus par l'époux aux torts exclusifs de qui le divorce pour faute est prononcé, ou par l'époux demandeur à un divorce prononcé pour altération définitive du lien conjugal sont destinés à réparer le préjudice résultant de la dissolution du mariage.

Mais il devra établir l'existence d'un préjudice. Cependant, pour apaiser les procédures de divorce, sans permettre à l'époux vraiment défaillant d'échapper à ses responsabilités, la loi prévoit que le bénéfice des dommages-intérêts ne peut être accordé à un époux que si la preuve est faite des conséquences d'une particulière gravité qu'il subit du fait de la dissolution du mariage. Quelle peut en être la consistance ? Il peut s'agir d'un préjudice matériel important qui ne serait pas toutefois réparé par l'attribution d'une prestation compensatoire. On peut citer à titre d'exemple des frais conséquents de déménagement et d'installation déboursés par l'époux innocent du fait que, par suite du divorce, le logement familial a dû être vendu. Le plus souvent, le préjudice est moral : le conjoint souffre particulièrement de la déconsidération qui s'attache à la situation de divorce, ou est gravement affligé par l'épreuve de la rupture.

244. En application du principe général de responsabilité civile, l'époux qui sollicite des dommages-intérêts devra d'abord prouver les fautes commises par son conjoint. Il devra ensuite établir le dommage qui en est résulté, mais qui doit être indépendant de celui qui est imputable à la dissolution du mariage. Par conséquent, l'indemnisation pourra être demandée par une action distincte de la procédure du divorce, ce qui est très rare. Elle revêtira les mêmes formes que précédemment, donc par l'allocation d'une somme d'argent. Mais le divorce n'a pas seulement des conséquences pour les époux, il a aussi des répercussions sur la situation des enfants.

Paragraphe III : Les conséquences du divorce pour les enfants

245. Le prononcé du divorce ne manque jamais de rejaillir sur les enfants du couple. Répercussion affectives et psychologiques, d'abord, contre lesquelles le droit ne peut rien, ou presque. Conséquences d'ordre juridique, ensuite, parce qu'il faut aménager les relations qui vont s'instaurer entre l'enfant et ses parents divorcés. Sans doute les droits et devoirs des père et mère à leur égard subsistent-ils. Les enfants issus du mariage restent légitimes, ils conservent leurs droits dans la succession de leurs parents, droits qui sont au demeurant réciproques, et les parents sont toujours tenus d'une obligation alimentaire, laquelle est également réciproque.

246. Ordonnance de non-conciliation – Pension alimentaire – Garde des enfants.

« ... L'an 2007 ;

Et le deux du mois d'octobre ;

Nous, E..., président du Tribunal de Grande Instance de Pointe-Noire ;

Assisté de maître T..., greffier en chef ;

Vu la requête en divorce en date à Pointe-Noire du 14 septembre 2007 introduite par monsieur D... de nationalité française, marié, chef de chantier, demeurant quartier Songolo, Pointe-Noire ;

Vu l'ordonnance du 19 septembre 2007 autorisant l'époux demandeur à faire citer sa conjointe devant le président du Tribunal de Grande Instance de Pointe-Noire pour l'audience de conciliation du 2 octobre 2007 à 10 heures ;

Ensemble, les articles 183 et 185 du Code congolais de la famille ;

Attendu qu'à l'audience suscitée les époux ont comparu ;

Attendu qu'à cette audience, les époux ne se sont pas entendus et il a été décidé par le tribunal qu'une pension alimentaire d'un montant de cent mille francs (100.000F CFA) soit attribuée à l'épouse,

Attendu que la garde des deux enfants est confiée au père.

Attendu que l'époux demandeur en divorce a tenu à maintenir sa requête d'instance ;

Constatons la non-conciliation des époux ;

Autorisons l'époux demandeur à poursuivre sa demande en divorce ;

Renvoyons la cause à l'audience du 22 octobre 2007 pour l'audience de fond ;

Réservons les dépens... »[116].

247. Cette ordonnance de non-conciliation, est intervenue après l'introduction de l'action en divorce par l'un des époux et l'audition des deux époux par le juge matrimonial.

Pendant la conciliation, première phase de la procédure de divorce, le juge est appelé à prononcer des mesures provisoires portant sur des questions principales ci-après ;

1 – La résidence des époux ;

2 – la garde des enfants mineurs ;

3 – L'allocation des aliments à l'un des époux démuni ;

4 – La conservation du patrimoine familial.

Les attributions de juge ont pour assise juridique l'article 185 de la loi n°073/84 du 17 octobre 1984 portant Code de la famille, lequel lui donne de larges pouvoirs en des termes qui suivent : « (...) *prescrire toutes mesures provisoires jugées utiles dans l'intérêt des époux et des enfants que pour la conservation du patrimoine familial* ».

---

[116] Cf. T-G-I de Pointe-Noire , R-C- n° 1266- Année 2007, inédit.

Dans son ordonnance susvisée, le juge ne s'est prononcé expressément que sur la question relative à la pension alimentaire et à la garde des deux enfants mineurs issus des œuvres des deux époux, et ce, certainement en réponse aux seules demandes formées par les parties au procès elles-mêmes.

Les articles 305, 306, 307 et suivants du code de la famille disposent d'une part que l'obligation alimentaire est due entre le père et la mère, ceux-ci et leurs enfants et d'autre part que la personne qui en réclame doit la justifier.

Par contre, l'article 194 du même code conditionne la garde de l'enfant mineur, à tel ou tel autre parent, à l'intérêt légitime dudit enfant, c'est-à-dire au besoin d'une situation globale et favorable à son épanouissement, en des termes ci-après :

« La garde et l'autorité parentale sur les enfants issus du mariage seront dévolues par le juge en fonction de l'intérêt des enfants et, ce, quel que soit leur âge. »

Cette décision qui a attribué l'autorité parentale et le droit de garde à l'époux est, fort curieusement, demeurée muette sur le droit de visite et d'hébergement qui aurait du être expressément accordé à l'épouse, privée du premier droit.

Titre II
La séparation de corps

248. Les difficultés que connaissent certains époux peuvent se résoudre, en marge du divorce, par une séparation. Celle-ci apparaît sous deux formes. Ou bien, les époux décident d'un commun accord, ou l'un d'eux prend l'initiative d'une cessation de la communauté de vie. Cette situation est caractérisée par l'absence de toute organisation juridique, conformément à l'article 196 du Code de la famille (Section 1), comme on l'a vu antérieurement. Ou bien, cette dispense de vie commune est l'objet propre de la procédure engagée : on parle alors de séparation de corps (Section 2).

Section I : La séparation de fait

249. Par définition, ce mode de vie séparée des époux n'est pas organisé par une décision de justice, à la différence de la séparation de corps. Mais le juge peut être amené, lorsqu'il est saisi par un époux, à constater cette séparation comme un fait qui existe, et la loi prévoit alors que certaines conséquences s'attachent à cette nouvelle donnée factuelle. Il en est ainsi dans les rapports entre époux, comme dans leurs relations avec les tiers.

250. Séparation de fait – Torts réciproques - Commission du notaire

« ... Suivant déclaration à Pointe-Noire en date du 15 janvier 2003, G... a assigné son épouse B... pour s'entendre :

Prononcer le divorce aux torts exclusifs de l'épouse ;

Il expose à l'appui de sa demande qu'il est marié à dame B... le 20 octobre 1962 par devant l'officier d'état civil de Pointe-Noire suivant acte de mariage n° 20 ;

De leur union sont nés quatre enfants :

Après un début harmonieux de vie commune, courant 1968, l'épouse a quitté le foyer conjugal à la suite d'une bagarre ;

Depuis lors les époux sont en séparation ;

De ce fait, il se dit fondé en sa demande en divorce ;

Il a précisé qu'il ne demande pas des dommages-intérêts et ne versera à son épouse aucune pension alimentaire ;

B... dans sa défense orale a rétorqué qu'en 1968 son époux lui avait demandé de libérer la chambre qu'elle occupait pour intégrer celle des enfants ;

En effet son époux voulait y loger sa deuxième femme ;

Depuis lors son époux ne s'intéressant plus à elle, a fini par la répudier après avoir détruit tous ses biens et les habits de ses clients, puisqu'elle est couturière ;

Elle a précisé que sur l'autorisation de son époux, un médecin lui a ligaturé les trompes à son insu, et que depuis lors elle ne fait plus d'enfant depuis l'âge de 23 ans ;

Elle a poursuivi en indiquant qu'elle n'entend pas divorcer, elle demande reconventionnellement ;

Le partage de la parcelle de terrain acquise pendant le mariage ;

La condamnation de son époux à lui payer la somme de 10.000.000F CFA à titre de dommages-intérêts ;

G..., en réplique a nié avoir fait subir à son épouse une intervention chirurgicale pour ligaturer des trompes ;

Plutôt son épouse avait un kyste ovarien ;

À la suite de l'opération chirurgicale, le médecin les a informés de ce que la patiente ne pouvait plus avoir des enfants ;

Il s'oppose aux demandes de son épouse ;

Sur quoi le tribunal :

Attendu qu'il résulte des pièces du dossier que G... et M... ont contracté mariage le 20 octobre 1962 par devant l'officier de l'état civil de Pointe-Noire comme le prouve l'acte de mariage n°20 ;

Que de leur union sont nés quatre enfants dont trois sont vivants;

Attendu que l'épouse s'oppose à la demande en divorce d'avec son époux en excipant de ce qu'elle vit séparée de son époux depuis 1968 sans demander le divorce quoique celui-ci ait eu d'autres femmes avec lesquelles il a eu 12 enfants ;

Que de ce fait, son époux n'est donc pas fondé de demander le divorce ;

Mais attendu qu'aux termes de l'article 180 du Code de la famille : ''Le divorce peut être prononcé à la demande de l'un des époux, entre autre, ''en cas de séparation de fait prolongée depuis deux ans''

Que ce fait que l'épouse n'ait pas demandé le divorce ne fait pas obstacle à ce que l'époux le fasse dès lors que l'article précité donne le droit à chaque époux de demander le divorce ;

Attendu que cette si longue séparation de fait imputable à chacun des époux, constitue une violation grave et d'ailleurs renouvelée des obligations résultant du mariage rendant intolérable le maintien des liens du mariage ;

Qu'il sied de prononcer le divorce d'entre les parties à leurs torts réciproques ;

Attendu que le mariage des parties célébré en 1962, antérieurement au Code de la famille l'a été sans contrat de mariage préalable ;

Attendu qu'aux termes de l'article 812 du Code de la famille, les époux se trouvant dans cette situation, devaient dans un délai de cinq ans, à compter de l'entrée en vigueur du Code de la famille prendre option conformément aux dispositions de l'article 142 alinéas 4 du même Code,

À défaut d'option au reste de ce délai, les époux sont placés de droit sous le régime de la communauté réduite aux acquêts ;

Attendu que le divorce met fin au régime matrimonial ;
Qu'il y a donc lieu d'ordonner la liquidation du régime matrimonial.
Quant à la somme de 10.000.000F CFA à titre des dommages-intérêts ;
Attendu que le divorce a été prononcé aux torts partagés des époux ;
Que dès lors il sied de rejeter cette demande ;
Attendu qu'il y a lieu de faire masse des dépens pour être supportés de moitié par chacune des parties ;
Par ces motifs :
Statuant publiquement, contradictoirement en matière civile, en premier ressort et après débats en chambre de conseil ;
Vu l'ordonnance de non-conciliation en date du 03 Février 2003.
Prononce le divorce d'entre les époux G... et B... pour rupture de la vie commune depuis plus de deux ans et aux torts réciproques des époux ;
Dit que le présent dispositif du jugement sera mentionné en marge de l'acte de mariage n° 20 du 20 octobre 1962 à Pointe-Noire ainsi que des actes de naissance desdits époux nés respectivement :
L'époux, le 4 février 1935 à Pointe-Noire ;
L'épouse, le 17 mai 1942 à Loandjili ;
Déboute B... de sa demande en paiement des dommages-intérêts ;
Prononce le cas échéant la dissolution du régime matrimonial ayant existé entre les époux ;
Commet maître B..., notaire à Pointe-Noire à l'effet de procéder à la liquidation et au partage des droits respectifs des parties dans leur communauté conjugale et monsieur M...juge pour faire rapport sur l'homologation éventuelle de ladite liquidation... »[117].

I. Rapports entre époux séparés de fait

251. Les devoirs essentiels du mariage subsistent. Donc, l'époux qui se trouve sans ressources suffisantes pour vivre est en droit d'obtenir la condamnation de son conjoint à lui verser une contribution aux charges du mariage. Celle-ci en effet n'implique pas l'existence d'une communauté de vie entre les conjoints. Encore qu'à cette occasion, ayant à statuer sur la demande de contribution, il est permis au juge de tenir compte des circonstances de la cause et de la responsabilité dans la séparation. Il y a là une application de l'idée d'interdépendance des obligations issues du mariage. De même, le juge pourra prendre des mesures afin d'assurer la sauvegarde des intérêts de la famille[118].

---

[117] T-I de Pointe-Noire, R-C n° 016 -Année 2003, Rép n° 116 du 10-04-2003, inédit.
Sur la responsabilité partagée des époux lors de la séparation de fait, voir A. Iloki, *Le droit du divorce au Congo*, p. 52.
[118] A. Mounkala Kebi, *Droit congolais de la famille*, p. 116 et 117.

Mais, si les époux organisent par un pacte de séparation amiable les conséquences de leur séparation, de telles conventions seront dépourvues de valeur juridique. Un époux peut, à tout moment, réclamer la reprise de la vie commune. Cependant, pour des raisons évidentes, il ne saurait obtenir la condamnation de son conjoint à l'exécution forcée. Le juge n'est pas autorisé à tenir compte des arrangements conclus entre époux : mais il ne peut s'agir des aménagements conventionnels des devoirs et obligations nés du mariage. L'on n'autorise cette prise en considération que dans les hypothèses où le juge statue sur les modalités d'exercice de l'autorité parentale. Les textes relatifs à l'autorité parentale, il est vrai, ont accru l'influence que les conventions conclues entre les père et mère de l'enfant peuvent exercer, mais c'est sous réserve d'homologation par le juge.

252. Conversion de la séparation de fait en séparation judiciaire de corps - Demande reconventionnelle - Vie volage – Divorce - Domicile parental - Droit de visite – Liquidation de la communauté

« ... Attendu que par requête en date, à Pointe-Noire du 17 juin 1999, Mme GN... ; mariée, mère de deux enfants, domiciliée à Pointe-Noire, a saisi le tribunal de céans siégeant en matière civile, à l'effet de s'entendre prononcer le divorce d'avec son époux ;

Attendu qu'elle expose à l'appui de sa requête :

Qu'elle est mariée à GN...depuis le 27 décembre 1987, sous le régime de la communauté de biens ;

Que de cette union sont issus deux enfants ;

Qu'après avoir quitté le Congo en septembre 1995 pour des raisons personnelles et après avoir mené une vie volage à l'étranger, son époux rejoint le Congo en octobre 1997 pour y reprendre une ''vie normale'' ;

Que n'ayant pas de domicile fixe, il s'installe momentanément chez ses parents lui demandant de le rejoindre, ce qui fut fait sans objection pour elle ;

Que courant 1998, débarque une de ses maîtresses qui s'installe aussi au domicile familial ;

Que ne pouvant supporter la situation, elle demande une concertation avec sa famille, laquelle n'a jamais eu lieu ;

Que mieux son époux lui inflige une sommation interpellative pour abandon de domicile conjugal, ce à quoi elle répondait que le domicile parental ne pouvait en aucun cas représenter le domicile conjugal et que les conditions n'étaient pas réunies pour qu'elle puisse y vivre ;

Que par la suite, elle demandait à son époux de trouver une maison afin qu'ils puissent y vivre, loin des parents ;

Que son côté volage reprenant toujours le dessus, monsieur NG... préférait mener cette vie, vivant tantôt à Brazzaville avec ses maîtresses, tantôt à l'hôtel ne songeant même pas à ses enfants ;

Que début 1999, monsieur NG...se décidait enfin de s'installer à Pointe-Noire où il y trouve domicile ;

Que prenant à l'insu les enfants qui jusque-là étaient avec elle, monsieur NG... décide de vivre chez lui avec une de ses maîtresse la laissant dans le désarroi et lui interdisant l'accès de sa maison pour ne pas troubler sa nouvelle vie et que, dorénavant, elle n'avait qu'à rester chez ses parents ;

Que ne trouvant pas de solution à ce problème, étant constamment humiliée devant ses enfants par monsieur NG...et sa maîtresse, elle préfère retrouver sa dignité par le divorce et souhaite qu'un compromis soit trouvé quant à la garde des enfants ;

Attendu que par conclusions en date, à Pointe-Noire du 15 juillet 1999, sieur NG... explique :

Qu'aux termes de l'article 171 du Code de la famille, la résidence de la famille est choisie par le mari et que la femme est obligée de vivre avec le mari ;

Qu'en cas de difficulté, celui-ci peut recourir au domicile familial en vertu de l'obligation alimentaire qui existe entre les père et mère, ceux-ci et leurs enfants prévue à l'article 307 al 2 du Code de la famille ;

Que l'obligation alimentaire comprend tout ce qui est nécessaire à la vie, à savoir, le logement, les vêtements, les frais de maladie et même les frais funéraires ;

Que ces besoins sont non seulement ceux du créancier alimentaire lui-même, mais aussi ceux des membres de sa famille qui sont également à sa charge ;

Qu'en vertu de cette obligation, le domicile familial peut donc être le domicile conjugal des époux.

Qu'en outre, en obligeant la femme à cohabiter avec le mari, le Code de la famille ne prévoit nullement une dispense de cohabitation pour manque de condition de confort ;

Qu'en conséquence, c'est dame NG... qui a abandonné d'elle-même le domicile conjugal ;

Que cette attitude constitue une cause de divorce prévue par le Code de la famille ;

Que s'agissant de la prétendue cohabitation avec une maîtresse, il sied de préciser que dame NG... s'est laissée elle-même dans le désarroi en refusant de réintégrer le domicile conjugal à l'issue de la sommation interpellative du 05 octobre 1998 ;

Qu'elle s'est encore mise dans le désarroi en ne préférant cohabiter avec lui que dans les bonnes conditions de confort ;

Que c'est comme si elle s'était également offerte la faculté de choisir les moments de cohabitation ;

Qu'en vue de faire la preuve de sa cohabitation avec une maîtresse, dame NG... a produit au tribunal un procès-verbal de constat d'adultère ;

Qu'il convient d'observer que le procès-verbal qui a pour objet le constat d'adultère se base sur les déclarations de la femme de ménage qui ignore d'ailleurs les nom et prénoms de la femme qui serait sa maîtresse ;

Qu'il est inadmissible que la femme de ménage qui, par nature travaille sous les orientations de la femme du foyer, puisse ignorer ses nom et prénoms, alors que celle-ci serait sa maîtresse ;

Qu'il réfute la matérialité de cette preuve ;

Qu'en définitive, il s'agit là des manœuvres organisées par dame NG... qui a été à l'origine de la séparation de fait qui lui conduit aujourd'hui à demander le divorce ;

Que de son côté, il a des plus justes raisons de demander le divorce ;

Qu'il entend en effet former une demande reconventionnelle en divorce à l'appui de laquelle il articule et offre de prouver l'abandon moral et matériel du foyer par son épouse ;

Que ce comportement constitue une cause de divorce prévue à l'article 180 du Code de la famille et est de nature à faire prononcer le divorce à son profit ;

Sur quoi le tribunal

Attendu que dame NG..., sollicite le divorce d'avec son époux demandeur reconventionnel en divorce à son profit ;

Attendu qu'il ressort des éléments du dossier que la conjointe NG..., en refusant de réintégrer le foyer à la suite de la sommation interpellative a provoqué par ce fait même la rupture du lien conjugal ;

Que cependant, l'époux demandeur reconventionnel au divorce, menant une vie volage et entraînant une maîtresse au foyer conjugal a violé, lui aussi, un devoir découlant du mariage, celui de la fidélité ;

Qu'alors les faits évoqués par NG..., d'une part, et par monsieur NG... d'autre part sont de nature à entraîner le divorce ;

Qu'en agissant ainsi, chacun des époux a contribué à la destruction du lien matrimonial ;

Qu'il échet de leur partager les torts en recevant partiellement leurs demandes ;

Sur la garde des enfants :

Attendu que l'ordonnance du 16 juillet 1999 a réglé provisoirement la question relative à la garde des enfants ;

Qu'il échet de confirmer les termes de cette ordonnance en confiant au père la garde des enfants issus du mariage et en accordant à la mère un large droit de visite.

Par ces motifs :

Statuant publiquement, contradictoirement, en matière civile et en premier ressort, après débats en chambre de conseil ;

Vu L'ordonnance en date du 16 juillet 1999 convertissant en séparation judiciaire de corps, la séparation de fait des deux époux ;

En la forme

Reçoit la demande en divorce de dame NG..., ainsi que la demande reconventionnelle de monsieur NG...

Au fond :

Les ont dit chacun partiellement fondés ;

Prononce, en conséquence, avec toutes les obligations de droit, le divorce d'entre les époux à leurs torts réciproques ;

Fait défense à la femme de porter à l'avenir le nom de l'époux ;

Prononce la dissolution du régime matrimonial ayant existé entre les époux ;

Dit en conséquence que par-devant maître M, notaire à Pointe-Noire, il sera procédé à la liquidation de la communauté ayant existé entre les époux ;

Confie au père la garde des enfants issus de l'union de monsieur et madame NG... ;

Accorde à la mère un large droit de visite ;

Dit que le dispositif du présent jugement sera transcrit sur les registres de l'état civil de la mairie centrale du département du Kouilou où le mariage a été célébré le 26 décembre 1987 et que mention en sera faite sur les actes de naissance de chacun des époux... »[119].

II. Rapports des époux séparés de fait avec les tiers

253. En principe, la séparation de fait est sans effet à l'égard des tiers, ainsi que pour le paiement des loyers du logement familial. Par exception, les législations sociale et fiscale en tiennent compte, comme pour priver le conjoint séparé de fait du capital-décès prévu par l'article l. 361-4, alinéa 2, du Code de la sécurité sociale.

Section II : La séparation de corps

254. La séparation de corps, par contraste avec la séparation de fait, est une dispense judiciaire de l'obligation de vie commune. Ainsi que le précise l'article 196 du Code de la famille, la séparation de corps ne dissout pas le mariage, mais elle met fin au devoir de cohabitation. Pour cette raison, la séparation de corps a été pendant longtemps présentée comme le divorce des catholiques, car elle est compatible avec le dogme de l'indissolubilité du mariage prônée par le droit canonique. Mais la séparation de corps peut être convertie en divorce, éventuellement contre le gré d'un époux. Elle est donc conçue aujourd'hui par la plupart des époux qui la demandent comme une étape intermédiaire, une sorte de prélude au divorce.

---

[119] Cf. T-G-I de Pointe-Noire, R-C n° 317 Année 1999- Rép- n° 009 du 05-01- 2004, inédit.

D'où l'analogie avec celui-ci : la séparation de corps peut être prononcée pour les mêmes causes et suivant une procédure identique à celle du divorce (paragraphe I). Elle s'oppose, en revanche, au divorce par ses effets, puisqu'elle ne fait pas disparaître le mariage (paragraphe II). Cette subsistance du lien conjugal empêche naturellement les époux de contracter un nouveau mariage. Mais comme dans le même temps ils ne vivent plus ensemble, c'est la finalité de l'institution. Les époux se trouvent dans une situation qui peut à la longue se révéler difficilement supportable. Il est donc prévu une issue, par la cessation de la séparation de corps (Paragraphe III).

Paragraphe 1 : Causes et procédure de la séparation de corps

255. La séparation de corps nécessite, comme le divorce, le prononcé d'une décision judiciaire. Au demeurant, la similitude avec le divorce est presque totale pour les causes et pour la procédure.

I. Causes de la séparation de corps

256. À l'instar du divorce, la séparation de corps peut être demandée par un époux : demande acceptée, altération définitive du lien conjugal ou faute. Elle peut aussi intervenir du consentement mutuel des deux époux. Le demandeur a donc le choix entre le divorce et la séparation de corps pour trouver un remède aux mésententes conjugales. La solution radicale est de très loin préférée : il y a vingt fois plus de divorces que de séparations de corps (indice non publié, dans la commune de Pointe-Noire, sur des transcriptions dans les registres de l'État civil).

La séparation de corps pour rupture de la vie commune était très rare. Un époux pouvait, néanmoins, y trouver avantage pour éviter de se voir opposer une clause de dureté, qui impliquait une dissolution du mariage et n'avait donc pas sa place dans la séparation de corps. L'altération définitive du lien conjugal résultant désormais de la cessation de la communauté de vie durant les deux années précédant la requête initiale pourrait donner un nouvel intérêt à une demande en séparation de corps fondée sur cette cause, renforçant ainsi la nature de la période de réflexion que constitue souvent la séparation de corps[120].

II. Procédure de la séparation de corps

257. La procédure de la séparation de corps suit les règles de la procédure du divorce que l'on connaît. Le choix entre la séparation de corps et le divorce a toutefois des incidences sur les demandes que les époux peuvent formuler.

---

[120] A. Mounkala Kebi, *Droit congolais de la famille*, L'Harmattan p. 113 et s..

D'abord, à tout stade de la procédure, et même en appel, une demande en divorce peut être transformée en demande en séparation de corps : mais l'inverse n'est pas possible. Substitution d'autant plus remarquable qu'au cours de l'instance, le demandeur ne peut passer d'un cas de divorce à l'autre, sauf à utiliser les passerelles instituées entre les différentes procédures de divorce. Ensuite, le défendeur à une demande principale en divorce peut répliquer par une demande reconventionnelle en séparation de corps, sauf si le divorce est demandé pour altération définitive du lien conjugal. Alors, la demande reconventionnelle ne peut tendre qu'au divorce : cette disposition nouvelle est la conséquence de la reconnaissance par la loi du 17 octobre 1984 du droit unilatéral au divorce.

Il en va de même lorsqu'est formée une demande principale en séparation de corps : une demande reconventionnelle en divorce peut être formée. Il en résulte que la demande en divorce formée par un époux et la demande en séparation de corps formée par son conjoint peuvent être concurremment présentées. Alors, le juge examine si les causes en sont réunies. À défaut, il statue sur la demande en séparation de corps. C'est la traduction de l'idée de primauté du divorce sur la séparation de corps. Dans le même sens, si une demande en divorce et une demande en séparation de corps sont fondées sur la faute, le juge les examine simultanément ; s'il les accueille, le juge prononce à l'égard des deux époux le divorce aux torts partagés.

Paragraphe II. Les effets de la séparation de corps

258. Certains effets de la séparation de corps sont également des effets du divorce : notamment, le sort des donations et avantages matrimoniaux est identique, tandis que l'époux innocent peut se voir accorder des dommages-intérêts en réparation du préjudice d'une particulière gravité subi du fait de la suppression de la vie commune. Il suffit de renvoyer, à ce sujet, aux développements qui précèdent.

Pour le reste, les effets de la séparation de corps sont spécifiques, du fait du maintien du mariage. Celui-ci, toutefois, est aménagé aussi bien dans les relations personnelles des époux que dans leurs rapports pécuniaires.

I. Effets personnels

259. La particularité de l'institution est de laisser subsister le lien conjugal. Les époux vont ainsi se trouver dans une situation intermédiaire entre l'état matrimonial et la condition de divorcés, puisque la vie commune disparaît alors que le mariage subsiste.

260. Conversion de la séparation de corps en divorce – Acquiescement - Abandon du foyer conjugal – Infidélité - Survenance d'enfants hors du foyer conjugal

« … *Attendu que par requête en date à Dolisie du 26 décembre 2009, monsieur G…, agent COMILOG retraité, a attrait devant le tribunal de céans siégeant en matière civile son épouse dame G… aux fins de s'entendre prononcer le divorce d'entre lui et cette dernière ;*

Que pour toutes ces raisons le divorce devrait être prononcé sans qu'il prétende à un quelconque remboursement ni paiement de dommages-intérêts ;

Attendu que dans sa lettre, en réponse du 08 mars 2001, l'épouse N… se refuse de répondre aux raisons lointaines exposées à tort ou à raison par son mari pour le respect de leurs sept enfants devenus déjà majeurs;

Qu'elle donne cependant son entière adhésion à cette procédure qui mettra fin à une séparation de corps qui n'a que trop duré ;

Qu'elle suggère toutefois que le divorce soit prononcé aux torts des époux et qu'ils soient condamnés solidairement en paiement des frais tous les deux ;

Sur quoi le tribunal

Attendu que les deux parties conviennent pour le divorce et que les allégations du requérant n'ont pas été contestées ;

Attendu qu'aux termes de l'article 180 du Code de la famille le divorce peut être prononcé à la demande de l'un des époux ;

Lorsque la vie commune est devenue intolérable par suite de l'infidélité, des excès imputables à l'un des époux.....

Lorsque la vie d'un conjoint et la sécurité des enfants sont gravement compromises par l'inconduite ou par l'abandon moral ou matériel du foyer

En cas d'absence déclarée de l'un des époux ou de séparation de fait prolongée depuis deux ans ;

Attendu par ailleurs que les tentatives de règlement amiable de ce différend se sont soldées par des échecs de sorte que le requérant s'estime fondé à solliciter du tribunal le prononcé de cette déclaration de divorce ;

Que la vie commune entre G… et N…est devenue impossible tel que le prouve la non-conciliation en chambre de conseil du 09 septembre 2002.

Attendu que les enfants issus de ce mariage sont tous devenus majeurs et qu'aucun problème ne se pose à leur sujet ;

Qu'il sied en conséquence de confirmer la non-conciliation et prononcer le divorce aux torts exclusifs de l'épouse N… ; de prononcer la dissolution de leur régime matrimonial et dire que le dispositif du présent jugement soit transcrit en marge de l'acte de naissance des époux

Par ces motifs :

Statuant publiquement, contradictoirement en matière civile et en premier ressort, après débats en chambre de conseil ;

Confirme l'ordonnance de non-conciliation du 09 septembre 2002 ;
Reçoit G... en sa demande ;
En conséquence prononce le divorce d'entre G... aux torts exclusifs de l'épouse ;
Donne acte à l'époux de ce qu'il ne demande rien ;
Prononce la dissolution du régime matrimonial ayant existé entre les époux ;
Condamne en outre N... aux dépens... »[121]

A. Disparition de la vie commune

261. Le devoir de vie commune, qu'impose le mariage, disparaît ; c'est l'effet essentiel de la séparation de corps. Chaque époux recouvre le droit de fixer librement sa résidence, puisqu'il n'y a plus de résidence commune. Solution qui emporte de plein droit domiciles distincts. Cette séparation des résidences fait disparaître aussi le devoir d'assistance qui est lié à la communauté de vie. Il est mis fin également, par voie de conséquence, au devoir conjugal (au sens charnel).

La disparition du devoir de cohabitation (au sens matériel et au sens charnel) conduit à s'interroger sur le sort de l'obligation de fidélité.

262. Stérilité – Absence de faute de l'épouse – Restitution des effets personnels et des sommes d'argent

« ... Attendu que par requête en date à Pointe-Noire du 20 mars 2003, dame MV... née NG..., a assigné en justice, le nommé MV... aux fins de s'entendre prononcer le divorce aux torts exclusifs de ce dernier et de voir ordonner la restitution des effets personnels et de la somme d'argent par lui détenue au détriment de la requérante ;

Qu'elle expose au soutien de son action qu'elle est liée à MV... par un contrat de mariage célébré devant l'officier d'état civil de l'arrondissement N°1 Makélékélé Brazzaville en date du 09 juin 1990, alors qu'ils ont commencé à cohabiter depuis courant 1979 ;

Qu'en dépit de ce que leur union n'a point donné naissance à des enfants, l'harmonie a régné dans leur ménage jusqu'au 05 novembre 2000 où MV..., avait fait installer demoiselle Z... dans leur maison conjugale, en remplacement de la requérante ;

Que moult tentatives de les réconcilier se sont avérées vaines, MV... s'étant résolu pour divorcer ;

---

[121] T G I- Dolisie- R-C n° 09/2000. Rép- n° 05/03 du 05-02-2003, inédit.
Sur la preuve de l'infidélité par la naissance d'enfants, voir- A. Iloki, Le *droit du divorce au Congo*, p. 14.

Que n'habitant plus au domicile conjugal, MV... a profité de l'occasion pour garder une partie de ses objets composés : d'un pagne en tissus imprimé, un tricot, une serviette de toilette, une veste de couleur vert citron, tous les cadeaux reçus lors de leur mariage, des ustensiles de cuisine, des matériaux de construction et d'une somme de 100.000 francs CFA, rangés entre les pagnes ;

Que MV... lui était débiteur de la somme de 350.000FCFA ;

Attendu que par des conclusions non datées, MV..., conclut au prononcé du divorce non pas à son tort, mais aux torts partagés entre lui et dame MV... ;

Qu'il allègue pour se défendre qu'après 10 ans de mariage sans enfant, il ait obéi à la coutume en mettant son épouse, dame MV... à la disposition de sa famille pour que celle-ci soit traitée de sa stérilité ;

Que leurs deux familles s'étaient engagées de se rencontrer afin d'assurer un traitement traditionnel à dame MV...;

Que curieusement, la belle-famille du concluant a été défaillante et sans attendre toute autre démarche, dame MV... avait décidé unilatéralement de rentrer à Pointe-Noire où elle avait élu domicile auprès d'un couple ami que l'époux aurait menacé de mort;

Qu'après ces menaces, le concluant devenait réticent vis-à-vis de la requérante ;

Qu'à l'exception des cadeaux de mariage et de la veste, tous les effets personnels de l'épouse ont été remis à ses parents ;

Qu'avant la célébration de leur mariage, le concluant avait mis à la disposition de la requérante des produits de beauté en vue de les vendre ;

Qu'ainsi la requérante lui avait remis la somme de 250.000F CFA ;

Attendu que pour répliquer au sieur MV..., Dame MV... réitère ses précédentes écritures ;

Qu'elle soutient que les discussions entre leurs deux familles n'ont point prospéré à cause de MV... qui avait furtivement quitté Brazzaville sans pour autant laisser les moyens ;

Que les prétentions de MV..., ne pourront prospérer, car celui-ci n'a pas répondu aux faits qui lui sont reprochés ;

Sur quoi le tribunal :

Attendu que l'article 179 du Code de la famille, en son second paragraphe, dispose que le mariage se dissout par le divorce ;

Attendu que l'article 180 du Code de la famille précise que le divorce peut être prononcé à la demande de l'un des époux lorsque la vie commune est devenue intolérable par suite des excès, sévices.

Attendu que l'article 185 du Code de la famille dispose en son paragraphe 1er que si les époux ne se réconcilient pas, le juge rend une ordonnance constatant la non-conciliation et fixe la date de l'audience ;

Attendu que l'article 193 du Code de la famille règle les effets patrimoniaux du divorce ;

Attendu qu'il est constant que depuis courant 2000, les époux MV... ne cohabitent plus comme mari et femme ;

Que sieur MV... reproche à dame MV..., le fait qu'elle soit stérile ;

Qu'ainsi il a cru, pour traiter dame MV..., la déposer auprès des parents de cette dernière ;

Qu'il n'a point soutenu dans ses écrits, avoir tenté une démarche pour récupérer son épouse ;

Que d'ailleurs, dame MV... soutient sans être contredit que sieur MV... a profité de son absence pour la remplacer par demoiselle Z...

Attendu que dame MV... a sollicité du tribunal, le prononcé du divorce aux torts exclusifs de MV... ;

Que ce dernier ne s'oppose pas au principe, mais demande que ledit divorce soit prononcé aux torts partagés des deux ;

Attendu que le dossier comporte une ordonnance de non-conciliation des époux MV..., rendue par le président du Tribunal de Grande instance de céans ;

Qu'en l'absence de la stabilité qui caractérise cette institution, le juge ne peut que constater la volonté des parties de ruiner leur union ;

Attendu qu'aucune faute n'est reprochée à dame MV... faute pouvant être analysée en cause de divorce ;

Qu'il convient de prononcer le divorce ainsi sollicité aux torts exclusifs de MV ;

Attendu que dame NG... a sollicité du Tribunal, la condamnation de MV... à lui restituer ses effets personnels et les sommes d'argent par lui détenus au détriment de la requérante ;

Attendu que cette demande est légitime ;

Qu'il convient de liquider le régime matrimonial ayant existé entre les deux époux ;

Qu'il y a lieu d'ordonner la restitution de tous les effets personnels et les sommes d'argent de la requérante détenus par le défendeur ;

Par ces motifs :

Statuant publiquement, contradictoirement, après débats en chambre de conseil, en matière civile et en premier ressort ;

Vu l'ordonnance de non-conciliation du 29 avril 2003 ayant autorisé les époux à résider séparément.

Prononce le divorce d'entre les époux MV... et NG... aux torts exclusifs de MV...

Prononce la dissolution du régime matrimonial ayant existé entre les époux ;

Dit que le dispositif du présent jugement sera transcrit sur le registre d'état civil de la commune de Makélékélé où a été célébré le mariage, le 9 juin 1990 et mention en sera portée en marge des actes de naissance de chacun des époux.

Ordonne la restitution de tous les biens personnels de chacun des époux ;

Condamne MV... aux dépens... »[122].

263. Dans l'affaire ainsi répertoriée, jugement n° 1351 du 22 octobre 2003 MV... contre dame MV... le juge a prononcé le divorce aux torts du mari qui pour justifier l'adultère qu'il venait de commettre en installant une concubine dans son foyer conjugal a évoqué l'état de stérilité de son épouse alors que les rapports contractuels nés du mariage avec elles n'étaient pas encore rompus.

Pour n'avoir pas retenu l'argumentaire de l'époux qui espérait trouver la clémence du juge en évoquant l'état de stérilité de l'épouse, le juge a fait une très bonne interprétation des dispositions de l'article 180 du Code de la famille qui ne retient pas l'état de stérilité comme une cause du divorce.

L'obligation de fidélité

264. Certains auteurs considèrent que l'obligation de fidélité est maintenue et, dans le silence de la loi, les tribunaux ont parfois adopté la même solution. L'adultère d'un époux séparé de corps pourrait donc être invoqué par son conjoint comme étant une faute, cause de divorce, justifiant une action immédiate en divorce. À dire vrai, cette position est contestable. D'une part, en effet, l'obligation de fidélité est liée par nature humaine à la cohabitation. D'autre part, pour pouvoir être admis comme faute, cause de divorce, l'adultère devrait, suivant les exigences de l'article 180 du Code de la famille, rendre intolérable la vie commune. Le devoir de fidélité doit donc disparaître avec elle. C'est bien, du reste, ce que prévoit le droit de la filiation qui pose une véritable présomption d'infidélité : un enfant conçu par une femme mariée séparée de corps n'est pas légitime, c'est-à-dire qu'il n'est pas juridiquement l'enfant du mari.

265. Abandon mutuel de foyer - Torts partagés – Interdiction du port du nom.

« ... Attendu que dame K... épouse IK... a, par requête en date à Pointe-Noire, siégeant en matière civile, attrait son époux IK... pour s'entendre prononcer leur divorce aux torts de celui-ci ;

Qu'elle expose à l'appui de sa requête qu'elle avait contracté mariage avec monsieur IK... le 26 juillet 1975 devant l'officier d'état civil de Sibiti ;

Que de leurs œuvres sont issus six (6) enfants ;

---

[122] T G.I de Pointe-Noire, R-C n° 285, Année 2003, n° 1351 du 22 /10/2003, inédit.

Que le climat familial s'est détérioré depuis 1985 par l'abandon du foyer et ne bénéficiant d'aucune assistance de l'époux ;

Attendu que pour sa part, sieur IK... reconnaissant les faits à lui reprochés a en outre allégué que dame K... avait été la première à abandonner le foyer conjugal ;

Sur quoi le tribunal

Attendu qu'en la forme, l'épouse demanderesse en divorce a, en personne, présenté sa requête au président du tribunal du domicile du défendeur, celui-ci étant en effet domicilié à Pointe-Noire, circonscription judiciaire du Tribunal de Grande Instance de céans ;

Qu'il y a lieu de déclarer cette requête régulière et recevable ;

Attendu qu'au fond, qu'il résulte des écritures de l'épouse et des débats contradictoires que la vie commune est devenue intolérable par suite d'abandon mutuel du foyer ;

Qu'il est constant tant des pièces au dossier que des débats que dame K... épouse IK... et sieur IK... ont déserté le foyer conjugal ;

Que pareil comportement est une cause légale susceptible d'entraîner le divorce.

Que cela caractérise bien l'inconduite ou l'abandon moral ou matériel du foyer par les deux époux IK... prévu par l'article 180 du Code de la famille ;

Que ce grief étant reconnu par la loi, il y a lieu de prononcer le divorce des époux IK... aux torts partagés de ceux-ci ;

Attendu que de cette union sont nés six enfants tous majeurs aujourd'hui ;

Qu'il serait malséant d'évoquer le versement d'une quelconque pension alimentaire ;

Attendu qu'il y a lieu de faire interdiction à la femme de porter à l'avenir le nom du mari, ce à quoi elle ne s'y oppose d'ailleurs pas ;

Attendu que les époux IK étaient mariés sous le régime de la communauté réduite aux acquêts ;

Par ces motifs

Statuant publiquement et contradictoirement en matière civile et en premier ressort après débats en chambre de conseil.

Vu l'ordonnance de non-conciliation en date du 23 juin 2009 ;

Prononce le divorce entre les époux IK... aux torts partagés des époux ;

Dit que le présent dispositif du jugement sera mentionné en marge de l'acte de mariage dressé le 26 juillet 1975 par l'officier d'état civil de Sibiti ainsi que des actes de naissance desdits époux.

Fait défense à la femme de porter à l'avenir le nom du mari ;

Prononce la dissolution du régime matrimonial ayant existé entre les époux ;

Fait masse des dépens[123].

B. Survie du mariage

266. Les époux séparés de corps ne peuvent se remarier : c'est une conséquence de la subsistance du mariage et qui constitue la différence essentielle avec le divorce. Puisque le mariage subsiste, chaque époux séparé de corps conserve l'usage du nom du conjoint. Toutefois, le jugement de séparation de corps ou un jugement postérieur peut le lui interdire, compte tenu des intérêts respectifs des époux.

II. Effets pécuniaires

267. L'ambiguïté de la situation des époux séparés de corps, qui apparaît sur le plan personnel, se traduit dans les rapports pécuniaires par divers aménagements. Dans la mesure où le mariage subsiste, il existe nécessairement un régime matrimonial après séparation de corps : mais il subit des transformations. De même, le devoir de secours est maintenu, mais son exécution tient compte de la situation nouvelle.

A. Le régime matrimonial

268. – La séparation de corps entraîne toujours la séparation de biens : les époux sont séparés de corps et de biens. De telle sorte que si les époux étaient mariés sous un régime de communauté, il y a substitution automatique d'un régime séparatiste. Le fondement de la solution est évident : les époux séparés de corps ne vivant plus ensemble, il est logique d'assurer l'indépendance de leurs intérêts pécuniaires. La communauté est donc dissoute, à la même date que s'il y avait eu divorce. Les biens communs doivent être partagés. Les modalités peuvent en être arrêtées par les époux, pendant l'instance, par le biais d'une convention dont les effets sont suspendus jusqu'au prononcé de leur séparation de corps. Ces modalités de partage doivent, du reste, être fixées par les époux qui demandent la séparation de corps par consentement mutuel dans la convention qui sera homologuée par le juge.

269. Compétence internationale du juge congolais – Séparation de fait – Détérioration du climat conjugal – Perte du port du nom

« ... Par requête en date à Pointe-Noire du 12 septembre 2005, H... expose qu'il a contracté mariage le 21 juin 1986 en France avec dame O..., de nationalité française ;

---

[123] T- G- I de Pointe-Noire, R-C. n°829- Année 2009. Rép-n° 449 du 10-08-09, inédit.
Sur l'interdiction et le refus spontané de la femme de porter le nom du mari..., voir A. Iloki, *Le droit du divorce au Congo*, p.111 et 112, précité.

Ils n'ont pas précédé leur union d'un contrat de mariage ;

De cette union est née un enfant le 7 mai 1986 à Saint Marcellin Isère (France) ;

Si les débuts de mariage furent heureux depuis 1997, le climat qui régnait au sein de leur mariage s'est graduellement détérioré à tel point que la vie commune était devenue impossible ;

Aujourd'hui dame O... est domiciliée à Brazzaville et sieur H... à Pointe-Noire ;

Le dialogue est quasi inexistant et il est impossible de parler d'une éventuelle réconciliation entre les époux ;

La preuve, dame O... avait engagé une procédure en France en 1997 ;

Une ordonnance de non-conciliation a même été rendue par le Tribunal de Grande Instance d'Angers en date du 16 septembre 1998 ;

Toutefois dame O... n'a pas assigné en divorce dans les délais requis par la loi et qu'en conséquence sa procédure est devenue caduque ;

Présentement force étant de constater l'échec de son mariage, le requérant a préféré assigner son épouse en divorce ;

Par écriture en date du 28 mars 2006, M... par le biais de son conseil maître C, avocat à la Cour, allègue qu'en date du 18 octobre 2005, le juge matrimonial a constaté la non-conciliation entre époux et a rendu une ordonnance de non-conciliation autorisant le requérant à poursuivre sa demande en divorce et a renvoyé la cause à l'audience du 24 octobre 2005 ;

Pour diligenter la procédure de divorce, le concluant a par exploit de Maître B..., huissier de justice près la Cour d'appel et les tribunaux de Brazzaville fait servir une signification d'ordonnance de non-conciliation avec sommation de comparution du 02 décembre 2005 ;

Présentement le requérant a repris l'initiative de la procédure en divorce ;

Conformément aux dispositions de l'article 822 alinéa 3 du Code congolais de la famille : ''Le divorce ou la séparation de corps est régi par la loi nationale des époux lorsqu'elle leur est commune...''

En l'espèce, à raison de la nationalité française des deux époux, sieur H... sollicite que soit prononcé leur divorce sur la base des articles 229, 237 et 238 du Code civil ;

Il appert de ces articles 229, 237 et 238 du Code civil qu'un des conjoints est fondé à demander le divorce ou la séparation de corps qui est régi par la loi nationale des époux lorsqu'elle leur est commune...''

Il suffit à l'époux demandeur de prouver qu'il ne cohabite plus avec son conjoint depuis deux ans pour obtenir le divorce ;

En l'espèce, les époux H... vivent séparément depuis 1997 ;

Dame O...est domiciliée à Brazzaville et sieur H... à Pointe-Noire ;

Dans ces conditions, sieur H... sollicite que le juge matrimonial prononce le divorce d'entre les époux pour altération définitive du lien conjugal avec perte du port du nom de l'époux par dame O... ;

Sur quoi le tribunal :

Attendu qu'aux termes de l'article 822 alinéa 3 du Code congolais de la famille, le divorce ou la séparation de corps est régi par la loi nationale des époux lorsqu'elle leur est commune.

Attendu que le sieur H... est fondé à solliciter l'application de la loi française en raison de la nationalité française des époux ;

Attendu que selon l'article 229 du Code civil le divorce peut être prononcé en cas :

Soit de consentement mutuel ;

Soit de rupture de la vie commune ;

Soit de faute ;

Attendu que l'article 237 du même Code dispose ''un époux peut demander le divorce en raison d'une rupture prolongée de la vie commune lorsque les époux vivent séparés de fait depuis deux ans''

Attendu qu'il ressort des pièces du dossier que H... et O... vivent séparés depuis 1997.

Attendu que cette séparation dure depuis plus de six ans ;

Attendu que durant ladite période la rupture de la vie commune d'entre les époux H... est avérée ;

Attendu que l'existence d'une séparation de fait de six ans entre les époux constitue une cause de divorce ;

Attendu que l'examen des pièces révèle que la volonté de H... et O... de mettre un terme à leur union est établie et pire encore ils n'ont daigné révéler les faits ayant conduit à cette séparation de fait ;

Attendu qu'en conséquence, il échet de prononcer le divorce d'entre les époux pour rupture de la vie commune aux torts partagés ;

Attendu qu'il échet de faire défense à l'épouse de porter à l'avenir le nom du mari ;

Attendu en outre qu'il y a lieu de prononcer la dissolution du régime matrimonial ayant existé entre les époux H... ;

Attendu qu'il échet de rejeter l'exécution provisoire sollicitée par H... ;

Attendu que O... n'a pas comparu ni produit de mémoire en défense de sorte que la décision sera réputée contradictoire à son encontre ;

Par ces motifs

Statuant publiquement par jugement réputé contradictoire en matière civile et en premier ressort ;

Vu l'ordonnance de non-conciliation en date du 18 octobre 2005 ;

Prononce le divorce d'entre les époux H... et O... pour rupture de la vie commune aux torts partagés ;

Fait défense à la femme de porter à l'venir le nom de son mari ;

Prononce la dissolution du régime matrimonial ayant existé entre les époux ;

Dit n'y avoir lieu à exécution provisoire sollicitée par H... ;

Dit que le dispositif du présent jugement sera mentionné en marge de l'acte de mariage N°8 dressé le 21 juin 1986 à la mairie de Saint Romans ainsi que des actes de naissance desdits époux nés respectivement, le mari le 15 janvier 1943 à Lyon 7eme, la femme le 12 avril 1960 à Pointe-Noire... »[124]

Paragraphe III : Autres conséquences

270. Bien que la loi ne les évoque pas, il semble que la séparation de corps ait d'autres répercussions sur le statut patrimonial des époux. Notamment, les dispositions relatives au sort du logement familial après le prononcé du divorce doivent logiquement prendre place dans le statut des époux séparés de corps.

Surtout, la question se pose de la survie du régime primaire : suivant qu'il est considéré comme étroitement lié à la subsistance du lien conjugal ou au contraire comme supposant l'existence d'un ménage, le régime primaire est maintenu ou disparaît entre époux. Pour les dettes contractées pour l'entretien du ménage ou l'éducation des enfants, ce régime ne devrait pas subsister, dès lors que les formalités de publicité prescrites par suite de la séparation de corps, le ménage a disparu. Pour la même raison, il est logique d'exclure la protection du logement familial édictée par l'article 171 du Code de la famille. Les époux séparés de corps acquièrent, en effet, le droit de mener une vie indépendante, si bien qu'il n'y a plus de foyer familial. La cogestion paraît, de surcroît, difficile à mettre en œuvre quand les époux ne vivent plus ensemble. L'extension du régime consécutif au divorce est, en fin de compte, plus adaptée. Dans le même sens, la contribution aux charges du mariage disparaît : elle laisse place au devoir de secours.

271. Insoumission - Abandon de foyer - Divorce prononcé sans la comparution de l'épouse – Liquidation de la communauté

« ... Attendu que par requête à Pointe-Noire, en date du 10 mars 2007, monsieur L... a attrait devant le Tribunal d'Instance de Tié-Tié siégeant en matière civile dame M... aux fins d'assignation en divorce ;

Qu'il expose au soutien da sa demande ;

Qu'il a contracté mariage en date du 4 janvier 2003 par devant l'officier d'état civil de Pointe-Noire avec dame M...,

Que du couple n'est né aucun enfant ;

[124] T.G.I de Pointe-Noire, R-C n° 870 – Année 2005. Rep n° 415 du 22 mai 2006, inédit.

Qu'il indique que son épouse a brillé par une insoumission ;
Qu'elle a d'ailleurs librement abandonné le foyer conjugal ;
Que toutes tentatives aux fins de la ramener à la maison se sont avérées vaines ;
Que ne pouvant plus entretenir ce climat, il sollicite que soit prononcé le divorce d'avec M...
Attendu que dame M... régulièrement citée n'a pas daigné comparaître ni conclure ;
Attendu que le tribunal de céans doit statuer sur le divorce et la liquidation de la communauté ;
Sur quoi le tribunal, sur le divorce.
Attendu que l'article 180 alinéa 2 du Code de la famille dispose que '' le divorce peut être prononcé à la demande de l'un des époux lorsque la vie d'un conjoint et la sécurité des enfants sont gravement compromises par l'inconduite ou par l'abandon moral ou matériel du foyer''
Attendu qu'il résulte de la requête de monsieur L... que son épouse M... a délibérément quitté le domicile conjugal ;
Que toutes les démarches aux fins de la ramener au foyer se sont avérées vaines ;
Que c'est à juste titre qu'il sollicite le divorce ;
Qu'il sied d'y faire droit aux torts exclusifs de l'épouse ;
Sur la liquidation et le partage de la communauté ayant existé entre les époux.
Attendu que le divorce entraîne ipso facto la liquidation et le partage de la communauté ayant existé entre les époux ;
Qu'il convient par conséquent d'ordonner s'il y a lieu la liquidation et le partage de la communauté ayant existé entre les époux ;
Attendu que ce jugement, est réputé contradictoire, en matière civile et en premier ressort ;
Vu l'ordonnance de non-conciliation du 25 juin 2007 ;
Prononce aux torts exclusifs de l'épouse, le divorce de L... né le 27 avril 1974 à Dolisie et M... née le 30 juin 1982 à Pointe-Noire, mariés le 04 janvier 2003 à Pointe-Noire ;
Dit que la mention de divorce sera portée en marge de l'acte de mariage et des actes de naissance des deux (2) époux suivant la prescription de l'article 188 du Code de la famille ;
Ordonne s'il y a lieu la liquidation et le partage de la communauté ayant existé entre les époux ;
Met les dépens à la charge de dame M... »[125].

[125] T-I de Tié-Tié – R-C n° 228 Année 2007- Rep n° 603 du 25 – 09 – 2007, inédit.

A. Le devoir de secours

272. L'article 196 du Code de la famille dispose explicitement que la séparation de corps laisse subsister le devoir de secours. Le jugement qui la prononce, ou un jugement postérieur, fixe la pension alimentaire qui est due à l'époux dans le besoin. Elle est intransmissible passivement. Cette pension est attribuée sans considération des torts. Elle ne dépend que du double critère des besoins de celui qui la demande et des ressources du conjoint. Elle est soumise aux règles des obligations alimentaires. Notamment, si l'époux créancier a manqué gravement à ses obligations envers l'époux débiteur, le juge pourra, quel que soit le cas de séparation de corps, décharger celui-ci de tout ou partie de la dette alimentaire.

Toutefois, la pension est remplacée en tout ou en partie par la constitution d'un capital, lorsque la consistance du patrimoine de l'époux débiteur s'y prête. Pareillement, si ce capital devient insuffisant pour couvrir les besoins du conjoint créancier, celui-ci peut demander au juge un complément sous forme de pension alimentaire : c'est une application du principe de prévisibilité des obligations alimentaires.

Paragraphe IV : La cessation de la séparation de corps

273. La séparation de corps disparaît du fait de la mort d'un époux. Mais elle peut prendre fin, aussi, du vivant des époux. La séparation de corps place, en effet, ces derniers dans une situation particulière, puisqu'elle est intermédiaire entre le mariage et le divorce, sans offrir pleinement les avantages de chacune de ces institutions. Le retour à l'état matrimonial antérieur est le fruit de la réconciliation que manifeste la reprise de la vie commune. A l'inverse, la séparation de corps peut être convertie en divorce.

I. Le décès d'un époux

274. La séparation de corps laisse subsister le mariage, on l'a vu. Le décès d'un époux séparé de corps dissout le mariage. L'autre époux peut alors faire valoir les droits que la loi accorde au conjoint survivant dans la succession de l'époux défunt. Solution qui doit, toutefois, être écartée si le défunt avait exclu le conjoint survivant de sa succession par un testament, ce qui est possible lorsqu'il n'existe pas de réserve héréditaire au profit du conjoint survivant. De fait, si les textes relatifs aux droits du conjoint survivant et des enfants adultérins ont, pour la première fois en droit congolais, institué une réserve héréditaire au bénéfice du conjoint survivant, c'est la condition que le défunt ne laisse ni descendant ni ascendant[126].

D'un autre côté, interfère traditionnellement la responsabilité dans la séparation. Ainsi, le conjoint survivant était privé de droits successoraux si la séparation de corps avait été prononcée, pour faute, à ses torts exclusifs, ou

---

[126] H. D. Amboulou, *les libéralités et les successions en droit congolais*, précité.

bien s'il avait pris l'initiative de la demande en cas de séparation prononcée pour rupture de la vie commune. La volonté de dissocier les conséquences financières de l'attribution des torts a conduit le législateur à supprimer ces restrictions.

Lorsque la séparation de corps est prononcée par consentement mutuel, les époux peuvent inclure dans leur convention une renonciation aux droits que la loi confère au conjoint survivant dans la succession du prédécédé : c'est là un véritable pacte sur la succession future, normalement prohibé.

Concernant les prestations sociales, le conjoint séparé de corps est privé du droit au capital-décès[127] et il ne peut prétendre à la rente d'accident du travail que s'il avait obtenu une pension alimentaire[128]. En revanche, il ne peut bénéficier d'une pension de retraite de réversion du chef de son conjoint prédécédé que si ce dernier était fonctionnaire.

II. La reprise de la vie commune

275. – Selon l'article 202 du Code de la famille, la reprise volontaire de la vie commune met fin à la séparation de corps. De fait, si les deux époux ont manifesté l'intention de se réconcilier (élément intentionnel) et ont reconstitué le foyer conjugal (élément matériel), il y a volonté commune de réconciliation et la séparation de corps n'a plus de raison d'être. Elle va donc disparaître sans formalités particulières qui pourraient paraître dissuasives. Les effets de la séparation de corps vont s'éteindre, par une sorte de caducité du jugement. Tous les effets du mariage renaissent, à l'exception de la séparation de biens qui subsiste.

III. La conversion en divorce

276. Les époux séparés de corps se trouvent placés dans une situation singulière : la séparation de corps impose certaines obligations du mariage sans leur offrir les compensations de la vie commune. Et plus elle se prolonge, moins la situation paraît supportable. Il faut donc permettre aux époux d'en sortir. Faute de réconciliation, la voie du divorce est ouverte, par deux accès[129].

D'un côté, l'un des époux unilatéralement ou les deux époux conjointement peuvent demander le divorce. Une nouvelle action devra être exercée, distincte de la procédure qui a mené à la séparation de corps.

Elle le sera sur d'autres causes que celle qui a justifié le prononcé de la séparation de corps : ainsi, elle peut prendre appui sur des fautes commises depuis le jugement de séparation, de même que le demandeur peut invoquer

---

[127] C. séc. Soc-art.145 et s.
[128] C. séc.soc.,art. 434-8, al. 2 et 486 al. 3.
[129] Art. 200-du code de la famille.

l'altération définitive du lien conjugal si la séparation des époux a duré plus de deux ans, y inclus le délai de séparation de corps. La condition de délai sera, en fait, toujours remplie depuis que la loi a réduit la durée exigée de séparation de fait de six ans à deux ans. Ce mode de dissolution du mariage est indépendant de la séparation de corps.

D'un autre côté, il peut être tenu compte du fait que le juge a déjà statué sur la mésentente conjugale pour prononcer la séparation de corps. La loi prévoit, en conséquence, qu'il est possible d'accéder au divorce sans intenter une procédure distincte, mais en s'appuyant au contraire sur la décision de séparation de corps, dont la conversion en divorce est alors demandée. Cette transformation est soumise à certaines conditions, elle suit une procédure simplifiée et produira les effets du divorce.

A. Conditions

319. Les conditions de la conversion varient suivant qu'elle est demandée par un époux ou par les deux conjointement.

1. Demande unilatérale

277. Si un époux souhaite obtenir la conversion de la séparation de corps en divorce, la principale condition qu'il doit respecter est l'écoulement d'un délai de deux ans depuis le jour où la séparation de corps est devenue définitive. Le délai, traditionnellement de trois ans, a été réduit à deux ans, par cohérence avec la durée exigée pour le prononcé du divorce en cas d'altération définitive du lien conjugal.

L'exigence d'un tel délai s'appuie sur le fait qu'après quelques années, tout espoir de réconciliation a disparu et la dissolution du mariage peut donc intervenir. Il s'agit naturellement d'un minimum, la loi ne fixant aucun délai maximum au-delà duquel la demande serait irrecevable.

Le droit de demander la conversion appartient à chaque époux. Cette demande peut donc être formée en réplique à une demande en divorce pour faute, présentée par un époux au cours du délai triennal suivant la décision de séparation de corps. Dans ce cas, le juge doit prononcer la conversion.

De telle sorte que la preuve par l'époux demandeur que son conjoint a commis de nouvelles fautes depuis la séparation de corps n'est pas de nature à modifier, lors du divorce, l'attribution des torts telle que déterminée par le jugement prononçant la séparation de corps.

2. Demande conjointe

278. On sait que la loi congolaise n'a pas favorisé les demandes en divorce fondées sur le consentement mutuel des époux. Cette faveur créée par le juge se manifeste également lorsqu'il s'agit d'obtenir le divorce sur conversion. En ce sens, l'article 200 du Code de la famille prévoit que, dans tous les cas de séparation de corps, celle-ci peut être convertie en divorce sur demande unilatérale ou reconventionnelle.

En pratique, les époux ont la possibilité de régler d'un commun accord les conséquences du divorce. En outre, parce qu'ils sont d'accord, les époux peuvent accéder au divorce sans qu'aucun délai ne soit imposé : solution logique puisqu'ils seraient en mesure, à tout moment, de demander conjointement un divorce autonome.

Le juge envisage un autre cas de conversion par consentement mutuel, qui est cette fois érigé en mode obligatoire. En effet, lorsque la séparation de corps a été elle-même prononcée par consentement mutuel, elle ne peut alors être convertie en divorce que par une nouvelle demande conjointe. L'accord des deux époux est donc indispensable, ce qui rend finalement la séparation de corps par consentement mutuel hasardeuse. En effet, le refus d'un époux empêchera sa conversion.

B. Procédure

279. La conversion de la séparation de corps en divorce est toujours judiciaire. Mais qu'elle soit demandée par un époux ou par les deux conjointement. Elle obéit à une procédure simplifiée.

1. Demande unilatérale

280. Le juge territorialement compétent est celui de la résidence de la famille ou, en cas de résidences distinctes, le juge du lieu où réside l'époux avec lequel habitent les enfants mineurs. Dans les autres cas, le juge qui doit être saisi est celui de la résidence de l'époux défendeur. La phase préparatoire de la procédure de divorce, qui se déroule devant le juge, est supprimée. Il n'y a pas, notamment, de tentative de conciliation. Par conséquent, l'instance débute par une assignation devant le juge. Aucune demande reconventionnelle n'est recevable, en particulier concernant la répartition des torts. Toutefois, les demandes nouvelles peuvent être examinées lorsqu'elles concernent les conséquences du divorce, et spécialement celles qui sont relatives à la prestation compensatoire.

Si les conditions sont remplies, le juge est obligé de prononcer la conversion de la séparation de corps en divorce. On dit parfois que la conversion est automatique. La formule est excessive.

281. Pratiques du fétichisme - Abandon du domicile conjugal.

« ... Attendu que par requête à Pointe-Noire en date du 30 juin 2009, monsieur G..., marié, père de famille, demeurant au quartier Fond de Tié-Tié arrondissement n°3 à Pointe-Noire, ayant pour conseil maître T... avocat à la Cour, a introduit une demande en divorce pour s'entendre :

Prononcer le divorce aux torts exclusifs de dame G... ;

Interdire à cette dernière de porter à l'avenir le nom du mari ;

Ordonner la transcription des présentes mentions en marge des actes de l'état civil ;

Condamner Mme G...aux dépens ;

Que contre toute attente, après la célébration du mariage, le comportement de l'épouse a changé, versant dans la logique de pratique fétichiste;

Que plusieurs fois, l'époux a été amené à mettre la main sur des bouts de papiers sur lesquels des annotations sont transcrites, devant être remis à des marabouts chargés de monter toutes sortes d'incantations destinées à le dominer et à éloigner toute partenaire intéressée à entretenir des rapports avec lui ;

Que prise en flagrant délit, sans explication aucune, madame G..., a, sur conseil de son féticheur, décidé d'asperger sur le lit conjugal des liquides venant des bougies ;

Que ces pratiques fétichistes étant avérées, les actes de madame G..., ont occasionné entre les époux une incompatibilité d'humeurs, la suspicion légitime ayant pris place dans l'union ;

Qu'en outre, l'épouse a brillé, pour sa part, par un comportement irresponsable fait de l'abandon moral des enfants qui ont totalement échoué dans leur scolarité ;

Que pendant que les enfants ont besoin de l'assistance et l'encadrement de leur mère, celle-ci passait tout son temps chez les marabouts, féticheurs et autres, capables, selon elle, d'adoucir les ardeurs de son époux ;

Que devant toutes ces incartades de l'épouse, les rapports entre les conjoints ont volé en éclat de telle sorte que l'époux s'est vu obliger de remettre son épouse à la disposition de ses parents pour des conseils ;

Qu'aucun changement n'a été constaté du côté de l'épouse qui, bien au contraire, a défié son mari, décidant de séjourner incognito à Pointe-Noire ;

Que c'est pourquoi, les pratiques fétichistes, l'abandon moral du foyer par l'épouse et les excès, rendent la vie commune intolérable ;

Que vraisemblablement, sur le fondement des dispositions de l'article 180 du Code de la famille, l'époux sollicite le divorce aux torts exclusifs de l'épouse ;

Qu'il joint au dossier, la copie de l'acte de mariage et les copies des actes de naissance des deux enfants ;

Attendu que madame G..., notifiée comme étant et parlant à son oncle répondant au nom de M..., qui a reçu copie de la requête mais a déclaré, en date du 31 juillet 2009, ne pas connaître là où se trouve sa nièce ;

Que madame G..., n'a conclu, ni déposé de mémoire, encore moins ne s'est pas fait représenter ;

Qu'il y a lieu de statuer contre elle par jugement réputé contradictoire ;

Attendu qu'il résulte des éléments du dossier qu'il y a là une violation particulièrement grave et d'ailleurs renouvelée des devoirs et obligations résultant du mariage qui rend conformément à l'article 180 du Code de la famille intolérable le maintien du lien conjugal ;

Qu'il échet en conséquence de prononcer le divorce aux torts exclusifs de la femme ;

Par ces motifs

Statuant publiquement par jugement réputé contradictoirement à l'égard de madame G..., en matière civile et en premier ressort après débats en chambre de conseil.

Vu l'ordonnance de non-conciliation en date du 31 août 2009 ;

Prononce le divorce d'entre les époux G... aux torts exclusifs de la femme ;

Dit que le présent dispositif du jugement sera mentionné en marge de l'acte de mariage dressé le 27 octobre 2001 au siège de l'arrondissement n°1 Lumumba à Pointe-Noire, ainsi que des actes de naissance desdits époux, nés respectivement le mari le 27octobre 1953 à Pointe-Noire, la femme, le 14 novembre 1957 à Brazzaville ;

Fait défense à la femme de porter à l'avenir le nom de son mari ;

Prononce la dissolution du régime matrimonial ayant existé entre les époux ;

Met les dépens à la charge de la requérante... »[130]

282. Au vrai, le sens de la solution est le suivant : dès lors qu'elle est demandée, décision qui incombe aux époux, le juge doit la prononcer, sans disposer du pouvoir d'apprécier l'opportunité de la conversion. Mais celle-ci ne s'opère pas de plein droit, sans jugement. Ce caractère obligatoire a une conséquence importante lorsque la séparation de corps a été prononcée pour faute : le juge saisi de la demande de conversion doit prononcer le divorce sans pouvoir examiner les fautes du demandeur qui seraient invoquées par le défendeur.

2. Demande conjointe

283. Si les deux époux décident de former conjointement la demande de conversion, la requête, datée et signée par chaque époux et leur avocat, est adressée au juge, accompagnée d'une convention définitive réglant toutes les conséquences du divorce. La phase décisoire est simplifiée. Ainsi, le juge ne peut pas entendre les époux et se borner à examiner avec leur avocat la convention. En l'absence de difficulté, il homologue la convention et prononce le divorce.

[130] T.I de Tié-Tié. Pointe-Noire. R.C. n° 317- Année 2009- Rép-n° 1155 du 29-12-2009, inédit. Sur la pratique fétichisme, voir – A- Iloki, *Le droit divorce au Congo*, p.44 et 45.

3. Effets

284. La conversion de la séparation de corps en divorce a pour conséquence essentielle la dissolution du lien conjugal, par suite du prononcé du divorce. Les ex-époux peuvent donc contracter aussitôt un nouveau mariage. Quant aux effets de la conversion, ils se déduisent de l'idée que le divorce ainsi prononcé se substitue à la séparation de corps. La cause de la séparation de corps devient la cause du divorce et l'attribution des torts n'est pas modifiée. De sorte que le devoir de secours, qui subsistait à la charge d'un époux quand la séparation de corps pour rupture de la vie commune avait été prononcée à sa demande, est supprimé dans tous les cas.

Puisque le devoir de secours entre époux séparés de corps disparaît, il faut déterminer les conséquences du divorce et notamment prévoir l'attribution éventuelle d'une pension alimentaire, selon les règles propres au cas de divorce. Or, cette pension pourra, si l'équité le commande ne pas être accordée à l'époux aux torts exclusifs de qui la séparation de corps, donc le divorce sur conversion, a été prononcée. Il peut en aller de même en considération des critères prévus par le code. Pourtant, on l'a vu, une pension alimentaire avait pu lui être allouée. Mais cet époux n'a pu former de demande reconventionnelle sur la répartition des torts, lors de l'instance en conversion. Il lui restera toutefois la ressource de discuter des motifs de refus de la pension alimentaire prévus par l'article 196 du Code de la famille.

Enfin, si le préjudice causé par la dissolution du mariage est distinct de celui résultant de la séparation de corps, qui ne faisait que relâcher le lien matrimonial, l'époux innocent pourra solliciter des dommages-intérêts, comme en matière de divorce.

Abréviations et sigles

Aff.	:	Affaire
Al.	:	Alinéa
Ar.	:	Arrêt
Ar.	:	Article
B.A.C.S	:	Bulletin des arrêts de la Cour suprême
C.A	:	Cour d'appel
C.C	:	Cour constitutionnelle
C.fam	:	Code de la famille
Cf.	:	Confère
Ch.Civ.	:	Arrêt, chambre civile de la Cour suprême
Ch.Jud.	:	Chambre judiciaire de la Cour suprême
Ch.Pén.	:	Chambre pénale
C.J.C.	:	Cahier de la jurisprudence congolaise
C.P	:	Code pénal
C.P.C.C.A.F	:	Code de procédure civile, commerciale, administrative et financière
C.S	:	Cour suprême
DCC	:	Décision de la cour constitutionnelle
G.C.S	:	Greffe de la Cour suprême
N°	:	Numéro
O.C.N.C	:	Ordonnance constatant la non-conciliation
O.N.C	:	Ordonnance de non-conciliation
P.	:	Page
Parag.	:	Paragraphe
P.L.P.C.F.	:	Projet de loi portant code de la famille
P.C.F	:	Projet du code de la famille
P.L.P.C.P.	:	Projet de loi portant code pénal
R.C	:	Rôle civil
R.D.N	:	Revue de droit et du notariat
Rép.	:	Répertoire

R.P.C.F	:	Rapport du projet du code de la famille
S.	:	Suivants
SVE	:	Saisine par voie d'exception
T.P.D	:	Tribunal populaire de district
T.P.Q	:	Tribunal populaire de quartier
T.I	:	Tribunal d'instance
T.G.I	:	Tribunal de grande instance
L.A.J.A.P	:	Publication du laboratoire d'analyse juridique, administrative et politique
R.J.P.I.C	:	Revue juridique et politique, indépendance et coopération

Bibliographie

Amboulou (H. D). *Les libéralités et les successions en Droit congolais*, L'Harmattan, 2009.

Amboulou (H. D). *La légalisation et l'authentification des actes,* les éditions Hemar, 2009.

Assemekang (CH*). Le droit des personnes et de la famille.* Éd. du ministère de la Justice.

Ekondi –Akala, *Le Congo-Brazzaville, Essai d'analyse et d'explication sociologiques selon la méthode pluraliste.* Publication Universitaires Européennes- éd. Peter Lang.

Iloki (A) *Le droit du divorce au Congo*, L'Harmattan, 2006.

Kebi – Mounkala (A). *Droit congolais de la famille, Filiation, Régimes matrimoniaux, Successions, Libéralités*. L'Harmattan, 2008.

Mounguengué (F), *Cours de droit de la famille*, ENAM, 2005

Mounguengué (F), *Cours de droit international privé*, ENAM, 2006

Biayenda (E). (Cardinal). *Coutumes et développement chez les Bakongo du Congo- Brazzaville* – Thèse, Faculté catholique de Lyon, 1968.

Matoko (J.F). *Le pré-mariage. Une curiosité du code de la famille*, Revue du droit et du notariat, n° 15-Année 2005.

Manbeké – Boucher. *Pour la réhabilitation de la dot. Brazzaville-* Liaison. N° 48. Année 1955-P.11-15 .

Malonga Jacques. *La famille chez les Makoua, Brazzaville*, Liaison, n° 47, année 1955. PP. 23-25.

Mondjo (J.G). *Le mariage chez les MBochis, Brazzaville*, Liaison, n° 35 mai 1955. PP. 31-32

Obenga (J.L). *Système des termes de parenté C.E.A.* Vol. 2

Coste (J). La nouvelle famille africaine dans les droits de l'indépendance ; Essai de sociologie normative – in *l'Année Sociologique.* Paris- P.U.F. Vol. 22. 1971.

-Loi du 17 mars 1903 réorganisant la justice au Congo Français.

-Loi du 12 mai 1910 portant réorganisation de la Justice en Afrique Équatoriale Française.

-Arrêté du Gouverneur Général de l'A.E.F portant réorganisation de la Justice de droit français en A.E.F.

Décret du 27 novembre 1947 portant réorganisation de la Justice de droit français en A.E.F.

-Loi du 11 Juillet 1975 portant reforme du divorce en France et amendement de quelques dispositions du code civil.

-Le code civil.

-Le rapport de présentation à l'Assemblée Nationale Populaire du projet de loi portant code de la famille d'avril 1983.

-La loi n° 51-58 du 21 Avril 1983 portant code de procédure civile, commerciale, administrative et financière.

-La loi n° 004/86 du 25 janvier 1986 instituant le Code de sécurité sociale en République Populaire du Congo.

Table des matières

L'HARMATTAN, ITALIA
Via Degli Artisti 15 ; 10124 Torino

L'HARMATTAN HONGRIE
Könyvesbolt ; Kossuth L. u. 14-16
1053 Budapest

L'HARMATTAN BURKINA FASO
Rue 15.167 Route du Pô Patte d'oie
12 BP 226 Ouagadougou 12
(00226) 76 59 79 86

ESPACE L'HARMATTAN KINSHASA
Faculté des Sciences Sociales,
Politiques et Administratives
BP243, KIN XI ; Université de Kinshasa

L'HARMATTAN GUINEE
Almamya Rue KA 028 en face du restaurant le cèdre
OKB agency BP 3470 Conakry
(00224) 60 20 85 08
harmattanguinee@yahoo.fr

L'HARMATTAN COTE D'IVOIRE
M. Etien N'dah Ahmon
Résidence Karl / cité des arts
Abidjan-Cocody 03 BP 1588 Abidjan 03
(00225) 05 77 87 31

L'HARMATTAN MAURITANIE
Espace El Kettab du livre francophone
N° 472 avenue Palais des Congrès
BP 316 Nouakchott
(00222) 63 25 980

L'HARMATTAN CAMEROUN
Immeuble Olympia face à la Camair
BP 11486 Yaoundé
(00237) 99 76 61 66
harmattancam@yahoo.fr

L'HARMATTAN SÉNÉGAL
« Villa Rose », rue de Diourbel X G, Point E
BP 45034 Dakar FANN
(00221) 33 825 98 58 / 77 242 25 08
senharmattan@gmail.com

www.ingramcontent.com/pod-product-compliance
Lightning Source LLC
LaVergne TN
LVHW011022061026
849535LV00006B/2008